oekom

Selbstverpflichtung zum nachhaltigen Publizieren
Nicht nur publizistisch, sondern auch als Unternehmen setzt sich der oekom verlag konsequent für Nachhaltigkeit ein. Bei Ausstattung und Produktion der Publikationen orientieren wir uns an höchsten ökologischen Kriterien.

Dieses Buch wurde auf 100 % Recyclingpapier, zertifiziert mit dem FSC®-Siegel und dem Blauen Engel (RAL-UZ 14), gedruckt. Auch für den Karton des Umschlags wurde ein Papier aus 100 % Recyclingmaterial, das FSC®-ausgezeichnet ist, gewählt. Alle durch diese Publikation verursachten CO_2-Emissionen werden durch Investitionen in ein Gold-Standard-Projekt kompensiert. Die Mehrkosten hierfür trägt der Verlag. Mehr Informationen finden Sie hinten im Buch und unter:
http://www.oekom.de/nachhaltiger-verlag

Bibliografische Information der Deutschen Nationalbibliothek:
Die Deutsche Nationalbibliothek verzeichnet diese Publikation in der Deutschen Nationalbibliografie; detaillierte bibliografische Daten sind im Internet unter http://dnb.d-nb.de abrufbar.

oekom verlag, Gesellschaft für ökologische Kommunikation mbH,
Waltherstraße 29, 80337 München

Layout und Satz: Reihs Satzstudio, Lohmar
Korrektorat: Silvia Stammen, München
Umschlagentwurf: Elisabeth Fürnstein, oekom verlag
Umschlagabbildung: © HURCA! – Fotolia.com
Druck: CPI books GmbH, Leck

978-3-96238-076-2

Lisa Frohn

AB INS WOHNPROJEKT!

Wohnträume werden Wirklichkeit

Inhalt

I
AUSZIEHEN
Auf der Suche nach dem anderen Wohnen

Wie es zu diesem Buch kam 11

Vom Anfangen 15

Warum ein Wohnprojekt? 20

II
UMZIEHEN
Interviews mit Menschen, die den Aufbruch wagten

Heide Wroblewski *Quartier am Albgrün, Karlsruhe:*
Für alle zusammen etwas Neues schaffen 27

Lisa Hugger *Projektentwicklerin, Kürten:*
Es lohnt sich, ins Soziale zu investieren! 43

Wilhelm Schwedes *Lebensräume in Balance e. V. in Köln:*
Ich nehme mein Älterwerden in die eigene Hand 54

Wilhelm Schwedes *Lebensräume in Balance e. V. in Köln:*
Man muss sich im Viertel verwurzeln 74

Joachim Kolboske *Lebensräume in Balance e. V. in Köln:*
Eine starke Führungsmannschaft ist wichtig 85

Tanja Corbach *Bildende Künstlerin, Steimel:*
Wir brauchen Räume, die uns einladen! 98

Uli und Christel Binder *ALTERnatives Wohnen Erftstadt e. V.:*
Vertrauen spielt eine große Rolle 110

Trudy Braun *Wohnprojekt Brühl 55plus:*
Wir profitieren von Fachwissen 127

Brigitte Karhoff *WohnbundBeratung NRW GmbH, Ko-Operativ eG NRW, Bochum:*
Beratung allein reicht nicht 141

Christine Müthrath *Beginenhof Köln eG, Köln-Widdersdorf:*
Projekte des »Anderen Wohnens« sind ein neuer, umfassender Kompetenzbereich 153

Marion Volkmar *Hof der Familie eG, Köln-Rondorf:*
Mit »Wir würden gerne« bekommt man kein Grundstück . . 166

Sascha Gajewski *STADTRAUM 5und4 e. V., Köln:*
Ehrenamtliche Planung und professionelle Bewirtschaftung 176

Kathleen Battke und Thomas Bebiolka *ZukunftsPioniere GbR, Amarillys eG, Bonn:*
Gemeinschaft ist ein dauerhafter Prozess 196

Elisabeth Hollerbach *wagnis eG, München:*
Konkrete Projekte mit konkreten Menschen! 209

Ulrike Bez *Filmemacherin, wagnis4, München:*
Anarchie, die aus dem Lebendigen selbst kommt 223

Frank Nitzsche *Möckernkiez eG, Berlin:*
Hier ist der ganze Kiez barrierefrei 235

Joachim Ziefle *Wohnschule, Melanchthon-Akademie, Köln:*
Erfolg heißt, dass sich Ideen entfalten 257

Karin Nell *Wohnschule Köln, Evangelisches Erwachsenenbildungswerk Nordrhein, Düsseldorf:*
Das Thema »Wohnen im Alter« wirft existenzielle Fragen auf 268

Myoshin Zeitler *Burg Disternich eG, Vettweiß:*
Wir organisieren uns als Großfamilie 282

III
EINZIEHEN
Was gemeinschaftliche Wohnprojekte lehren

Keine Angst vorm Scheitern 301
Frustration garantiert 308
Organisieren und Gründen 310
Wie geht Gemeinschaft? 314
Wenn die Alten alt aussehen 317
Gemeinschaftsräume 321
Die vom anderen Stern 323
Erfolg durch Zuhören 328
Miteinander, übereinander, durcheinander 331
Lernen, lernen, lernen 333

IV
ANKOMMEN
Eine Zukunft in Gemeinschaft

Mein Traum 337

Danksagung 341

Dieses Buch ist all jenen gewidmet,
die ihren Traum vom gemeinschaftlichen Wohnen
nicht verwirklichen konnten.

I

AUSZIEHEN

Auf der Suche
nach dem anderen Wohnen

Wie es zu diesem Buch kam

Irgendwann im Jahr 2015 oder 2016 sah ich die Talkshow von Markus Lanz. Der Journalist Hajo Schumacher stellte sein neues Buch *Restlaufzeit* vor. Es ging um Wohnen im Alter. Schumacher berichtete begeistert von gemeinschaftlichen Wohnprojekten. Und er erzählte von den Menschen, die diese Wohnprojekte ehrenamtlich geplant und realisiert hatten. Schumacher hatte sich einen Überblick über die Szene verschafft und erzählte, was da alles passiert. Irgendwann sagte er diesen Nebensatz: »… und alles unterm Radar!«

Ich erinnere mich, wie elektrisiert ich plötzlich war. Ich wusste genau, was Schumacher meinte. Er hatte recht. Da passierte seit Jahren Unglaubliches. Überall im Land. Da sind viele Leute, die etwas Neues beginnen. Manche sehr erfolgreich. Da werden riesige Summen bewegt. Alles ehrenamtlich. Und kaum jemand scheint es zu merken. 2015 kam das alles im öffentlichen Diskurs noch nicht vor. Es fand eben alles »unterm Radar« statt.

Hin und wieder tauchten einzelne Projekte im Fernsehen, im Radio oder in einer Zeitung auf. Aber dass da viele aktiv sind, nicht nur in Deutschland, sondern auch in Österreich, der Schweiz, Schweden oder Dänemark, dass da eine soziale Bewegung entstanden war, bürgerlich, kreativ, mutig – darüber wurde nicht berichtet.

Die meisten der Wohnprojekte, die ich kenne, bieten Veranstaltungen an, auf denen sie über ihr Projekt berichten. Aber eben nur über *ihr* Projekt, über *ihre* Erfahrungen. Was Hajo Schumacher damals bei Markus Lanz angesprochen hatte, öffnete mir den Blick für das Ganze. Ich wollte die gesamte Wohnprojekteszene erfassen, die Vielfalt der unterschiedlichen Konzepte. Schumacher hatte über gemeinschaftliches Wohnen als soziales Phänomen gesprochen. Er hatte die soziale Bewegung angedeutet, die sich auch 2018 selbst noch nicht als solche erkannt hat. Ich habe mich schon oft gefragt: Was würde passieren, wenn die Mitglieder der einzelnen Projekte erkennen würden, dass sie Teil von etwas Größerem sind, von einer gesellschaftlichen Bewegung? Welche Möglichkeiten würden sich da auftun? Was wäre, wenn sie sich zusammentäten? Denn die Bewegung ist da; sie entwickelt sich; sie wächst ständig und ist nicht aufzuhalten.

Schumacher hatte mir an diesem Abend einen Impuls gegeben: Das, was »unterm Radar« stattfindet, muss aufgedeckt werden! Die Bewegung muss sichtbar gemacht werden! Und das Mittel dazu könnte ein Buch sein. Als ich mich Ende 2016 aus der aktiven Mitarbeit in einer Projektgruppe zurückgezogen hatte, tauchte diese Idee wieder auf. Mir war klar: Dieses Buch über die Bewegung der gemeinschaftlichen Wohnprojekte muss geschrieben werden! Und wenn es sonst keiner macht, dann mache ich es eben selbst. Und so habe ich Anfang 2017 angefangen, AkteurInnen der Szene zu interviewen, um mit diesen Interviews ein buntes Panorama anderen Wohnens und neuer Gemeinschaftlichkeit zeichnen zu können. Nach anderthalb Jahren intensiver Begegnungen, bereichernder Gespräche und unerwarteter Einsichten war aus dem Impuls tatsächlich ein Buch geworden.

Und dieses Buch verfolgt verschiedene Anliegen. Zum einen geht es darum, die soziale Bewegung sichtbar zu machen und mit ihr die Frauen und Männer, die sie in Gang gesetzt haben. Zum anderen möchte ich Menschen inspirieren und dazu ermutigen, sich zusammenzutun und loszulegen. Vor allem die Älteren wissen, dass sie sich kümmern müssen, wenn sie ihre Wohnsituation anpassen wollen an mögliche Gegebenheiten, die mit dem Älterwerden auf sie zukommen können. Aber auch Jüngere träumen von Gemeinschaft und von einem Leben, in dem nicht mehr jeder alles besitzen muss, sondern vieles geteilt werden kann. Von einem Haus, wo auf dem Dachgarten Gemüse angebaut wird. Von einem Wohnprojekt, in dem nachhaltig gewirtschaftet wird. Dabei ist klar:

Träumen allein reicht nicht. Man muss es wollen. Und wollen allein reicht auch nicht. Man muss es auch können. Und wer nicht kann, kann lernen. Dieses Buch soll Mut zum Lernen machen.

In den Interviews erzählen Männer und Frauen, wie sie sich aufgemacht haben, obwohl sie keine Ahnung davon hatten, wie eine Wohnungsgenossenschaft gegründet wird, wie ein Haus mit 27 Wohnungen gebaut wird, wie sich eine Gemeinschaft bildet und wie gemeinsam Entscheidungen so getroffen werden können, dass keine Minderheit entsteht, die der Mehrheit folgen muss, weil diese die Abstimmung gewonnen hat. Vieles geht, wenn die Bereitschaft zum Lernen da ist.

Und noch ein drittes Anliegen hat dieses Buch. Beim Lesen der Interviews wird deutlich, wie schwierig die Situation vieler Wohnprojektgruppen ist, weil sie keine Unterstützung von außen bekommen. Die Verantwortlichen in Politik, Verwaltung, Wohnungswirtschaft, Sozialwesen und Finanzwelt lassen sie hängen. Dabei wäre es so einfach, Wohnprojektgruppen zu unterstützen und ihnen das Vorankommen zu erleichtern – zum Beispiel indem ihnen Räume für ihre Treffen zur Verfügung gestellt werden. Auch ehrliches Interesse an den Aktivitäten einer Projektgruppe seitens eines Bürgermeisters könnte unterstützend wirken. Aktive Gesprächsangebote aus dem Bauamt wären für die meisten Gruppen von großer Hilfe. Am besten wäre es natürlich, Kommunen würden den Gruppen, die in ihrem Zuständigkeitsbereich bauen wollen, Grundstücke zu günstigen Bedingungen zur Verfügung stellen. Das werden sie aber nur dann tun, wenn Wohnprojektgruppen nicht als private Angelegenheit einiger Privilegierter definiert werden, sondern als das, was sie sind: Initiativen gesellschaftlichen Engagements von BürgerInnen, die sich um ihre eigene, aber ganz wesentlich eben auch um die Wohnzukunft anderer kümmern. Und zwar ehrenamtlich.

In der Wohnungswirtschaft, in der Verwaltung von Gemeinden und Städten, bei Anwälten, Notaren, Banken und weiteren Akteuren, die beim Bauen ins Spiel kommen, haben Wohnprojektgruppen kein besonders gutes Image. Dabei schaffen die Projektgruppen nicht nur Wohnraum, sondern auch Lebensraum, womit sich die Möglichkeit auftut, die Umgebung einzubeziehen, das Quartier, die Nachbarn, die Straße.

Auch die positiven Auswirkungen von Gemeinschaftsleben auf körperliche, geistige und soziale Gesundheit sind längst bewiesen und für Kommunen durchaus unter ökonomischen Aspekten interessant. Denn ein gesunder Mensch ist für öffentliche Kassen kostengünstiger als ein kranker. Wer allein wohnt, wird eher krank als wer in selbst gewählter und selbstbestimmter Gemeinschaft wohnt oder in der Nachbarschaft eine Möglichkeit hat, sich mit anderen zusammenzutun. Gemeinsam ist man eben weniger einsam.

Und schließlich verstehe ich das Buch auch als eine Anregung, wie man dem steigenden Mietdruck in den großen Städten begegnen könnte. Gemeinsam könnten wir es schaffen, Wohnen besser und bezahlbarer zu gestalten. Wir – damit meine ich Leute, die sich zusammentun und loslegen. So wie STADTRAUM 5und4, die Genossenschaftsinitiative in Köln, die noch in der Gründungsphase ist, die wagnis eG in München oder das Mietshäuser Syndikat, um drei unterschiedliche Ansätze zu nennen. Allen gemeinsam ist die soziale Idee, die sich am Gemeinwohl orientiert. Auf die Politik zu warten, kann dauern. Politik ist unsicher geworden. Die Frage ist: Wer ist bereit, Verantwortung zu übernehmen? Wer ist bereit, neue Strukturen zu schaffen und Unternehmen zu gründen und gemeinsam EigentümerInnen zu werden? Wer ist bereit, ökonomische Macht zu erlangen, um diese Macht gerechter auszuüben als gewinnorientierte Unternehmen es tun? Wer ist bereit anzufangen?

Vom Anfangen

Am Anfang meiner Beschäftigung mit gemeinschaftlichen Wohnprojekten stand die Begegnung mit Heide Wroblewski im Jahr 2006. Heide war zu einem Workshop gekommen, den ich damals im Naturpark Cabo de Gata in Andalusien organisiert hatte, wo ich zu der Zeit lebte. Ich hatte eine Ausbildung am Institut für Beziehungstherapie bei Anna und Andreas Stadter in Bayern gemacht und dabei war die Idee entstanden, einen Workshop in einem Seminarhaus am Meer zu organisieren. Eine der TeilnehmerInnen war Heide Wroblewski aus Karlsruhe.

Heide und ich freundeten uns an, und in den Folgejahren besuchte sie mich jedes Jahr in Spanien. Eines Tages – ich glaube, es war im Herbst 2007 – erzählte sie von einer Anzeige, die sie in der Zeitung gesehen hatte. Es ging um eine Veranstaltung zur Planung eines gemeinschaftlichen Wohnprojekts. Heide war zu dieser Veranstaltung gegangen und hatte beschlossen mitzumachen. Sie erzählte voller Begeisterung davon – meine Neugier war geweckt. Jedes Detail musste Heide mir berichten. Und je mehr ich erfuhr, umso größer wurde mein Interesse.

2015 schließlich ist Heide in ihr Wohnprojekt im Quartier am Albgrün in Karlsruhe eingezogen. Davon, wie das Projekt begonnen und wie es sich entwickelt hatte, welche Rolle Heide dabei spielte, erzählt sie im Interview, das ich im Herbst 2017 mit ihr geführt habe (Seite 27).

2012 bin ich nach Deutschland zurückgezogen, aufs Land in die Nähe von Köln. Solange ich in Spanien lebte, war Heide die einzige, die ich kannte, die in einer Wohnprojektgruppe engagiert war. Jetzt aber wollte ich auch andere kennenlernen. Ende 2012 habe ich die ersten Workshops der Wohnschule in der Melanchthon-Akademie in Köln besucht. Karin Nell und Joachim Ziefle befanden sich damals in der Gründungsphase und entwickelten das Bildungskonzept für die Wohnschule. In den Interviews berichten sie darüber, wie es mit der Wohnschule angefangen hat und wie im Laufe der Jahre das Konzept weiterentwickelt wurde (Seiten 257 und 268).

Ich habe seit 2013 verschiedene Projektgruppen in unterschiedlichen Rollen erlebt: als Gast, als Moderatorin, als Dozentin, als Mitinitiatorin und als einfaches Mitglied. So konnte ich Erfahrungen sammeln und Erkenntnisse gewinnen. Mich interessierte besonders das Thema Kommunikation: wie die Teilnehmenden miteinander umgehen, wenn sie untereinander kommunizieren, aber auch, wie die Gruppe sich nach außen darstellt. Ich erkannte, wie wichtig die Gemeinschaftsbildung ist, wie die Prozesse ablaufen, die zu Entscheidungen führen, und wie Entscheidungen letztendlich überhaupt getroffen werden. Mir wurde auch klar, wie wichtig die Atmosphäre in einer Gruppe ist und wie sie beeinflusst wird, sowohl negativ als auch positiv.

Jedes einzelne Projekt hat seine persönliche und individuelle Geschichte. Oft beginnt sie damit, dass bei irgendeiner Gelegenheit im privaten Kreis das Thema Wohnen auf den Tisch kommt und jemand fragt: »Wie wäre es, wenn wir irgendwann mal alle zusammen wohnen würden?« Oder jemand erzählt von einem Film, in dem es um gemeinsames Wohnen geht. Oder jemand hat ein Buch oder einen Bericht in einem Magazin oder einen Artikel in einer Zeitung gelesen. Oder jemand hat jemanden kennengelernt, der oder die in einem Wohnprojekt wohnt oder gemeinsam mit anderen ein Projekt plant. Oft ergibt sich dann ein fröhliches Herumspinnen nach dem Motto: »Was wäre wenn ...?«. Ich kenne eine Gruppe von langjährigen Freunden und Freundinnen, die sich mehrmals im Jahr reihum zu einem mehrstündigen Essen treffen und seit Jahren zusammen überlegen, wie es wäre, wenn sie zusammen wohnen würden. Die Idee bereitet allen viel Freude und sie entwickeln die tollsten Ideen. Ich war einmal als Gast bei einem solchen Essen dabei und habe nachgefragt, wie sie es denn machen würden, wer von ihnen denn die jetzige Wohnung oder das jetziges Haus für ein gemeinsames Projekt verkaufen würde. Da wurde es still am Tisch. Allmählich gestand die eine, dass das Haus für die Kinder erhalten werden soll, erklärte der andere, dass er sich überhaupt nicht vorstellen könne, die Wohnung zu verkaufen. Klar war aber auch, dass die meisten von ihnen nicht genug Geld hatten, um sich auf ein neues, gemeinsames Projekt einzulassen, ohne das bestehende Eigentum zu veräußern.

Als Nächstes fragte ich in die Runde, wie sie denn als Gruppe gemeinsam Entscheidungen treffen wollten. Und auch da wurde klar, dass sie darüber nicht wirklich nachdenken wollten. So genau wollten sie das alles gar nicht bereden. Sie wollten rumspinnen und Spaß haben und die Illusion aufrechterhalten, die sie gemeinsam über Jahre entwickelt hatten. Nach meiner Einschätzung wird diese Freundesgruppe sich zwar weiterhin zu gemeinsamen Essen treffen, aber kaum ein gemeinsames Wohnprojekt realisieren. Vielleicht aber wird irgendwann einmal jemand aus diesem Kreis andere finden und mit ihnen zusammen die über Jahre ersponnenen Wohnträume Wirklichkeit werden lassen.

Oft ergibt sich der Impuls für ein gemeinschaftliches Wohnprojekt aus Veränderungen der Lebenssituation, seien sie vorhersehbar oder ungeahnt: Jemand ist gestorben; ein Kind kommt auf die Welt; eine Beziehung zerbricht; die Zeit des Erwerbslebens geht zu Ende und man überlegt, wie die kommende Lebensphase gestaltet werden könnte; das Haus ist viel zu groß geworden, seit die Kinder ausgezogen sind; jemand verliert seinen Job oder wechselt die Stadt für einen neuen Arbeitsplatz. Im mittleren Lebensalter erleben viele, wie ihre Eltern im Alter wohnen, wie sie ihre letzten Jahre verbringen oder verbracht haben. Oft führt dies den Kindern vor Augen, wie sie im Alter auf keinen Fall leben wollen. Und sie wissen, dass sie sich selbst kümmern müssen und nicht warten können, dass ihnen jemand das Haus baut und die Lebenssituation zimmert, die sie sich für sich vorstellen.

Ich habe keine Untersuchungen darüber gefunden, welche Bevölkerungsgruppe die meisten gemeinschaftlichen Wohnprojekte gründet. Mein Eindruck nach den vielen Treffen mit Leuten aus der Wohnprojekteszene ist der, dass es oft Männer und Frauen zwischen Mitte fünfzig und Mitte sechzig sind, die eine Vision vom gemeinschaftlichen Wohnen entwickeln und anfangen, sie umzusetzen. Wenn die Kinder aus dem Haus sind und die letzten Jahre vor der Rente begonnen haben, fangen viele an, sich Gedanken über ihr Leben nach dem Erwerbsleben zu machen. Gemeinschaftliches Wohnen kann dann ein Ansatz sein, die Lebensphase des Alters zu nutzen, um etwas ganz Neues zu machen, zusammen mit anderen.

Ein Anfang, bei dem ich dabei war: Im März 2015 hielt Ute Remus im Rahmen der Brühler Gleichstellungswoche einen Vortrag zum Thema *Profitiert von uns! Frauen im Alter – Reich an Berufs- und Lebenserfahrung*. Auch der Bürgermeister war gekommen. Ute Remus stellte unter anderem die Frage nach alternativen Wohnmodellen in den Raum, worauf Bürgermeister Freytag reagierte und ihr zurief: »Ich kann Ihnen ein Grundstück anbieten. Am Rosenhof.« Alle jubelten und klatschten. Ute reagierte ohne zu zögern und sagte, sie werde eine Liste auslegen, damit diejenigen sich eintragen können, die an einem gemeinschaftlichen Wohnprojekt in Brühl interessiert sind. Damit war ein Anfang gemacht.

Ich trug mich in die Liste ein und eine Woche später saß eine Gruppe von sieben Frauen im ersten Stock der Kaffeerösterei Moccafair. Wir redeten darüber, welche Wohnsituation wir uns wünschten und wie wir uns gemeinsames Leben in einem Haus vorstellten. Über Monate hinweg trafen wir uns alle zwei Wochen zu Gesprächen. Wir hatten uns auch einen Namen gegeben: 33 Rosen. Angelehnt an das Grundstück am Rosenhof, das wir jedoch bald als ungeeignet für unsere Vorstellungen ausmachten. Ohne es je ausführlich besprochen und entschieden zu haben, beruhten unsere Gespräche auf dem Grundgedanken, dass die Rechtsform für das Wohnprojekt eine Genossenschaft sein sollte. Dazu, wie eine solche Genossenschaft ins Leben gerufen werden könnte, hatten wir einen Termin mit einem Berater vereinbart, den Ute kannte und der uns nichts berechnete. Denn die Gruppe war nicht bereit, Verbindlichkeiten einzugehen, also gab es auch kein gemeinsames Geld, um einen Berater bezahlen zu können. Wir hatten auch ein Gespräch mit der städtischen Wohnungsbaugesellschaft, der wir unsere Ideen vortrugen. Auch das ohne jede Verbindlichkeit. Als nach Monaten immer noch all unser Reden vage blieb, begann ich, mich allmählich zurückzuziehen. Ute Remus verließ die 33 Rosen, weil sich der genossenschaftliche Gedanke in der Gruppe nicht durchsetzen konnte. Kurz bevor ich die Gruppe endgültig verließ, kam Trudy Braun dazu. Mit ihr habe ich im Juni 2018 ein Interview geführt. Sie hat darüber berichtet, wie es in Brühl weitergegangen ist, was aus den 33 Rosen geworden ist und auf welchem Grundstück die neue Brühler Wohnprojektgruppe ein Haus mit Eigentumswohnungen bauen will (Seite 127).

Am Anfang eines jeden Projekts steht ein Traum. Eine Vorstellung. Eine Vision. Oft ist es ein einzelner Mensch, bei dem der Traum vom Wohnprojekt so stark wird, dass genug Kraft entsteht, um andere anzuziehen. Oft entwickelt sich dann eine kleine Gruppe von Leuten, die gemeinsam die Vision ausformulieren und nach außen tragen. Diese Anfänge sind voller magischer Momente. Voller Enthusiasmus. Voller Vorfreude. Voller visionärer Energie. Voller Gedankenspiele, Fantasien und Vorstellungen, die alle so bestärken, dass sie bereit sind, den nächsten Schritt zu tun.

Warum ein Wohnprojekt?

Wohnprojekte, wie sie in diesem Buch vorgestellt werden, sind Gemeinschaftsprojekte. Die Gemeinschaft eines Wohnprojekts kann auf unterschiedliche Art und Weise entstehen. Manche Gemeinschaften werden von sozialen Institutionen, Bauträgern, Investoren oder anderen Organisationen für ein Wohnprojekt ins Leben gerufen. Das heißt, es gibt ein bestimmtes Gebäude oder es soll eines gebaut werden, und darin sollen Menschen wohnen und eine Gemeinschaft bilden. Diese *Top-down*-Methode ist, wie viele Berichte zeigen, nicht besonders erfolgreich – eine funktionierende Gemeinschaft bringt sie nur selten hervor.

Anders ist es bei den *Bottom-up*-Projekten: Sie entstehen von unten. Von solchen Projekten erzählt dieses Buch. Oft geht es folgendermaßen los: Irgendjemand hat eine Idee oder eine Vision, bespricht sie mit anderen, und wenn die Idee standhält und die Vision die anderen überzeugt, dann bildet sich eine kleine Gruppe. Üblicherweise entwickeln die Mitglieder dieser Gruppe gemeinsam die ursprüngliche Idee weiter und entwerfen ein gemeinsames Konzept. Sie begeben sich auf einen Weg mit dem Ziel, eines Tages zusammen in ein Haus einzuziehen und dort in guter Nachbarschaft miteinander zu leben. Dieser Weg dauert in der Regel mehrere Jahre.

Bei der Realisierung eines gemeinschaftlichen Wohnprojekts geht es um das Ideelle, das Konzept, den Gemeinschaftsgedanken und die Art des Miteinanders. Es geht aber genauso um das Materielle, um Architektenpläne, Verträge, Geld, Zement und die Anzahl der Steckdosen in der Küche. Für das Gelingen eines Wohnprojekts ist beides wichtig, das Ideelle und das Materielle, die

Software und die Hardware, weiche Faktoren und harte Fakten, prozessorientiertes Denken und zielorientiertes Handeln.

Wohnprojekte bestehen aus einzelnen Wohnungen unterschiedlicher Größe, in denen Familien, Paare, Alte, Junge, Alleinlebende oder auch Wohngemeinschaften leben können. Einige Projekte planen und realisieren auch sogenannte Spezialwohnungen, in denen zum Beispiel eine zentral gelegene Gemeinschaftsküche und ein Gemeinschaftswohnzimmer von einzelnen kleinen Wohneinheiten umgeben sind, die aus einem Schlafraum und einem Bad und gegebenenfalls einer Teeküche bestehen. Es gibt Wohnprojekte, die aus mehreren Häusern bestehen. Andere verwirklichen ihre Vision in einem einzigen großen Haus.

Wenn es um die ideale Größe einer Wohngruppe geht, so heißt es, 30 sei eine gute Zahl. Bei einer kleineren Gruppe könnte bei internen Konflikten die Gefahr bestehen, dass sie auseinanderbricht und das gesamte Projekt in Gefahr gerät. Bei 30 MitbewohnerInnen kann man sich im Konfliktfall auch einmal aus dem Weg gehen und trotzdem noch Gemeinschaftlichkeit finden, zudem sei die Stabilität des Gesamtprojekts größer.

Die Motivation der Einzelnen, ein Wohnprojekt zu gründen oder bei einem Projekt mitzumachen, kann sehr unterschiedlich sein. Die verschiedenen Menschen, Vorstellungen und Träume so zu kombinieren, zusammenzufügen und auch zusammenzuhalten, dass gemeinsame Ziele entstehen, die über Jahre hinweg gemeinsam verfolgt werden, ist die große Herausforderung aller Initiativen.

Die meisten Menschen, die sich einem Wohnprojekt anschließen, wünschen sich eine gute und vertrauensvolle Nachbarschaft, in der man aufeinander achtet, sich gegenseitig unterstützt und einander hilft. Darüber hinaus sind die Variationen von Ideen, Leitbildern und Konzepten, die als Basis für das Gemeinschaftsleben dienen können, nahezu unendlich.

Bei der Ausgestaltung des Gebäudes legen Wohnprojektgruppen üblicherweise Wert auf ökologische und umweltfreundliche Materialien, auf bewussten Umgang mit Ressourcen, insbesondere im Hinblick auf die Energieversorgung, und auf eine Architektur, die das Gemeinschaftsleben fördert. Laubengänge sind beliebt, Barrierefreiheit ist üblich und Gemeinschaftsräume sind unabdingbar. Es werden Dachterrassen geplant, Gärten zur Selbstversorgung angelegt, Carsharing-Stationen eingerichtet und vieles mehr. Je nach Standort und finanziellen Möglichkeiten sind der Fantasie kaum Grenzen gesetzt.

Jede Wohnprojektgruppe braucht eine Struktur und eine Rechtsform, um sich und ihre Aktivitäten zu organisieren und um geschäftsfähig zu sein. Oft werden Vereine gegründet, viele organisieren sich auch als Gesellschaft bürgerlichen Rechts (GbR), Gesellschaft mit beschränkter Haftung (GmbH), Kommanditgesellschaft (KG) oder Genossenschaft (eG).

Ein Bericht des Deutschen Instituts für Urbanistik geht davon aus, dass es ungefähr 500 bis 600 gemeinschaftliche Wohnprojekte in Deutschland gibt und dass ungefähr ein Drittel davon als Genossenschaft organisiert ist. Das FORUM Gemeinschaftliches Wohnen e.V. benennt eine Zahl von 4.000 bis 5.000 Wohnprojektgruppen in Deutschland. Jedenfalls ist die Zahl der Gruppen, die sich regelmäßig treffen, um ihre Idee vom gemeinsamen Wohnen umzusetzen groß – und sie wird immer größer.

Gemeinschaftliche Wohnprojekte werden als neue Wohnform bezeichnet, aber die Grundidee ist alt. Bereits vor 50 Jahren – im Zusammenhang mit der »68er-Bewegung« – bildeten sich in der alternativen und linken Szene Kommunen und Lebensgemeinschaften, von denen einige bis heute bestehen. Zwischen den »bürgerlichen« Wohnprojekten, wie sie derzeit überall gegründet werden und um die es in diesem Buch geht, und den Kommunen mit ihren politischen, ökologischen, spirituellen und ökonomischen Idealen und Lebenskonzepten gibt es große Unterschiede. Was Gemeinschaftsbildung angeht oder Kommunikationsformen in Gruppen oder die Entwicklung von gemeinsamen Prozessen zur Entscheidungsfindung oder moderne Organisationsformen in selbstbestimmten und selbstorganisierten Gemeinschaften – da haben die Kommunen einen großen Erfahrungsvorsprung. Von diesem können die »bürgerlichen« Projekte lernen. Und viele tun das auch.

Die Wohnprojekteszene ist facettenreich und heterogen. Ihre Ziele und Ansprüche unterscheiden sich mitunter erheblich und ebenso die Gründe, die Menschen dazu bewegen, sich einer Wohnprojektgruppe anzuschließen, einen neuen, ungewissen Anfang zu wagen, aufzubrechen. Am besten wird diese Vielfalt greifbar, wenn die AkteurInnen selbst zu Wort kommen.

II

UMZIEHEN

*Interviews mit Menschen,
die den
Aufbruch wagten*

Für alle zusammen etwas Neues schaffen

Heide Wroblewski

Quartier am Albgrün in Karlsruhe

■ 2007 erzählte mir Heide, dass sie sich einer Gruppe angeschlossen hatte, die ein gemeinschaftliches Wohnprojekt plante und eine Genossenschaft gründete. Ich fand das unheimlich spannend, und Heide hat mir bis 2012 bei unseren jährlichen Treffen immer genau berichtet, wie es mit dem Projekt voranging. In den Jahren danach schlief unser Kontakt zunächst ein. 2017 dann habe ich Heide eine E-Mail geschrieben und sie gefragt, ob sie sich vorstellen könne, mir ein Interview für dieses Buch zu geben. Sie war sofort einverstanden und wir haben uns am 23. November 2017 in Karlsruhe getroffen.

* * *

Ich würde gerne anfangen mit Daten und Fakten. Wie viele Häuser habt ihr hier auf dem Gelände?
▸ Wir haben hier sieben Häuser gebaut.

Und wie viele Wohnungen gibt es in diesen Häusern?
▸ Das sind 94 Wohnungen. Außerdem haben wir eine Arztpraxis, eine Praxis für Ergotherapie, eine Praxis für Physiotherapie und einen Pflegedienst. Für diese Unternehmen haben wir einen Investor gefunden, weil die nur zur Miete in das sogenannte Gesundheitshaus wollten.

Ihr habt für dieses Projekt unterschiedliche Rechtsformen gewählt. Welche sind das?

▶ Wir haben drei Rechtsformen, das ist außergewöhnlich und in Deutschland ein Pilotprojekt. Wir wollten erreichen, dass wir ein echtes Mehrgenerationen-Wohnprojekt sind und haben uns überlegt, wie wir unterschiedliche Leute am besten zusammenbekommen. Deswegen haben wir Eigentumswohnungen angeboten, extra eine Wohnbaugenossenschaft gegründet und mit der städtischen Wohnungsbaugesellschaft Volkswohnung Mietwohnungen errichtet.

Das ist ein ehrgeiziges Unterfangen, dass eine Projektgruppe sich traut, drei Rechtsformen zu verwirklichen. Das habe ich so noch nie gehört.

▶ Und es ist extrem kompliziert. Wir haben zum Beispiel keine Parkplätze für Autos und auch keine Fahrradhäuschen auf dem Gelände gewollt. Die sind alle unterirdisch angelegt – und das berührt unterschiedliche Grundstücke, die den einzelnen Häusern zugeordnet sind. Das alles vertraglich und notariell abzustimmen, war sehr schwierig, das würden wir so nicht noch einmal machen wollen.

Habe ich es richtig verstanden, dass ihr die unterschiedlichen Rechtsformen gewählt habt, weil ihr davon ausgegangen seid, dass die eine Rechtsform für die einen und die andere für die anderen attraktiver ist?

▶ Genau.

Für wen ist denn die Eigentümerrechtsform attraktiv gewesen?

▶ Das waren vor allem junge Familien, denen auch innerhalb der Gemeinschaft Eigentum wichtig ist.

Und die Genossenschaft?

▶ Das ist so die mittlere Altersstufe. Wir sind davon ausgegangen, dass die Genossenschaft etwas für Menschen ist, die besonders sozial eingestellt sind, weil sie ja ein gemeinschaftliches Eigentum haben und es kein Eigentumsrecht an der einzelnen Wohnung gibt.

Und es ist in der heutigen Zeit, in der man seine Arbeitsstelle nicht unbedingt am Wohnort findet, sondern für einen neuen Arbeitsplatz oft die Stadt wechseln muss, sehr viel einfacher, aus einer Genossenschaftswohnung auszuziehen und das Geld zurückzuerhalten, als eine Eigentumswohnung zu verkaufen. Im Moment ist die Situation ja gut, aber es hat durchaus Zeiten gegeben, in denen man Eigentumswohnungen nur mit großem Verlust verkaufen konnte.

Und welche Gruppe hat sich besonders für das Mietmodell interessiert?
▶ Das waren überwiegend Leute, die schon älter waren, und später sind auch junge Familien dazugekommen.

Wann bist du selbst hier eingezogen?
▶ Ich bin hier 2015 eingezogen. Ich wohne hier zur Miete.

War das deine ursprüngliche Idee?
▶ Nein. Ursprünglich hatte ich das Genossenschaftsmodell im Blick. Ich hatte eigentlich damit gerechnet, dass das möglich sein müsste. Wir mussten 25 Prozent der Entstehungskosten einer Wohnung in die Genossenschaft einzahlen, und ich hatte ausgerechnet, dass ich mir das bis 2.500 Euro pro Quadratmeter leisten könnte. Es hat sich dann aber sehr schnell gezeigt, dass das nicht reichen wird. Die Kosten sind sogar über 3.000 Euro gestiegen. Und die Wohnung muss ja auch noch eingerichtet werden, ich will einigermaßen leben und hin und wieder verreisen – und da bin ich sehr schnell zur Miete gewechselt. Es hat übrigens einige Wechsel gegeben: Leute, die ursprünglich bei der Genossenschaft waren, haben sich doch fürs Eigentum entschieden und einige, die eigentlich Mieter waren, haben festgestellt, dass sie genug Geld für die Genossenschaft haben. Oder es waren eben Leute wie ich, die gesagt haben: »Nein, das kann ich jetzt nicht mehr aufbringen.«

Ist es dir damals schwergefallen, von der Genossenschaft zur Miete zu wechseln?

► Ja, das war schon schwer. Weil es mit den Menschen, die in der Genossenschaft aktiv waren, eine gewisse Verbundenheit gegeben hat. Aber jetzt, wo wir hier einmal wohnen, ist es durchaus so, dass sich die Leute aller Rechtsformen miteinander mischen.

Wie fing das vor zehn Jahren eigentlich alles an?
► Wir hatten im November 2007 die erste öffentliche Veranstaltung, um Leute zu suchen. Dort haben wir gleich das Konzept mit den drei verschiedenen Rechtsformen vorgestellt. Man konnte sich ohne Verpflichtung einer bestimmten Rechtsform zuordnen, um dabei vielleicht auch festzustellen, welche Wünsche man eigentlich hat. Damals gab es noch keine konkreten Pläne, gar nichts. Nur ein Grundstück, das von der Stadt angeboten wurde.

Warum hast du dich überhaupt für ein gemeinschaftliches Wohnprojekt interessiert?
► Ich hatte einen Artikel über das vorgesehene Projekt gelesen. Ich war auf der Suche nach einer altersgerechten Wohnung, um meiner Tochter zu ersparen, was ich mit meinen Eltern mitmachen musste, als sie Hilfe und Unterstützung brauchten. Ich war über viele Jahre hinweg fast mehr auf der Autobahn zu meinen Eltern unterwegs als zu Hause … und das wollte ich meiner Tochter nicht abverlangen.
Ich war 68 und hatte eine kleine Lebensversicherung, die mir mit 70 ausgezahlt werden sollte. Ich hatte mir vorher schon überlegt, dass ich mich spätestens, wenn ich dieses Geld bekomme, um eine neue Wohnsituation kümmern werde – und darauf habe ich hingearbeitet. Und als ich den Artikel in der Zeitung gelesen hatte, da habe ich sofort angerufen und war bei dieser ersten Veranstaltung.

Wie viele Leute waren da gekommen?
► Das waren über 50 Leute, die mussten teilweise auf der Heizung sitzen. Später sind sogar manchmal mehr gekommen. Das hat viele Leute angesprochen. Jeden Monat sind um die 20, 30 oder 40 Leute

gekommen, die sich für das Wohnprojekt interessiert haben. Im November 2007 also kam ich dazu – und schon im Januar wurde ich verdonnert, eine Aktion durchzuführen.

Was war das für eine Aktion?

► Die ARD hat damals eine Woche lang über generationenübergreifende gemeinschaftliche Projekte und Aktivitäten berichtet, im Fernsehen und auch im Radio. Die Stadt Karlsruhe wollte zu dem Thema auch etwas anbieten und hat verschiedene Institutionen zusammengerufen, die Vorträge oder kleine Infostände organisieren sollten. Und das sollte ich für unser Projekt machen, obwohl es doch noch gar nichts Konkretes zu berichten gab. Ich stand also das erste Mal völlig alleine da, hatte von Tuten und Blasen keine Ahnung und musste von irgendwoher Flyer kriegen und einen Tisch und Stühle und Material. Da hat mir die Stadt sehr geholfen und auch die Volkswohnung, die hier das Mietshaus gebaut hat.

Das heißt, die Volkswohnung war damals schon im Boot.

► Der gehörte ein Teil des Grundstücks, das für das Projekt vorgesehen war. Und deshalb war sie im Boot.

Ihr hattet ja auch einen Projektentwickler, den die Stadt Karlsruhe engagiert hatte.

► Ja, er hat die ersten Treffen moderiert und seine Erfahrung präsentiert und aufgezeigt, wie das in den Niederlanden läuft, was in Tübingen, in Bielefeld, in München bereits passiert ist, was die alles schon entwickelt hatten. So hat er uns da herangeführt. Die Leute, die damals zu den Veranstaltungen kamen, wussten: Wir wollen anders leben, wir möchten nicht in einem Wohnsilo verkommen, wo vielleicht nebenan Leute krank werden oder sterben und wir kriegen das nicht mit. Wir wollten anders miteinander leben, aber wie genau das gehen könnte, das wusste niemand.

Was hat dich denn damals motiviert, dich bei dieser Aktion allein an einen Stand zu stellen und aktiv zu werden?

► Also ich kann es nicht aushalten, wenn irgendwo gefragt wird, wer sich bereit erklärt, etwas zu machen, und dann bricht das große Schweigen aus. Ich habe aber eigentlich auch immer Lust, etwas Neues zu machen, und keine Angst, ins kalte Wasser zu springen. Ich habe das Gefühl, dass mir immer alles gelungen ist. Dabei ist das gar nicht so. Es sind auch Sachen danebengegangen, aber das darf man sich dann nicht so zu Herzen nehmen.

Das sind ja die allerbesten Voraussetzungen, um im freiwilligen Engagement aktiv zu werden.
► Ja. Ich war von Anfang an aktiv dabei. Wir waren zu dritt, seit dem ersten Tag. Die beiden anderen, ein Paar, und ich haben uns gegenübergesessen und haben gemerkt, da ist was. Er ist sehr erfahren, was Genossenschaften anging, und er wollte unbedingt genossenschaftlich wohnen und seine Partnerin auch. Wir drei haben uns gefunden. Wir haben uns als die Lokomotiven des Projekts bezeichnet und die Leute mit unserer Begeisterung mitgezogen.

Und diese beiden wohnen jetzt im Genossenschaftshaus?
► Ja.

Ich habe heute Morgen bei meinem Rundgang zwischen den Häusern hier verschiedene Plakate und Fotos gesehen, auf denen du immer wieder zu sehen bist. Das zeigt ja, dass du ein wichtiges aktives Mitglied der Gemeinschaft bist. Du bist ja auch in der Planungsphase eine Zeit lang Geschäftsführerin des Projekts gewesen.
► Dazu muss ich sagen, dass der Projektentwickler nur eine beratende Funktion für das Projekt hat. Wir Bewohner sind diejenigen, die Entscheidungen treffen und Verträge abschließen müssen. Nach etwa einem halben Jahr ist der Geschäftsführer, den man zwischenzeitlich gefunden hatte – das war ein Bauingenieur –, aus familiären Gründen ausgestiegen und dann brauchte man dringend jemanden, der das Projekt nach außen vertritt. Man brauchte jemanden, der Ansprechpartner war, auch für die Stadt. Wir waren mittlerweile zu einer Gruppe geworden und haben an den Fra-

gen gearbeitet: Was wollen wir eigentlich? Wie soll das aussehen? Wie wollen wir später leben? Was möchten wir alles bewegen? Das haben wir zwei Jahre hin und her gewälzt. Und dafür brauchte man einen Ansprechpartner, auch für die Presse.

Und diese Funktion habt ihr »Geschäftsführer« genannt?

► Ja. Das kann man aber natürlich nicht mit der Geschäftsführung eines Unternehmens vergleichen. Unser Geschäftsführer hatte keine Entscheidungsgewalt, sondern war praktisch ein Mittler zwischen dem, was von der Stadt an uns herangetragen wurde, und dem, was von der Basis, von den künftigen Bewohnern, vermittelt werden sollte. Das habe ich weitergetragen. Ich war auch Pressesprecherin.

Also du warst sozusagen das Gesicht des Projekts nach außen.

► Mein größtes Anliegen war, diese Menschen, die sich für die Idee interessierten, so zusammenzuhalten, dass sie über die ganze Bauphase bis zum Einzug und Wohnen Kontakt miteinander haben.

Über wie viele Jahre hast du das gemacht?

► Das habe ich sechs Jahre gemacht, aber bis wir eingezogen sind, hat es acht Jahre gedauert.

Hat dir diese Aufgabe Freude gemacht?

► Ja, sehr viel. Ich habe in meinem Leben nie so viel gearbeitet wie damals. Ich erinnere mich gar nicht mehr genau, was ich eigentlich gearbeitet habe. Aber ich habe von Montagmorgen bis Sonntagabend mit dem Projekt zu tun gehabt und es war mir nichts zu viel.

Du warst ja schon aus dem Berufsleben ausgeschieden, hattest keine Kinder mehr zu versorgen und keinen Mann, so konntest du dich dem voll und ganz widmen.

► Wir wollen uns hier gegenseitig so unterstützen, dass die Jungen für die Alten da sind, aber die Alten auch für die Jungen. Und die jungen Leute hätten wegen ihrer Berufstätigkeit das alles gar nicht machen können.

Es ist ja oft so, dass die Älteren die Aktiven, die Treiber sind, und dann suchen sie im Laufe des Planungsprozesses oft sehr intensiv nach Jüngeren. Ist das bei euch auch so gewesen?
► Nein, die waren von Anfang an dabei. Wir wussten zum Glück nicht, dass alles so viel länger dauern würde als erwartet. Es hat Situationen gegeben, die wir nicht zu verantworten hatten, die zu einer Verzögerung von zwei Jahren geführt haben. Wenn wir das vorher gewusst hätten, hätten einige Leute nicht mitgemacht.

2007 bist du aktiv geworden. Wie lange hat es denn gedauert, bis der Grundstein gelegt wurde?
► Das war 2010.

Und wann bist du eingezogen?
► Das war 2015. 2016 sind die letzten Häuser bezogen worden.

Würdest du das alles noch einmal auf dich nehmen?
► Für andere Leute nicht. Aber es war eine so wertvolle Erfahrung. Ich habe so viel gelernt …

… man könnte auch sagen, du hast eine Alterskarriere gemacht.
► Ja wirklich. Ich hatte eine Ärztin, die sich mit Astrologie beschäftigt hat, und die kam eines Tages und hat gesagt: »Auf Sie kommt noch einmal etwas ganz Großes zu.« Und ich habe mich gefragt, was das wohl sein könne. Es war dieses Projekt.
Als ich in Rente gehen wollte, hatte ich mir vorher überlegt, was ich dann tun will. Ich habe dann acht Jahre in einem Museum gearbeitet. Und das war schon auch eine zweite Karriere, weil ich da mit Menschen aus aller Welt zu tun hatte und meine sprachlichen und kulturellen Kenntnisse anbringen konnte. Und als das aufhörte, war ich total deprimiert. Aber auf einmal fiel mir dieser Artikel über die erste Versammlung für dieses Projekt ins Auge.
Ich wollte aber noch etwas ergänzen: Zwei, drei oder vier Jahre lang hat kein Mensch gewusst, was das alles hier mal kosten wird. Wir hatten keine Pläne und nichts, und trotzdem waren die Leute dabei.

Das heißt ja, dass ihr die Vision gut verkauft habt.
▶ Ich glaube, ich kann andere begeistern, ohne ihnen etwas überzustülpen.

Oft springen Leute aus den Anfangszeiten der Gruppen ab, wenn klar wird, welches Grundstück bebaut werden soll. War das bei euch denn auch so?
▶ Nein, denn wir wussten ja von Anfang an, dass es dieses Grundstück sein wird, wenn wir rechtzeitig zu Potte kommen. Die Stadt hatte den Moderator, also den Projektentwickler, für dieses spezifische Grundstück engagiert.

Für wie lange?
▶ Ich nehme an für ein halbes Jahr. Dann mussten wir als Gruppe die Finanzierung übernehmen. Er hat Finanzierungspläne entwickelt und wir haben relativ bald angefangen, die Leute in die Kostenpflicht zu nehmen, weil sonst viele Leute dabeisitzen und Wünsche äußern und Entscheidungen mittreffen, aber keine Verbindlichkeiten eingehen.

Wann habt ihr angefangen, Geld einzusammeln?
▶ Das war bestimmt schon nach einem halben Jahr. Ich glaube, ich habe vielleicht 600 Euro eingezahlt. Wir mussten ja Flyer haben, wir brauchten Plakate, ein Logo, und wir mussten auch mal einen Kaffee bezahlen für irgendwelche Leute, die kamen. Und wir mussten den Moderator anteilmäßig bezahlen. Wir hatten eine Kasse, in die jeder, der mitmachen wollte, 600 Euro einzahlte, und die waren verloren, denn das war ja Geld, das ausgegeben wurde. Das »verloren« bezieht sich auf Interessenten, die wieder ausgestiegen sind. Für die künftigen Bewohner wurde das angerechnet.

Kannst du dich erinnern, wie viele Leute ihr damals wart?
▶ Das waren bestimmt 50, 60 Leute. Wir hatten ja eine Kasse für die verschiedenen drei Rechtsformen. Buchhalterisch wurde genau erfasst, welcher Anteil für welches Projekt zu verwenden war.

Wer hat diese Buchführung gemacht?

▸ Der Moderator hatte Kontakt zu einer Spezialistin, die für Genossenschaften die Buchhaltung machte, und außerdem zu einem Juristen und zu einem Finanzberater.

Habt ihr eigentlich in einem bestimmten Stadium auch einen Verein gegründet?

▸ Nein. Wir haben erst seit etwa anderthalb Jahren einen Verein, das ist ein Kulturverein, der alle sozialen und kulturellen Aktivitäten bündelt.

Ich wollte noch etwas anderes Wichtiges erzählen: Es gab damals ja noch keinen Bebauungsplan, also musste zusammen mit der Stadt und mit der Volkswohnung ein Masterplan entwickelt werden. Dazu haben wir mit der Architektenkammer fünf Architektenteams ausgesucht, die sich auch schon mit solchen oder ähnlichen Projekten beschäftigt hatten. Es hat dann eine dreitägige Bürger-Architekten-Planungswerkstatt gegeben. Es hat ein Jahr gedauert, bis wir das alles unter Dach und Fach hatten: eine große Halle, einen Termin, an dem alle Zeit hatten etc. Wir hatten einen Planer, der solche Großprojekte durchführt. Die Volkswohnung hat die ganzen Kosten übernommen, holt sie sich letztlich aber über die Mieten wieder zurück. Und die Ausschreibung für die Architekten war so angelegt, dass sie erst zehn Tage vor dem Werkstatttermin die Unterlagen bekommen haben und noch nicht genau wussten, was das eigentlich werden soll. Der erste Schritt war dann, dass jeweils Personen unserer verschiedenen Rechtsformgruppen und ein Architektenteam zusammengebracht wurden. Die künftigen Bewohner haben den Architekten dann gesagt, was wir eigentlich wollen. Es war also nicht so, dass die Architekten irgendwas entwickelt und uns vorgelegt haben, sondern umgekehrt.

Das war eine richtige dreitägige Werkstatt, das war arbeitsintensiv, von morgens bis abends, und die Architekten haben über Nacht gearbeitet. Und es wurde gewechselt, sodass jedes Architektenteam mit jeder Rechtsformgruppe zusammenkam. Beim ersten Gespräch haben die Architekten schon angefangen, etwas aufzumalen, und wir haben gesagt: »Nein, da möchten wir lieber hier noch einen Laden haben und das könnte so sein …«

War denn das Grundstück damals schon aufgeteilt und stand schon fest, wer wo bauen wird?

▶ Nein. Über Nacht haben die Architekten ihre Zeichnungen vervollkommnet, sodass wir dann am nächsten Tag darüber reden konnten. Und dann hatten wir eine ganz hochrangige Jury – ich habe schwer dafür gekämpft, da reinzukommen.

Wer war denn da sonst noch drin?

▶ Da war der Baubürgermeister drin, die Volkswohnung, von den Hochschulen Spezialisten aus Freiburg, Karlsruhe und Stuttgart, Landschaftsplaner, Städtebauer, Architekten, Professoren. Wir waren ungefähr 20 Leute. Dann war von jeder Fraktion aus dem Gemeinderat jemand dabei, von der Stadtverwaltung natürlich, und wir mussten wirklich kämpfen, dass jemand von uns, also von denen, die später in den Häusern wohnen würden, in die Jury aufgenommen wurde.

Zunächst waren acht Häuser vorgesehen, aber das wäre zu eng geworden. Wir haben darauf geachtet, dass der Sonneneinfall im höchsten Sonnenstand bis auf die Terrassen der einzelnen Häuser reicht. Deshalb ist das hier auch so abgestuft, damit die weiter hinten liegenden Häuser genug Sonne kriegen.

Sind denn im Zuge dieser Werkstatt schon Entscheidungen getroffen worden?

▶ Die Jury konnte sich zuerst nicht entscheiden zwischen zwei Entwürfen, deshalb hat es eine Nachentscheidung gegeben. Der Architekt, der den Gesamtentwurf gewonnen hat, hat das Gebäude für die Volkswohnung gebaut. Alle anderen Projektgruppen konnten sich mit einer eigenen Ausschreibung einen eigenen Architekten suchen. Das war später durchaus ein Problem, dass jedes Haus einen eigenen Architekten gehabt hatte, denn wir wollten ja trotzdem Gemeinsames und Verbindendes schaffen.

Ich würde gern einmal nach Geld fragen.

▸ Also wir Bürger haben hier 21 Millionen Euro bewegt, das ist ohne das Gebäude der Volkswohnung. Wenn ich das irgendwo vortrage, bleibt den Leuten der Mund offen stehen.

Was ist in deinen Augen das Besondere an diesem Projekt?

▸ Ich denke, es ist schon etwas Besonderes, dass wir in der ersten Phase, ohne zu wissen, was das alles kosten wird, uns verpflichtet haben und uns Gedanken gemacht haben, wie wir später leben wollen. Wir haben uns ein Leitbild gegeben. Wir mussten lernen, wie wir Konflikte austragen. Ich wiederhole immer, dass man auch in der Lage sein muss, mit seinen Wünschen einmal einen Schritt zurückzutreten, damit es für alle passt. Und wir haben gesagt: »Bei uns entscheidet die Mehrheit, wie das zu laufen hat, und alle müssen sich diesem Entschluss fügen, sonst klappt das mit uns nicht.« Dieser Weg, über die Mehrheit zu entscheiden, wurde gemeinschaftlich vorab gewählt.

Ihr habt also immer mit Mehrheitsbeschlüssen gearbeitet, bis heute?

▸ Ja. Das finde ich auch gut, denn anders kriegt man das nicht zustande. Ein Haus im Projekt hat entschieden, dass sie im Konsens entscheiden, aber die kommen mit manchen Sachen nicht zu Potte. Wir haben uns mit anderen Beschlussmöglichkeiten befasst und beschlossen, dass wir nach dem Mehrheitsverfahren entscheiden. Weil alles sowieso schon so kompliziert war, mussten wir ein Entscheidungsverfahren haben, mit dem wir gut leben können. Wir haben so gut wie nie 50 zu 50 oder 49 zu 51 abgestimmt. Die Mehrheit lag immer eher bei 75 oder 80 Prozent. Wir haben uns dabei aber vorgenommen, aufeinander zu achten, andere zu akzeptieren, wie sie sind, und niemanden auszuschließen. Der Kontakt wird mit dem einen enger sein und mit dem anderen weiter, aber wir gehören alle zusammen und alle gehören dazu, egal, was für Wünsche sie haben. Und wir wissen auch, dass sich später nicht jeder aktiv beteiligen wird. Aber wir können nicht alle Aufgaben, die anfallen, an andere Träger abgeben, die Geld dafür bekommen würden. Wir müssen viel selbst machen, sonst laufen die Kosten aus dem Ruder. Deswegen haben wir so viele Arbeitsgruppen. Und das war mir ganz wichtig: einen Informationsfluss in Gang zu halten, an dem alle teilhatten, damit alle immer wussten, was Sache ist.

Wie habt ihr das konkret gemacht?

▸ Das haben wir mit Protokollen und E-Mails gemacht. Später habe ich angefangen, für die Leute, für die Protokolle zu kompliziert waren, einen Projektbrief zu entwickeln, in dem ich mit kurzen und knappen Worten aufgeschrieben habe, was wo entschieden wurde oder was in welcher Besprechung interessant war oder wo wir gemeinsam auf dem Weihnachtsmarkt waren oder ein Frühstück in der Baugrube gemacht haben oder wie wir den 50. Geburtstag des Moderators gefeiert haben. All so etwas habe ich da reingeschrieben.

Alles immer per E-Mail?

▸ Inzwischen haben wir so eine Art Intranet. Wir duzen uns hier alle, damit es da keine Unterschiede gibt, und jeder darf irgendwo mitmachen, auch wenn andere aus irgendwelchen Gründen das nicht so toll finden, denn es gibt Leute, die alles zerreden. Aber niemand darf ausgeschlossen werden.

Wie macht ihr das, wenn Konflikte auftreten? Wie geht ihr damit um?

▸ Wir hatten zwei große Konflikte: Viele Leute wehrten sich dagegen, dass hier eine Kinderkrippe aufgemacht werden sollte. Sie wollten keinen Kinderlärm haben. Dabei hatten wir von Anfang an immer gesagt, dass wir in unserem Projekt Kinder haben wollen, und dass, wer mit Kindern nichts zu tun haben will, bei uns nicht richtig ist. Und auf einmal waren lauter Leute da, die gesagt haben, dass sie gegenüber keine Kinderkrippe haben wollten. Da entstanden regelrecht zwei Fronten. Die Leute haben sich teilweise angeschrien. Und da hat unser Moderator etwas entwickelt: Wir haben uns zu diesem Thema getroffen und er hatte zwei Pinnwände aufgestellt: eine für das Für und eine für das Wider. Jeder konnte auf

eine Karte die Gründe für seine Position aufschreiben und anpinnen. Dann musste jeder nach vorne gehen und erklären, warum er dafür oder dagegen war. Es war verboten dazwischenzureden, jeder durfte ungestört seine Meinung äußern. Es hat keine Diskussion gegeben. Dann wurden die Karten neu verteilt und es waren nur noch zwei dagegen. Die Volkswohnung hatte vorher angedroht, sich aus dem Projekt zurückzuziehen, wenn keine Kinderkrippe integriert würde.
Am zweiten Konflikt waren zwei Häusern beteiligt. Es ging darum, wer das schönere Grundstück kriegt. Da hatten wir glücklicherweise einen jungen Mann, der gar nichts mit diesem Grundstück zu tun hatte, der in der Lage war, die verschiedenen Meinungen auseinanderzudröseln und die Leute dahin zu bringen, dass sie ruhig miteinander redeten, um eine Entscheidung zu treffen. Diese Entscheidung ist ziemlich knapp ausgefallen, aber wir haben gesagt: »Wenn wir heute eine Entscheidung treffen, dann gilt sie und es wird daran nicht mehr gerüttelt.«

Habt ihr nicht auch mal einen Preis bekommen?

▸ Ja. Das war 2012. Bei der Bewerbung hat uns das Stadtplanungsamt unterstützt, und es sind Leute aus Stuttgart gekommen, die mit mir einen Nachmittag lang Interviews geführt haben und mit jemandem von der Volkswohnung. Wir haben eine Plakette und 5.000 Euro bekommen. Und da mussten wir auch sagen, wofür wir das Geld verwenden, und da war ganz klar, dass wir das für unsere Gemeinschaftsräume verwenden.

Hast du eigentlich auch Geld für deine Tätigkeit bekommen?

▸ Besonders der Projektentwickler wollte immer, dass ich mindestens 400 Euro bekomme. Ich habe das aber immer abgelehnt. Ich wollte das nicht. Ich war keine Fachfrau, ich habe aus meinen Emotionen und aus meiner Freude heraus gearbeitet, so wie ich das am besten konnte, und ich hatte die Befürchtung, dass die Leute anfangen herumzumäkeln, sobald ich Geld bekomme. Und so konnte ich immer sagen, dass ich nach bestem Wissen und Gewissen meine

Sachen erledigt habe und dass ich ehrenamtlich arbeite. Das war mir wichtig. Und ich mache das ja auch für mich.

»Ohne Gemeinschaftsräume geht Gemeinschaftsleben nicht«, hast du einmal gesagt.

► Ja: Gemeinschaftsleben geht nicht ohne Räume, wo man sich treffen kann. Von Anfang an war klar, dass, wer hier einziehen möchte, zu der Wohnung, die er nehmen wird, sei es nun in Eigentum, in der Genossenschaft oder als Mieter, fünf Prozent der Entstehungskosten der Wohnung zusätzlich zahlen muss, um die Gemeinschaftsräume und die Gemeinschaftsgrünflächen zu finanzieren.

Das heißt, ihr habt verschiedene Gemeinschaftsräume und ihr habt Gemeinschaftsgärten.

► Genau. Das heißt, dass ich, die ich hier so nah an der Straße wohne und nur noch einen kleinen Balkon habe, mit meiner Kaffeetasse in eine grüne Ecke gehen und mich da hinsetzen kann, und es wird nicht lange dauern, bis mich da einer sieht und dazukommt. Das war auch ein Auswahlkriterium für Leute, die sich für unser Projekt interessiert haben: Nur wer bereit ist, gewissermaßen für andere fünf Prozent seines eigenen Wohnungswertes zu investieren, sollte aufgenommen werden. Denn es könnte ja sein, dass jemand das nicht möchte, weil er den Garten oder den großen Saal gar nicht nutzen möchte – trotzdem käme er nicht daran vorbei, dass er die fünf Prozent zahlen muss. Und wer dazu bereit ist und damit zeigt, dass ihm das Gemeinschaftsleben und nachbarschaftliche Nähe wichtig sind, der hat sich bereit erklärt, in dieses Projekt zu gehen. Wer nicht damit umgehen kann, dass er für jemand anderen zahlen muss, der ist in so einem Projekt nicht gut untergebracht.

Zum Schluss möchte ich dich noch fragen: Mit all deiner Erfahrung – was würdest du sagen, ist das Wichtigste, das eine Gruppe mitbringen muss, damit solch ein Projekt gelingt?

► Ich glaube, dass der Nachbar oder der Nächste, der andere Mensch, einem wichtig sein sollte. Nur wenn einem diese Menschen auch wichtig sind, kann man auf manches verzichten, um für alle zusammen etwas Neues zu schaffen. Wenn man nicht bereit ist, mal für einen anderen einen Schritt zurückzutreten, dann kriegt man das nicht zustande.

Es lohnt sich, ins Soziale zu investieren!

Lisa Hugger

Projektentwicklung und Projektsteuerung

■ Bei den Beginen in Köln hörte ich 2015 zum ersten Mal von Lisa Hugger. Die Beginen sind eine bundesweit organisierte Frauengemeinschaft, die überall im Land Beginenhöfe gründen, um gemeinsam zu leben und zu wohnen. Lisa Hugger hatte die Projektsteuerung für den Beginenhof in Köln-Widdersdorf übernommen und die Kölner Beginen ab 2009 beim Bau des Hauses und bei der Gründung ihrer Genossenschaft begleitet. Auch andere Wohnprojektgruppen in Köln und Umgebung, mit denen ich Kontakt hatte, erwähnten immer wieder ihren Namen und schwärmten von ihrem Engagement und ihrer Kompetenz. So schickte ich im Sommer 2017 eine Anfrage für ein Interview an Lisa Hugger. Ein paar Tage später – am 10. August 2017 – habe ich sie in ihrem Büro in Kürten im Bergischen Land für dieses Gespräch besucht.

* * *

Sie sind Projektentwicklerin. Was sind denn die Aufgaben einer Projektentwicklerin?

▶ Ich mache Projektentwicklung und Projektsteuerung. Das sind unterschiedliche Berufsbilder, die da zusammengeführt werden. Meine Projekte beziehen sich aufs gemeinschaftliche Wohnen und Leben, was immer auch etwas mit Räumen zu tun hat, die baulich erstellt werden. Ich denke, dieser Beruf wird in Zukunft noch viel wichtiger werden, weil man branchenübergreifend denkt und arbeitet und Menschen und Themen zusammenbringt. Man muss bestimmte Dinge wie bei eine Perlenschnur aneinanderreihen, die an und für sich getrennt wären und sich nicht von selbst verbinden würden.

Mussten Sie das für Ihre Arbeit mit Wohnprojektgruppen selbst entwickeln?

► Ja, das musste ich. Allerdings konnte ich mich dabei an einigen Vorbildern aus den verschiedenen Bereichen orientieren.

Können Sie vielleicht kurz darlegen, was da alles zusammenkommen muss?

► Projektentwicklung im Bereich gemeinschaftlichen Wohnens setzt natürlich erst einmal eine Idee voraus – und Menschen, die gemeinsam ihre zukünftigen Lebensräume planen. Solche Akteure kommen dann auf mich zu. Das sind Menschen, die zum Beispiel durch eine Sendung im Fernsehen, einen Vortrag oder ein Projekt, das sie besucht haben, angeregt wurden und die als Kerngruppe ihr Projekt verwirklichen wollen.

Manche haben beruflich mit Menschen mit Behinderung zu tun oder sie beschäftigen sich mit anderen Wohnformen im Alter. Oft bringen sie schon ein gewisses Know-how aus ihren Bereichen mit. Diese Akteure brauchen dann andere Menschen, die ihre Idee mit ihnen zusammen umsetzen möchten, und Hilfe, die Idee zu konkretisieren. Dafür benötigen sie etwas Fachinformationen: Was gibt es bereits in dem Bereich? Wie organisiert man sich und wie strukturiert man so ein Projekt? Ein weiteres ganz großes Thema: Wo kommt das Geld her? Wie finanziert man das? Um welche Größenordnung geht es eigentlich? Wenn wir über Baukosten sprechen, sind wir bei diesen Gemeinschaftsprojekten immer bei mehreren Millionen. Das sind Dimensionen, die das Alltagsbewusstsein der meisten Menschen übersteigen. Die Finanzierung ist deshalb ein ganz wichtiges Feld. Außerdem stellt sich die Frage nach der Rechtsform, nach den Verträgen und den Vereinbarungen, die getroffen werden. Da braucht es viel Erfahrungswissen darüber, was möglich ist, bevor ein Rechtsanwalt oder ein Notar zur konkreten Vertragsgestaltung hinzugezogen wird.

Zu den einzelnen Punkten, die Sie erwähnen, findet man ja immer mehr Information im Internet. Ganz im Gegensatz zu früher, wo das alles noch nicht zusammengetragen worden war.

► Da hat sich viel getan in den letzten Jahren. Auch bei den großen Themen: Grundstück, Standort, Planung. Das sind die Bereiche der Projektentwicklung: die Idee, die Konzeption, die interne Organisation und Strukturierung, die Finanzierung, die Vereinbarungen und die Vertragsebene und schließlich der Standort und die Planung.

Sind Sie auch bei der Grundstückssuche aktiv?

► In der Vergangenheit war ich da teilweise sehr stark involviert. Aber in letzter Zeit kommen häufiger Gruppen auf mich zu, die bereits ein Grundstück gefunden haben oder die sich um ein ausgeschriebenes Grundstück bemühen wollen.

Kann es bei einem Wettbewerb ein Pluspunkt sein, wenn die Projektsteuerung gesichert ist?

► Ja, teilweise ist es sogar eine Voraussetzung.

Würden Sie bitte mal beschreiben, was Projektsteuerung eigentlich ist?

► Wenn ein Projekt entwickelt ist – das heißt, die Idee ist da, ein Grundstück ist da, die Finanzierung ist geklärt, ebenso die Rechtsform und die vertragliche Verbindung, das Konzept sowieso und die Planung steht in den Grundzügen –, braucht man einen Zeit- und Maßnahmenplan für den Gesamtprozess. Neben der eigentlichen Bautätigkeit, die Architekt beziehungsweise Bauleiter verantworten, werden alle anderen Rahmenbedingungen projektiert. Dazu gehört unter anderem die Finanzierungskomponente, also die Planung des Geldbedarfs, des Geldabrufs, der Verfügbarkeit und die Vorlage von entsprechenden Nachweisen. Hier ist die Projektsteuerung in Zusammenarbeit mit den Architekten und Bauleitern gefragt, die Abläufe in Absprache mit den finanzierenden Banken und sonstigen Geldgebern sowie den Bauherren zu koordinieren und abzustimmen.

Neben der Abstimmung mit externen Partnern ist bei gemeinschaftlichen Projekten der Bereich der internen Entscheidungsfindungen wesentlich. Ich muss also auch planen, wann welche Entscheidung getroffen werden muss. Als Projektsteuerin gebe ich den Fahrplan vor, bringe die Dinge auf den Weg und gebe den Gruppen dabei genug Zeit, die internen Prozesse zu durchlaufen.

Die Prozesse werden in einem Projektcontrolling, das Zeit und Maßnahmen im Blick behält, und in einem Finanzcontrolling, das die finanziellen Aspekte berücksichtigt, dokumentiert. So behält man einen Überblick über die wichtigen Fragen: Ist das Projekt im Plan? Wie haben sich die Kosten entwickelt? Müssen Kostensteuerungsmaßnahmen ergriffen werden? Projekte haben ein bestimmtes Budget und/oder die einzelnen Beteiligten haben ihre jeweils eigene Finanzierung. Ich bin gehalten, die einzuhalten und beizeiten Maßnahmen einzuleiten, wenn ich sehe, dass etwas aus dem Ruder läuft.

Sind Sie Betriebswirtin?

▸ Nein, ich bin Diplom-Sozialwissenschaftlerin und habe das finanzielle Projektcontrolling zunächst immer extern vergeben. Dann hat mein Mann diesen Bereich für meine Projekte bearbeitet – er ist Wirtschaftsinformatiker und Bilanzbuchhalter. Mit den Jahren ist daraus ein umfangreiches projektbezogenes Finanzcontrolling entstanden, das den Anforderungen der Banken und Geldgeber entspricht und an einigen Stellen sogar deutlich darüber hinausgeht. In der Zusammenarbeit mit den Banken, aber auch für mich in der Projektsteuerung, habe ich bestimmte Eigenkontrollmaßnahmen entwickelt. Zum Beispiel fangen wir generell nicht an zu bauen, bevor nicht zwei Drittel der gesamten Baumaßnahme ausgeschrieben sind und wir die Preise am Markt wirklich abgefragt haben.

Diese Eigenkontrollmaßnahme hat die NRW.Bank mittlerweile in ihre Auflagen übernommen, das heißt, geförderte Projekte erhalten jetzt die Auflage, dass sie 70 Prozent ausgeschrieben haben müssen, bevor die erste Auszahlung erfolgt.

Ich möchte noch einmal nachfragen: »70 Prozent ausgeschrieben« heißt, dass 70 Prozent der am Bau beteiligten Gewerke ausgeschrieben sein müssen?

▶ Genau. Das verhindert, dass man Überraschungen erlebt: Sie fangen an zu bauen und merken viel später, dass die Innenausbaugewerke, die ja auch viel später ausgeschrieben werden könnten, was manchmal auch sinnvoll ist, weil sie erst nach einem halben Jahr mit der Arbeit beginnen können, mit den veranschlagten Kosten überhaupt nicht hinkommen. Wenn Sie das aber vorher wissen, können Sie insgesamt eine ganz andere Kostensteuerung machen, weil Sie über viel mehr Volumen verfügen können. Das ist der Sinn und Zweck davon.

Beim Zuhören wird mir klar, wie komplex das alles ist.

▶ Ja, das ist es. Absolut. Es gibt natürlich in den Gruppen unglaublich viele Kompetenzen. Das ist richtig toll. Meistens gibt es Architekten oder Menschen, die mit Bauen zu tun haben. Oft sind auch kaufmännisch ausgebildete Leute dabei, sodass man sich die Bälle sehr gut zuspielen kann. Mit solchen Menschen zusammenzuarbeiten, ist etwas, was mir sehr viel Spaß macht. Sie könnten solch ein Projekt in dieser Komplexität nicht alleine auf die Beine stellen, sind aber wesentliche Räder im Ganzen und in ihren Bereichen ganz wesentliche Mitwirkende.

Ich selbst habe ja bisher noch nicht an einer erfolgreichen Realisierung teilgenommen und es ist interessant, das alles einmal so genau zu hören. Was machen Sie, wenn Sie auf eine Gruppe treffen, in der keine oder kaum Kompetenzen, wie Sie sie erwähnt haben, vorhanden sind?

▶ Es gibt eigentlich keine Gruppe, in der keine Kompetenz vorhanden ist. Aber es gibt Gruppen, die passiver sind oder sich eher

als Kunden verstehen, denn als aktiv am Prozess Beteiligte. Das muss man dann einfach klar benennen und bestimmte Arbeiten, die sonst in der Gruppe geleistet werden, extern vergeben – und das muss natürlich auch bezahlt werden.
Im Prinzip ist das Netzwerk vorhanden, das eine Gruppe braucht, wenn ein Architekt da ist und ein Bauleiter. Oft sind das zwei verschiedene Büros oder Personen, aber manchmal fällt es auch zusammen. Wenn man gut mit der finanzierenden Bank zusammenarbeitet und wenn ein Projektsteuerer da ist, dann kann man alle Aufgaben in diesem Team bewältigen.

Also: Es gibt das Grundstück, dann gibt es die Gruppe in der jeweiligen Rechtsform, aber es gibt auch die Gruppe mit den Menschen als sozialem Gefüge, dann den Architekten und der Architekt bringt dann den Bauleiter mit oder …
▶ … es gibt Büros, die nur Entwürfe machen, und es gibt reine Bauleitungsbüros.

Dann müsste sich also gegebenenfalls die Gruppe, also der Auftraggeber, darum kümmern, eine Bauleitung zu engagieren. Außerdem gibt es die Projektsteuerung, das könnten Sie sein, und schließlich braucht es eine Bank, die die Finanzierung ermöglicht. Das sind sozusagen die Hauptakteure.
▶ Genau, das ist die Grundstruktur, die aber durchaus noch deutlich umfangreicher und ausdifferenzierter sein kann. Wenn eine Gruppe nicht die Möglichkeit hat, die Bauherrenvertretung von sich aus zu leisten, dann wird diese Aufgabe häufig an den Projektsteuerer abgegeben. Ich bin oft in Situationen, in denen ich die Bauherrenvertreterin bin. Manchmal explizit, manchmal weniger explizit; manchmal nur punktuell, manchmal aber auch für eine gesamte Maßnahme, sodass ich zusätzlich auch noch diesen Job habe.

Das hört sich an, als wären Sie sehr flexibel und bereit, je nach Bedarf und Absprache ganz unterschiedliche Funktionen zu übernehmen.

► Ja, das bin ich. Ich habe das alles auch nicht anders kennengelernt, und in den Jahren, in denen ich Projektentwicklung und -steuerung mache, habe ich die unterschiedlichsten Konstellationen erlebt. Ich stelle fest, dass es, wie Sie schon sagten, eine Menge Literatur gibt, und inzwischen gibt es auch eine andere Klientel. In großstädtischen Projekten mit jungen Familien finden sich oft Menschen, die etwas älter als mein Sohn sind, der ist 25. Sie sind um die 30, stehen gerade im Beruf, haben oft kleine Kinder und haben in ihrer Ausbildung und im Beruf gelernt, sich im Internet Infos zu holen. Sie können meist projektorientiert arbeiten und wissen, wie entsprechende Abläufe aussehen.

Würden Sie sagen, dass es im Lauf der Zeit immer mehr Jüngere gibt, die gemeinschaftliche Wohnprojekte planen und umsetzen wollen?
► Was großstädtische Baugruppenprojekte angeht, ja. Das Mehrgenerationenwohnen treibt aber weiterhin die Altersklasse 60 plus voran, Leute, die sich kurz vor oder nach dem Renteneintritt befinden und sich fragen: Was mache ich die nächsten 20 bis 30 Jahre?

Was ich so mitbekomme, definieren sich die allermeisten von diesen Älteren als Mehrgenerationenprojekte, wobei die Jüngeren anfangs nicht dabei sind und die Hoffnung ist, dass sie später dazukommen. Was ist Ihre Erfahrung: Kommen die Jüngeren wirklich später dazu?
► Teilweise schon, teilweise auch nicht.

Womit hat es Ihrer Meinung nach zu tun, ob die Jüngeren kommen oder nicht?
► Mit der Attraktivität des Projekts und den Menschen, die mitmachen.

Und was ist in dem Zusammenhang attraktiv?
► Ich denke, es ist die Ausstrahlung, die von der Gruppe ausgeht. Es ist sicher auch der Standort. Es ist die Art und Weise, wie man baut. Vielleicht sind es auch die Angebote, die gemacht werden sollen. Wenn man eine, zwei Familien im Projekt hat, ziehen andere

Familien mit. Die Familien kennen sich oft über die Kita. Daraus entstehen Bekanntschaften und Freundeskreise, in denen man ähnliche Interessen hat.

Ich würde gerne mal zu Ihren Anfängen zurückkehren. Können Sie sich an Ihr allererstes Projekt erinnern?

▸ Als ich in Hamburg studiert habe, das war zur Zeit der Hausbesetzungen in der Hafenstraße, da wurde in Hamburg die Stattbau gegründet. Ich war an der Uni im Fachbereich Sozialwissenschaften und »Neue soziale Bewegungen« waren ein großes Thema und eben diese neuen Organisationsformen, die da entstanden, also kein Eigentum zu haben, aber trotzdem die Verfügungsgewalt. Das war ein sehr politischer Anfang.

Wann war das?

▸ Das war in der zweiten Hälfte der 1980er-Jahre. Ich habe danach sehr viele Projekte, die damals entstanden sind, kennengelernt und habe dann, zunächst bedingt durch mein Studium, aber auch aus Interesse, Vorträge über diese Projekte gehalten. Ich habe diese Gruppen besucht und Interviews mit ihnen gemacht und es hat mich sehr interessiert, wie die überhaupt ticken. Ich fand es durchaus reizvoll, dass man in einem konkreten Zusammenhang arbeitet, und das in einer Größenordnung, dass es sowohl eine ökologische als auch eine städtebauliche Auswirkung hat. Als ich dann hier ins Bergische kam, hatte ich schon viele Kontakte nach Köln. Auch da gab es eine ausgeprägte Szene, die aus den Nach-68er-Besetzungen entstanden ist, und einige Projekte, deren Akteure ich kennengelernt habe. Aus den Vorträgen sind dann erste Beratungen entstanden.

Ich müsste mich mal richtig erinnern, welches mein allererstes Projekt war, ich kann es nicht sagen. Vorträge habe ich schon relativ viele und früh gehalten, und die Beratungen waren anfangs oft punktuell. Eine ganze Projektentwicklung habe ich zum Beispiel bei Philia in Köln gemacht, das war nach 2000. Davor – 1999 – hatte ich mich selbstständig gemacht und meine Firma gegründet.

Was würden Sie sagen, ist für das Gelingen eines gemeinschaftlichen Wohnprojekts das Allerwichtigste?

▸ Ich denke, eine menschliche Atmosphäre der gegenseitigen Toleranz ist essenziell, sich zuhören zu können und den anderen wahrzunehmen und zu akzeptieren in seiner Art und Weise. Und eine Grundhaltung, dass man seine Wünsche und Ideen einbringen kann und soll und gleichzeitig bereit ist, mit Kompromissen zu leben.

Heißt das auch, dass Gruppen, wenn sie scheitern, genau daran scheitern, dass es nicht genug Toleranz gibt?

▸ Ich habe nicht viele Projekte begleitet, die gescheitert sind. Ich erinnere mich an eines, das am Ende die Liegenschaft nicht bekommen hat. Aber intern war das Projekt eigentlich schon vorher gescheitert, als sich die Gruppe, kurz bevor es zum Schwur kam, nämlich kurz bevor der Notarvertrag unterschrieben werden sollte, verkracht hat.

Und das Finanzielle?

▸ Ich würde mal sagen: Geld kann man auftreiben. Man kann vieles möglich machen. Ich habe schon Projekte begleitet mit Menschen, die überhaupt keine Mittel hatten. Je nachdem, wie ein Projekt ausgerichtet ist, kann man viel mithilfe von Fördermitteln realisieren. Natürlich kann ich nicht die Sterne vom Himmel holen, aber wenn eine Idee da ist und wenn das Soziale stimmt, dann findet man Wege zur Finanzierung, davon bin ich überzeugt.

Das hieße ja, dass es für Gruppen sinnvoll und wichtig ist, ins Soziale zu investieren, in Gemeinschaftsbildung, in Kommunikationsformen …

▸ Das lohnt sich unbedingt! Und so übersteht eine Gruppe auch die lange Dauer eines solchen Projekts besser. Allein ab dem Zeitpunkt, wenn ein Grundstück da ist, wenn man erst einmal planen muss, wenn man ausschreiben muss, wenn man bauen muss, das braucht schon zwei bis drei Jahre – das kann einem unendlich lang vorkommen.

Und viele haben ja lange Zeit noch gar kein Grundstück.
▶ Es ist eine große Chance, diese Zeit zu nutzen, um die internen Prozesse miteinander zu entwickeln. Die Gruppen ziehen anders ein und haben eine andere Haus- und Lebensgemeinschaft, wenn sie dieses Miteinander durchlebt haben.

Was sagen Sie zu dem Satz, den ich oft höre: »Ach, die Gemeinschaft, das kommt von allein, wenn wir dann erst mal zusammen wohnen.«
▶ Da ist natürlich etwas dran, weil diese Alltagsbegegnungen, dieses Alltägliche noch einmal eine ganz andere gemeinsame Ebene bedeutet. Während der Projektierung trifft man sich an einem Abend in der Woche oder alle 14 Tage und ab und zu unternimmt man einen Ausflug zusammen, aber es hat auch immer etwas Geschäftliches. Wenn man zusammen lebt, ist das Miteinander und Nebeneinander ein ganz anderes. Oft bleibt in den Phasen der Projektierung und des Bauens gar nicht die Zeit, eine Gemeinschaft zu entwickeln, weil alle ihre beruflichen, familiären und freundschaftlichen Bindungen haben und zusätzlich sehr viel von den Beteiligten an ehrenamtlicher Arbeit geleistet werden muss. Natürlich kann man diese ganzen Treffen ausdehnen und viele tun das auch: hier noch eine AG und dort noch ein Vorstandstreffen. Vieles ist aber einfach notwendig, wenn man sich so organisiert, und die Gemeinschaftsbildung kommt in diesen Phasen teilweise deutlich zu kurz. Und deswegen ist es mir ganz wichtig, dass man frühzeitig bestimmte Umgangsformen miteinander festlegt und auch gerade in diesen Treffen praktiziert, dass man sich gegenseitig ausreden lässt, dass Entscheidungen inhaltlich vorbereitet werden, dass Delegationen klappen etc.

Ich würde gern zum Schluss kommen. Wollen wir zuvor vielleicht gemeinsam überlegen, was noch für dieses Interview wichtig sein könnte?
▶ Vielleicht etwas zu der Frage, warum man, wo man doch heute – vor allem online – viel Literatur, Informationen und Know-how findet, überhaupt noch eine Projektsteuerin oder eine Projektentwicklerin braucht.

Das finde ich eine gute Frage, die ich selbst jetzt nicht so gestellt hätte, weil ich denke, dass die Begleitung durch einen Profi wichtig ist. Ich glaube nämlich, dass Information allein eben nicht der springende Punkt ist.

▸ Oft ist nicht unbedingt das punktuelle Wissen wichtig. Es sind die Gesamtschau, der Überblick und natürlich die Erfahrung, die durch jedes Projekt größer wird, die für das Gelingen eines Projekts besonders hilfreich sind. Zu wissen, wie die Abläufe sind, wie Abläufe sein können, was droht und was man verhindern muss durch diese oder jene Maßnahme. Es ist auch ganz viel An-die-Hand-Nehmen. Das klingt vielleicht etwas despektierlich, es sind ja alles erwachsene Menschen, mit denen ich zu tun habe; aber oft ist es wichtig, zu motivieren, mitzureißen: »Ja! Wir machen das zusammen!« In jedem Projekt gibt es schwierige Phasen, man kommt irgendwann an den Punkt, wo es gut ist, wenn einen jemand bestärkt, damit Hürden überwunden werden können und es gemeinsam weitergeht und man die richtigen Schritte zusammen findet. Manchmal frage ich mich, was ich eigentlich beigetragen habe. Ich habe nur sortiert und kommentiert, was eigentlich schon da war. Aber das hätte eben jemand aus dem Gruppenzusammenhang so nicht leisten können.

Halten Sie noch immer Vorträge?

▸ Ja, aber nur, wenn es sich um einen speziellen Anlass handelt. Meine letzten Vorträge habe ich bei Veranstaltungen für Kommunen gehalten, die in den Bereich einsteigen und einen Überblick über bestehende Projekte und Herangehensweisen haben wollten.

Und was wäre für eine Projektgruppe sinnvoll? Haben Sie einen Workshop, den Sie als Einstieg anbieten?

▸ Ich mache öfter Grundlagenworkshops. Das sind dann drei Themenblöcke mit jeweils zweimal eineinhalb Stunden. Schwerpunkte sind häufig die interne Konzeptentwicklung, Finanzierungsbausteine und geeignete Trägerformen. Meistens wird von den Gruppen schon mit bestimmten Anforderungen oder Fragestellungen angefragt, aber diese Themen sind fast immer dabei.

Ich nehme mein Älterwerden in die eigene Hand

Wilhelm Schwedes

Vorstand des gemeinnützigen Vereins Lebensräume in Balance e. V. in Köln

■ Nach der Auflösung einer Kölner Wohnprojektgruppe, der ich zeitweise angehört hatte, waren zwei aus dieser Gruppe zum Projekt Lebensräume in Balance gegangen. Daher war mir das Projekt bekannt. Als ich Anfang März 2017 auf dem Wohnprojektetag Wilhelm Schwedes ansprach und ihn fragte, ob er sich vorstellen könne, mir ein Interview zu geben, hat er gleich zugesagt. Ich habe ihn am 15. März 2017 in seinem Haus in Lindlar im Bergischen Land für dieses Interview besucht.

* * *

Du bist Initiator des Mehrgenerationenwohnprojekts von Lebensräume in Balance in Köln. Gibt es etwas, das dir besonders am Herzen liegt?

► Mir geht es um das Bewusstsein in der Gesellschaft für solche alternativen Wohnformen. Seit ich damit begonnen habe, ist ein Feuer da, ich brenne für das Projekt. Auch wenn es manchmal ziemlich hart wird: Dann muss ich mal zwei Nächte darüber schlafen – und dann ist wieder klar, dass ich weitermache.

Ich würde gern mit dem Anfang beginnen. Gab es für dich so etwas wie eine Initialzündung?

► Das kann ich nicht sagen. Die Idee vom Zusammenwohnen ist schon da gewesen, als ich 30 war. Als ich bei der Bundeswehr war, haben wir abends unter Freunden zusammengesessen und überlegt, ob wir nicht irgendwas zusammen machen. Da ging es eher um Berufliches. Aber dann kamen Familie und Trennung und noch mal Verheiratung – und untergründig schwelte immer der Gedanke, etwas Gemeinschaftliches zu machen. Dieser Gedanke ist vor 13, 14 Jahren konkret geworden.

Wodurch hat er sich konkretisiert?

▸ Ich haben meinen Vater beim Altwerden begleitet. Bis er 90 war, ging es ihm noch relativ gut. Während der letzten fünf Jahre wurde es dann aber immer schwieriger. Und ich habe gemerkt, dass er sich keine Gedanken macht, wie er mal leben will. Wenn ich ihn gefragt habe, wie er sich denn sein Leben vorstellt, hat er immer gesagt, ich wolle ihm seine Freiheit nehmen, er wolle in seinem Haus bleiben. Das hat mir große Sorgen gemacht. Ich war entsetzt, wie er auf meine Fragen reagiert hat, die ja nur meiner Sorge um ihn entsprangen.

Da ist mir klar geworden: Ich nehme mein eigenes Älterwerden in die Hand und werde mich mit anderen zusammentun, wir werden da etwas zusammen machen. Da war ich 55 – das ist also 15 Jahre her. Als ich dann 60 wurde, wurde ich von den Freunden gefragt: »Was hat sich denn in deinem Leben geändert?« Und da habe ich festgestellt, dass sich gar nichts verändert hatte. Da beschloss ich, dass ich ab dem nächsten Monat beginnen würde, Leute zu finden, die mit mir ein gemeinschaftliches Wohnprojekt umsetzen.

Nun sagt sich das ja leicht: »Ich werde ab jetzt Leute finden.« Wie ging das denn?

▸ Zunächst habe ich mich im Freundeskreis umgetan. Wir waren anfangs acht Leute. Dann habe ich Henning Scherf in Nümbrecht gesehen, wo er einen Vortrag gehalten hat. Ich habe gegoogelt und einen ersten Kontakt mit »Neues Wohnen im Alter« in Köln aufgenommen. Aber erst einmal hatten wir nur Träume. Die grüne Wiese neben dem Dom am Rhein …

Und wo habt ihr euch getroffen? Privat?

► Ja. Wir haben uns einmal im Monat zusammengesetzt. Da wurde Protokoll geführt und wurden unsere Ideen festgehalten. Es wurde bereits festgelegt, dass sich zwei, drei Leute um Grundstücke kümmern und bei Immobilienunternehmen anfragen sollten. Dann haben wir uns überlegt, wie wir das gestalten können, ob wir ein Verein werden wollen. Wir haben auch über die Rechtsform nachgedacht und mit Trias und der WohnBund-Beratung NRW Kontakt aufgenommen und uns lange über die verschiedenen Möglichkeiten unterhalten.

Gab es da unterschiedliche Meinungen?

► Ja, es gab unterschiedliche Meinungen. Ich war für die Genossenschaft. Bei diesen Diskussionen über die Rechtsform habe ich doch bei vielen Angst verspürt, wenn es um eine Genossenschaft ging; Angst, dass wir die Finanzierung alleine stemmen müssen, dass wir die Organisation selbst bewältigen müssen. Da gab es schon den Wunsch, dass das jemand anderes für uns übernehmen solle.

Wir haben uns dann gegen eine Genossenschaft entschieden und dafür, mit einem Investor zu bauen und einen Verein zu gründen.

War eure Gruppe damals stabil?

► Wir sind dann bald nur noch drei gewesen.

Wo sind die anderen geblieben?

► Da war ein Paar dabei, die haben geheiratet und sich ein Haus gekauft. Bei den anderen war es auch so, dass Partner wieder ins Leben traten und sich die Orientierung geändert hat. Wir hatten auch eine junge Frau, die eine Familie gründen wollte und fand, dass bei uns nicht der Raum dafür da war. Und so waren wir dann nach anderthalb Jahren nur noch zu dritt. Wir haben dann in unterschiedlichen Zeitschriften Annoncen geschaltet. So haben wir neue Leute gefunden.

Seid ihr drei noch im Projekt?
▶ Ja, wir ziehen alle drei ein.

Könnte man sagen, ihr seid die Steuerungsgruppe des Projekts?
▶ Im Moment nicht mehr.

Ihr seid es aber gewesen.
▶ Ja, wir waren es. Diese drei haben das Leitbild festgelegt und die Satzung ausgearbeitet und den Kontakt zu unterschiedlichen Projekten hergestellt. Wir haben die grundlegenden Visionen, in welche Richtung das Projekt gehen soll, entwickelt.

Es ist auch nichts mehr durch andere, die dazugekommen sind, verändert worden?
▶ Grundsätzlich nicht. Es wird zwar immer wieder etwas verändert, aber das Grundsätzliche ist geblieben. Für uns war wichtig, dass wir nicht religiös orientiert sind, dass jeder zu uns kommen kann, dass wir die Individualität eines jeden Einzelnen akzeptieren. Menschen jeder Herkunft werden gerne aufgenommen, Homo- oder Heterosexuelle sind bei uns willkommen. Das war für uns von Anfang an ganz klar. Es gab auch die Situation, dass Neue, die sich interessierten, gefragt haben, ob es in unserem Projekt Türken gebe. Als wir nachgefragt haben und uns derjenige sagte, dass er Probleme habe mit Ausländern, haben wir gesagt: »Du passt nicht zu uns, zu unserem Projekt.«

Wie seid ihr mit dem Thema Alter umgegangen? Seid ihr drei Initiatoren alle im gleichen Alter?
▶ Hildegard ist drei Monate älter als ich und Rita ist 20 Jahre jünger. Wir hatten von Anfang an diese Altersspanne, die uns auch sehr wichtig ist. Am Anfang war das Problem bei uns, dass eigentlich immer nur Leute kamen, die in dem Alter von Hildegard und mir waren. Und überwiegend Frauen. Männer waren am Anfang wirklich Mangelware.

Darf ich da mal einhaken? Es ist im Moment in Köln sehr deutlich zu sehen, dass viele ältere Frauen, die alleine sind und gern in einem Wohnprojekt leben möchten, von einer Wohnprojektgruppe zur anderen pilgern. Es ist einfach sehr schwer für sie, einen Platz zu finden, denn das Kontingent für ältere Frauen, das ein Mehrgenerationenprojekt bereithält, ist immer ganz schnell voll.

► Wir sagen dann zu denen: »Macht euch selbst auf den Weg!« Wir sind gerne bereit, Hilfestellung zu geben und zu erzählen, wie es bei uns gelaufen ist und was schwierig war, sodass die neuen Gruppen vielleicht schneller vorankommen.

Wir haben jetzt unsere Altersdrittelung aufgehoben zugunsten der über 60-Jährigen. Das ist abgestimmt worden. Wir hatten im Lauf der Zeit unterschiedliche Varianten von Altersdrittelung und haben überlegt, ob wir die Grenze bei 60 oder 65 setzen? Wir haben uns dann für 65 entschieden, ein Alter, in dem man aufhört zu arbeiten, in dem ein neuer Lebensabschnitt beginnt. Wir haben auch die unter 20-Jährigen rausgenommen. Bei uns fängt es mit 20 Jahren an und geht bis 90. Vor zwei Monaten haben wir die Altersdrittelung ganz aufgehoben.

Was heißt das? Wenn jetzt eine 70-Jährige käme – würdet ihr sie aufnehmen?

► Ja. Im Moment würden wir sie nehmen, wenn sie in die Gemeinschaft hineinpasst.

Macht ihr das, weil ihr euer Haus jetzt kurz vor dem Einzug vollkriegen müsst?

► Nein. Wir haben im Moment viel Zuspruch von Jüngeren. Seit einem halben Jahr sind viele junge Menschen dabei.

Das bestätigt, was andere Projekte auch erleben: Wenn das Haus im Bau ist und fast steht, kommen die Jüngeren.

► Das ist auch bei uns so.

Wie fühlt sich das für dich an, der du als älterer Mann seit Jahren sehr viel Zeit und Kraft in dieses Projekt gesteckt hast, wenn jetzt, wo fast alles getan ist, die Jüngeren kommen? Was löst das bei dir aus?

▶ Mein privater Hintergrund ist ja der: Ich habe drei Kinder, die stehen genau an der Stelle, an der diejenigen stehen, die jetzt ins Projekt kommen. Von daher kenne ich deren Situation ganz genau. Und ich bin ja nicht davon ausgegangen, dass die früher kommen. Ich habe mit meinen Kindern öfter darüber gesprochen und die haben mir auch gesagt, dass sie ein halbes Jahr in die Zukunft blicken, weiter nicht.

Ich hege da keinen Groll, weil ich das Gefühl habe, die hätten bis jetzt nicht viel gemacht und jetzt setzten sie sich ins gemachte Nest. Das ist überhaupt nicht der Fall. Ich sehe, die können ja gar nicht anders. Als meine Kinder klein waren, hätten wir das auch überhaupt nicht aufbringen können. Meine Kinder waren in der Waldorfschule, da gibt es einen enormen Anspruch gegenüber den Eltern, sich einzubringen. Ich kann sehr gut verstehen, dass die erst spät dazukommen. Und die jungen Familien, die wir jetzt haben, die bringen sich gut ein.

Das ist genau das, was in anderen Projekten auch festzustellen ist: Wenn sie dann einmal dabei sind, sind es oft die jungen Familien, die viel zur Gemeinschaft beitragen.

▶ Ich wünsche mir, dass die Jungen, wenn die dann so alt sind wie ich, das weitergeben. Wir legen jetzt den Samen in den Boden. Wir haben eine schwarzafrikanische Familie bei uns. Wir haben eine Flüchtlingsfamilie aus dem Iran. Wir haben jetzt aus Somalia eine junge Frau mit Kind, die natürlich in prekären Verhältnissen lebt, die bei uns hinein möchte. Ich habe das Gefühl, es vervielfältigt sich. Man muss gar nicht powern. Wenn man zeigt, dass man offen ist als Projekt, dann kommen die Menschen auch.

Was ist wichtig, um zu zeigen, dass man als Projekt offen ist?

▶ Der Inhalt, das, was der einzelne Mensch ausstrahlt. Wie wir uns beim Brunch geben.

Was meinst du damit, was ist der Brunch?
▶ Wir haben 2007 mit den Treffen begonnen und schon 2008 haben wir angefangen, jeden dritten Sonntag im Monat einen Brunch zu machen. Von 11 bis 14 Uhr. Und jeder, der will, kann mit dazukommen. Das ist keine interne Veranstaltung. Der Brunch ist dafür da, dass neue Leute zu uns kommen und teilnehmen können. Es geht ganz ungezwungen zu. Jeder bringt etwas zu essen mit und es ist immer ein tolles Büffet da.

Wo macht ihr das?
▶ Das haben wir an unterschiedlichen Orten gemacht. Zurzeit findet es im Gemeindehaus der evangelischen Kirche in Ostheim statt. Der gemütliche Teil geht dann so bis halb eins, danach ziehen wir uns in den Nachbarraum zurück, und die neuen Interessierten können mit dazukommen. Wir stellen uns den Fragen und erzählen erst einmal ein wenig. Wer sich auf eine Liste einträgt, bekommt von uns eine Begrüßungsmail mit der Projektbeschreibung, Fragen und Antworten und einer Auflistung der Kosten – damit wirklich von Anfang an klar ist, dass das Projekt auch Geld kostet. Es ist nicht so viel, aber es kostet schon mehr, als wenn man nur eine Wohnung mietet.

Nehmen wir einmal an, ich war bei eurem Brunch, habe mich in die Liste eingetragen und kriege dann diese Begrüßungsmail mit den Anhängen. Ich lese mir alles durch, habe aber noch Fragen. Was mache ich dann?
▶ Die Neuen werden mit der Begrüßungsmail zu unserer nächsten Sitzung eingeladen. An jedem ersten Freitag im Monat ist eine Arbeitssitzung und am zweiten Freitag im Monat findet der Stammtisch statt, den haben wir jetzt vor einem knappen Jahr eingeführt; da arbeiten wir nicht, sondern essen, trinken, erzählen.

Ich habe auf eurer Internetseite gelesen, dass es drei Monate dauert, bis ihr euch entscheidet, ob ihr jemanden aufnehmt oder nicht.
▶ Ja, das ist richtig. Nach drei Monaten als aktiver Interessent kann man den Antrag auf Mitgliedschaft im Verein stellen, nach weite-

ren drei Monaten aktiver Mitgliedschaft kann man sich für eine Wohnung bewerben. Mitglied im Verein kann man relativ einfach werden, das geht mit 50 Prozent der Stimmen. Über eine Aufnahme in die Hausgemeinschaft stimmen die Rumpfbewohner des Hauses ab, die jetzt schon als Hausbewohner feststehen.

Wie viele Mitglieder seid ihr derzeit im Verein? Und wie viele Leute ziehen ins Haus ein?
▶ Wir sind zur Zeit 34 Mitglieder im Verein, und 22 der 34 Wohnungen sind fest vergeben.

Was sind die Kriterien für eure Entscheidung, jemanden aufzunehmen?
▶ Wir haben ein Einzugsgremium gegründet. Das besteht aus fünf Personen. Davon nehmen immer drei Personen an einem Gespräch mit dem Bewerber teil. Seit etwa einem halben Jahr gibt es noch ein zweites Gespräch. Zunächst findet in der Zeit, in der jemand noch Interessent ist, ein ausführliches Infogespräch statt. In unserer Broschüre stehen außerdem alle wichtigen Infos: was es kostet, wie die Pläne der Wohnungen sind, welche Wohnungen schon belegt sind, wie das Verfahren ist, was an Ausstattungskosten für den Gemeinschaftsraum zu zahlen ist. Diese Unterlagen bekommt der Interessent. Wir haben schon lange das Patensystem eingeführt. Der Interessent kann sich einen Paten suchen, der ihn aktiv begleitet und berät. Dann folgt nach Eintritt in den Verein das zweite Überprüfungsgespräch. Wir haben da harte Kriterien und weiche Kriterien. Die harten sind: Kann er überhaupt das Finanzielle stemmen? Passt er in die Altersstruktur? Und dann gibt es die weichen Kriterien: Wie gibt er sich als Mitglied in der Gemeinschaft? Bringt er sich ein? Ist er bereit, Ämter zu übernehmen? Das wird alles abgefragt. Die eigentliche Entscheidung über die Aufnahme wird dann aber immer in der gesamten Gemeinschaft getroffen.

Wenn ich dir zuhöre, klingt das alles sehr durchdacht, wie ein Raster. Steht dahinter die Idee, möglichst früh Klarheit und Sicherheit zu schaffen, für beide Seiten?

▸ Das ist so. Wir sind ja 2012 mit der GAG, dem großen Kölner Wohnungsunternehmen, zusammengekommen. Von da an haben wir das Raster entwickelt. Aber in den ersten fünf Jahren war es so, dass Interessenten drei, vier Monate aktiv sein mussten, um Mitglied zu werden. Das war schon ein relativ langer Vorlauf. Menschen, die nicht so oft da waren, kannten wir trotzdem nach vier Monaten nicht wirklich. Manche Menschen wollten auch ihrerseits uns noch besser kennenlernen, bevor sie Mitglied wurden.

Wie habt ihr das personell gelöst? Das ist doch ein sehr hoher Aufwand, das alles durchzuführen. Wer war dafür zuständig?
▸ Letztlich natürlich die ganze Gemeinschaft. Aber seit 2010 haben wir eine Einzugsgruppe, die überlegt, wie wir das Verfahren bis zum Einzug gestalten.

Das war ja, bevor es ein Grundstück gab.
▸ Ja. Das alles gab es bereits, bevor es konkret wurde. In dieser Einzugsgruppe waren der gesamte Vorstand und noch zwei zusätzliche Mitglieder.

Wie viele seid ihr im Vorstand?
▸ Wir sind drei ordentliche Vorstände. Außerdem gibt es Beiräte, im Moment drei Personen. Aus der Einzugsgruppe hat sich das Einzugsgremium entwickelt. Wir haben Kriterien und einen Abfragekatalog entwickelt. Uns war wichtig, alle, die kommen, gleich zu behandeln. Darum waren wir sehr bemüht.

Ich nehme an, ihr wolltet verhindern, dass nach persönlichen Vorlieben entschieden wird.
▸ Ja. Der große Vorteil ist ja, dass nachher in der gesamten Gruppe über die Aufnahmen entschieden wird.

Würdest du zum jetzigen Zeitpunkt sagen, das war genau richtig, wie ihr das bisher gemacht habt, oder siehst du manches mittlerweile auch kritisch?

▸ Grundsätzlich würde ich sagen, das war sehr gut, dass wir da vorgedacht haben. Vielleicht haben wir damals nicht jeden Aspekt bedacht. Aber grundsätzlich würde ich alles wieder so machen. Das war schon gut, dieser Blick in die Zukunft. Obwohl wir gar nicht wussten, was auf uns zukommt. Wir haben den Kriterienkatalog auch immer wieder verändert.

Jetzt interessiert mich aber, wie ihr es geschafft habt, die Energie für das alles aufrechtzuerhalten über diese lange Zeit, in der noch nichts Konkretes da war?

▸ Meiner Meinung nach liegt das an ganz wenigen Menschen. Das waren bei uns so fünf, sechs Personen. Wenn die nicht gewesen wären, wäre das Projekt nicht da, wo es heute ist. Das heißt nicht, dass die alle Arbeit gemacht haben, aber in den kritischen Momenten waren sie da und haben gesagt: »Wir machen weiter!« Das ist ganz wichtig. Im Nachhinein finde ich sogar, dass gerade die kritischen Momente die Stärke unserer Gruppe gewesen sind, nicht die Zeit, in der alles leicht war. Klar gab es Auseinandersetzungen, auch heftige Auseinandersetzungen. Und manche sind auch ausgetreten – der Schritt nach Ostheim hat zu einigen Austritten geführt. Einige haben gesagt, dass sie es sich nicht vorstellen könnten, nach Ostheim zu gehen. Als Gruppe mussten wir entscheiden, ob wir es trotzdem machen oder woanders suchen. Für diese Entscheidung haben wir uns ein Dreivierteljahr Zeit gelassen, bis wir der GAG Bescheid gegeben haben.

Wie seid ihr eigentlich zur GAG gekommen? Oder ist sie auf euch zugekommen?

▸ Da muss ich ein bisschen ausholen. Das Grundstück haben wir uns schon 2009 angesehen. Wir wussten, dass auf diesem Grundstück gebaut werden sollte. Aber wir haben die Flugzeuge drüberfliegen sehen und waren uns schnell einig, dass wir dort nicht hinwollen. Das haben wir der GAG dann auch geschrieben, 2009 war das.

Da hattet ihr also schon Kontakt mit der GAG.
► Ja, aber das war eher ein formloser Kontakt. Wir hatten alle Bezirksbürgermeister angeschrieben, haben mit vielen Immobilienunternehmen gesprochen, auch mit den unterschiedlichsten Stellen der Stadtverwaltung. Irgendjemand hat uns gesagt, dass die GAG noch etwas bauen wird. Da haben wir 2009 einfach mal angefragt, wie es ist und wann es soweit sein wird. Die GAG sagte uns, dass erst 2015 gebaut wird. Das war uns zu spät, wir wollten in den nächsten drei Jahren etwas haben. Also haben wir der GAG wiederum schriftlich abgesagt. Davor hatten wir uns auch noch erfolglos um ein Grundstück auf dem Sürther Feld bemüht.

Da wärt ihr gerne hingegangen?
► Da wären wir gerne hingegangen. Wir hatten schon einen Investor, die Firma Rheinhaus in Bonn, die auch für die Wahlverwandtschaften in Bonn die Projekte gemacht hat. Mit dem Geschäftsführer von Rheinhaus hatten wir intensiven Kontakt. Das auf dem Sürther Feld ist daran gescheitert, dass die Stadt ein Haus für geförderte Wohnungen und ein Haus für frei finanzierte Wohnungen wollte. Wir wollten aber in einem gemischten Haus wohnen. Also haben wir auch denen abgesagt. Von 2009 bis 2012 hatten wir noch in Bickendorf bei der evangelischen Kirche ein Grundstück im Auge. Wir haben eineinhalb Jahre geplant, hatten auch schon Architektenpläne in Auftrag gegeben, waren mit dem Presbyterium und der Pfarrerin ganz intensiv im Kontakt, und auf einmal hat die Kirche uns gesagt, dass sie uns das Grundstück nicht geben will.

Hattet ihr da schon Geld investiert?
► Der Investor hatte Geld investiert.

Wie ging es denn dann weiter, nachdem euch das Grundstück abgesagt worden war?
► Da war erst einmal ein großer Tiefpunkt und es sind auch einige weggegangen. Aber dann kam die GAG auf uns zu, wieder über das Amt für Wohnungswesen. Und dann haben wir uns wirklich

ein Dreivierteljahr Ostheim angeguckt. Wir haben uns im Eiscafé getroffen, uns dort hingesetzt und haben die Flieger gezählt, die da drüberfliegen und sind auf das Gelände gegangen. Da sind ja auch die Autobahn und die Eisenbahn. Wir haben uns überall hingestellt und geprüft, wie laut es ist. Ende 2012 haben wir uns für den Standort Waldbadviertel in Ostheim entschieden. Wir haben dann 2014 eine Schnitzeljagd durch Ostheim gemacht. Dabei haben wir viel entdeckt, wovon wir vorher nichts wussten, einen Biobauernhof und alte Gutshöfe zum Beispiel. Wir haben uns mit der Historie beschäftigt und gesehen, dass dort schon vor dem Krieg ein Flughafen war. Da merkten wir, wie viel Geschichte es hier gab. Mit der Schnitzeljagd haben wir Interessierte einen ganzen Tag lang durch Ostheim geführt. Zum Abschluss haben wir abends gemeinsam ein Fest gefeiert.

Auf eurer Internetseite habe ich gelesen, dass ihr mit der GAG einen Kooperationsvertrag geschlossen habt.

► Ja. Der Kontakt lief über das Sozialmanagement der GAG. Dort gibt es unterschiedliche Abteilungen, zum Beispiel die Abteilung »Bauplanung«, die für die Strukturierung des gesamten Geländes zuständig ist. Wir, der Vorstand und Leute aus unserer Baugruppe, saßen ganz viel mit dem Leiter dieser Bauplanung zusammen.

Habt ihr Leute in der Gruppe mit spezieller Kompetenz, was Bauen angeht?

► Nein. Wir sind Laien. Wir haben nur für die Rechtsberatung einen Fachmann geholt. Und wir haben damals auch Frau Hugger als Projektentwicklerin engagiert. Die hatte uns auch schon vorher geholfen, als es um das Grundstück in Bickendorf ging. Frau Hugger haben wir aus eigenen Mitteln finanziert. Wir waren bei »Neues Wohnen im Alter« und dort hat man uns ihren Namen genannt. Als es dann klar war, dass wir mit der GAG zusammenarbeiten würden, da hat uns auch die GAG jemanden zur Seite gestellt.

Würdest du sagen, es war gut, Frau Hugger damals dabei gehabt zu haben?

► Das war sehr gut. Frau Hugger schätze ich als sehr kompetent ein. Zwischenzeitlich stellte sich für uns die Frage, ob wir als Verein gemeinnützig bleiben sollten, ob uns die Gemeinnützigkeit hilft oder ob sie uns behindert. Frau Hugger hat uns dringend geraten, gemeinnützig zu bleiben. Heute ist es für Wohnprojekte, die nur ihr eigenes Projekt umsetzen wollen, nicht mehr möglich, gemeinnützig zu werden. Das hat sich in der Zwischenzeit verändert. 2010, als wir die Gemeinnützigkeit beantragt haben, war das noch möglich.

Wohnen an sich ist eben keine Begründung für Gemeinnützigkeit. Habt ihr die Gemeinnützigkeit denn noch?

► Ja, wir haben sie noch und wollen sie auch behalten. Wir wollen sie sogar erweitern. Wir haben momentan die Altenhilfe als gemeinnützigen Zweck in der Satzung stehen. Wir wollen das um Bildungsmaßnahmen ergänzen. Wir haben mittlerweile viel Erfahrung mit Wohnprojekten gesammelt, die wir gerne weitergeben wollen. Außerdem wollen wir vielleicht etwas in Richtung Bildungsangebote für Kinder in der Umgebung machen.

Wollen wir noch einmal auf die GAG zurückkommen? Wie funktioniert da die Zusammenarbeit?

► Ich denke, dass man die GAG für Wohnprojekte empfehlen kann. Man muss natürlich als Wohnprojekt genau wissen, was man will. Wenn man das grundlegende Konzept aus der Hand gibt, geht es schief. Aber eine Kooperation zwischen der GAG und einem Verein, der weiß, was er will, funktioniert ganz gut. Wir haben mit der GAG teilweise sehr gerungen. Die haben zum Beispiel Standardmietverträge, die auch für die Wohnungen im Projekt gelten sollten. Der Geist des Wohnprojekts – dass wir zusammen leben wollen, dass wir etwas gemeinsam gestalten wollen, dass wir nach außen schauen, dass wir tolerant miteinander umgehen –, das steht ja in diesem Mietvertrag nicht drin. Wenn diese Gemeinsamkeit nicht stattfindet, ist das für ein Wohnprojekt eine Störung des Hausfriedens. Es steht aber in normalen Mietverträgen nicht drin, was der Hausfrieden in einem Mehrgenerationenprojekt bedeutet. Darüber haben wir unheimlich lange gerungen. Jetzt haben wir eine Präambel im Mietvertrag, in der drinsteht, was uns als Wohnprojekt auszeichnet.

Warum braucht ihr diese Präambel?

▸ Weil in einem normalen Mietvertrag drinsteht: Bei Störung des Hausfriedens kann eine Kündigung ausgesprochen werden. Also muss definiert werden, was mit Hausfrieden gemeint ist. Und das ist in einem Wohnprojekt wie unserem etwas anderes, als in einem normalen Mietshaus. Denn wenn man dann einen Stinkstiefel irgendwo drin hat, will man den ja raushaben. Oder wenn die Leute sich gar nicht mehr beteiligen. Da haben wir lange gerungen. Wir haben uns sogar von einem Rechtsanwalt beraten lassen. Da gingen Schreiben hin und her. Die GAG wollte sich da überhaupt nicht drauf einlassen. Das ist etwas, woran es hapert: das Verständnis dafür, dass die Rahmenbedingungen für Wohnprojekte andere sind als die für ein Mehrfamilienhaus mit guter Nachbarschaft. Das will die GAG nicht sehen.

Aber glaubst du nicht, dass die auch in einem Lernprozess sind?

▸ Das glaube ich schon. Aber wenn wir nicht dieses Durchhaltevermögen gehabt hätten und wenn wir nicht mit dem Rechtsanwalt bei denen immer wieder vorgesprochen hätten …

Wir haben drei, vier Schreiben bekommen mit Ablehnungen. Wir haben uns sogar an die Oberbürgermeisterin gewandt. Das hat natürlich intern für einen ziemlichen Aufstand gesorgt. Wir haben ihr geschrieben, dass wir als Wohnprojekt auch die Rahmenbedingungen verändern wollen und dass wir politische Unterstützung brauchen, damit auch andere Wohnprojekte im Kölner Raum stabiler werden. Wir haben außerdem einen Brief an den Vorstand der GAG geschrieben, der auch etwas Tumult gebracht hat.

Das bewundere ich! Toll!

▶ Das ist das, was mir am Herzen liegt: die Rahmenbedingungen zu schaffen, damit die zukünftigen Wohnprojekte es einfacher haben als wir. Manche sagen: »Wilhelm, wir wollen hier einziehen, was willst du denn noch mehr?« Aber es sind ein paar da, die sagen: »Ja, wir müssen langsam Schritt für Schritt weitergehen.« Wir haben jetzt die Präambel. Der Runde Tisch soll anlaufen. Die Stadt will eine Evaluation machen.

Ist die Präambel einzusehen?

▶ Ja. Die kann ich dir schicken. Ich finde, dass die wirklich ein Meilenstein ist. Jeder, der bei uns einen Mietvertrag unterschreibt, unterschreibt auch: Ich stimme dieser Ausführung ausdrücklich zu. Es kann niemand sagen, er hätte nichts davon gewusst, dass er sich aktiv einbringen und sich an der Ausstattung der Gemeinschaftsflächen beteiligen muss.

Wie ist das mit der Miete für die Gemeinschaftsräume, wie habt ihr das geregelt?

▶ Das ist auch ein langer Weg gewesen bis dahin. Bei den ersten Wohnprojekten der GAG hat die Stadt Köln den Gemeinschaftsraum für 20 Jahre im Voraus bezahlt. Die Miete wurde der GAG gegeben und der Gemeinschaftsraum wurde der Gruppe zur Verfügung gestellt. Das hat dann Köln, wahrscheinlich wegen Geldmangels eingestellt und wir fielen da raus. Wir haben viel überlegt und viel gerechnet. Zunächst wollten wir das Modell der Stadt übernehmen und unser Verein sollte die Miete für den Gemeinschaftsraum für 20 Jahre im Voraus bezahlen. Wir hatten uns sogar schon mit der GAG auf eine Anlage zum Kooperationsvertrag geeinigt. Wir haben das ausgerechnet. Das waren 65 Euro pro Quadratmeter, die jeder im Voraus hätte zahlen müssen. Wir haben 2.000 Quadratmeter und hätten also 120.000 Euro für den Gemeinschaftsraum aufbringen müssen. Das wäre viel billiger gewesen als die Miete, die wir über 20 Jahre zahlen müssen. Die Verträge waren schon gemacht, als 2015 die neuen Wohnraumförderungsbestimmungen in Kraft getreten sind. Und diese neuen Bestimmungen konnte man so auslegen, dass die Miete für die Gemeinschaftsräume über die Einzelmieten eingezogen wird. Dabei sind wir dann geblieben. Es ist mehr Geld, das jeder Einzelne zahlt, aber diese 65 Euro im Voraus hätten in gewisser Weise auf Freiwilligkeit beruht.

Vieles, was du erzählst, spiegelt eine ungeheure Genauigkeit. Was warst du von Beruf?

► Ich war Physikprofessor an der Fachhochschule. Ich habe mich in viele Sachen eingearbeitet. Die Idee, dass wir statt der Stadt Köln eine Mietvorauszahlung an die GAG leisten könnten, kam aus unserem Kreise. Wir haben uns das vorher überlegt und mit der GAG über einen Nachlass verhandelt. Wir hätten da schon einiges gespart. Aber wir hätten dann auch ein anderes Klientel ins Projekt nehmen müssen. Wir hatten vorher auch in der Projektskizze gesagt, wir wollen nur Wohnberechtigungsschein B und frei finanzierte Wohnungen, im Verhältnis 50 zu 50; wir wollen keinen Wohnberechtigungsschein A. Für den WBS-A liegt die Einkommensgrenze bei 18.000 Euro im Jahr. Von Leuten mit WBS-A kann man nicht verlangen, dass sie 65 Euro pro Wohnquadratmeter hinlegen und zusätzlich noch etwas für Ausstattung des Gemeinschaftsraums. Aber jetzt haben wir WBS-A. Und das gibt deutliche Probleme, auch weil sich die Diskussionsebene in der Gemeinschaft verändert. Es wird oft vergessen, dass wir das ja finanziell stemmen müssen. Wenn sich aber Leute bereit erklären, eine Bürgschaft für andere zu übernehmen oder für andere zu zahlen, dann können die, die wenig Geld haben, reinkommen.

Wie viel Quadratmeter haben die Gemeinschaftsflächen insgesamt?

► Wir müssen für 114 Quadratmeter zahlen, da zählt die Terrasse zu einem Viertel mit, der eigentliche Raum hat 67 Quadratmeter. Dazu kommen eine Küche und zwei Toiletten – eine Behindertentoilette und eine normale –, ein Gästezimmer und ein kleiner Abstellraum. Den eigentlichen Raum, den wir für die Gemeinschaft haben, können wir mit einer Trennwand unterteilen.

Wie hoch sind eure Mieten?

▸ Die Miete für die frei finanzierten Wohnungen liegt bei 8,75 Euro pro Quadratmeter, dazu kommen 2,85 Euro für Nebenkosten und die 57 Cent für die Gemeinschaftsräume. Die Miete mit WBS-A beträgt 6,25 Euro, die mit WBS-B 7,15 Euro pro Quadratmeter. Ich würde gern noch einen ganz wichtigen Punkt ansprechen: Wir hatten von Anfang an nicht nur das Haus im Blick, sondern auch, wie wir die Gemeinschaft gestalten können. Wir haben uns von Anfang an mit gewaltfreier Kommunikation beschäftigt. Hildegard, die von Anfang an mit dabei ist, hat eine Ausbildung für gewaltfreie Kommunikation und hat uns das vermittelt. Ein Mal im Jahr haben wir zudem einen Workshop bei einer Trainerin für gewaltfreie Kommunikation gemacht, der über mehrere Stunden ging. Und wir haben seit vielen Jahren festgelegt, dass wir mindestens zwei Mal im Jahr eine Mediation machen. Die ganze Gruppe. Und wenn es Konflikte gibt, gibt es zusätzliche Termine. Wir haben uns auch als Vorstand schon einmal eine Mediatorin geholt und auch Supervision in Anspruch genommen, auch in letzter Zeit, vor allem um zu gucken, wie wir in der vorhandenen Zeit alles schaffen, was zu tun ist.

Arbeitet ihr immer mit denselben Trainerinnen oder wechselt ihr die ab?

▸ Der Supervisor ist ein anderer als die Mediatorin. Wir haben sogar überlegt, ob wir nicht in den letzten Monaten vor dem Einzug immer einen Mediator bei unseren Arbeitssitzungen dabei haben sollten, um uns zu begleiten.

Aus welchem Grund?

▸ Weil uns die Struktur zurzeit etwas verloren geht. Wir haben Vereinbarungen getroffen, Beschlüsse. Und dann kommt die Bemerkung: »Ja, aber ich sehe das im Moment persönlich anders.« Die Beschlüsse sind nicht in Stein gemeißelt; man kann sie ändern, indem man eine Beschlussvorlage macht und dann wieder abstimmt – aber nicht, indem jemand reinruft, dass er persönlich anderer Meinung sei. Aber das kommt in letzter Zeit relativ häufig vor. Weil die Leute nicht mehr wissen, was wir beschlossen haben. Es ist auch schwierig, das alles im Kopf zu behalten.

Meines Erachtens geht es da um einen Kommunikationsstil. Da muss man, glaube ich, gut aufpassen, denn dieses Reinrufen kann sich etablieren.

▶ Die Leute finden es dann aber auch gut, wenn jemand da ist, der weiß, was wir mal beschlossen haben. Wir haben auch einen Ordner, in dem alle Beschlüsse gesammelt sind, da kann man einfach nachsehen.

Ich habe den Eindruck, dass dir das Partizipative Spaß macht, stimmt das?

▶ Ja, ich arbeite unheimlich gern im Team. Mir macht das unheimlich Spaß, wenn wir im Vorstand zusammensitzen. Ich ringe auch gern mit anderen. Von anderen wird das manchmal so empfunden, dass ich dominiere. Aber das ist überhaupt nicht mein Anliegen, ich will nicht dominieren.

Du kannst aber verstehen, dass du so wahrgenommen wirst, oder?

▶ Ja, ich kann es gut verstehen. Aber mit den anderen ringen heißt ja auch, dass ich von den anderen verlange, klar zu sagen, was sie wollen. Ich fordere heraus. Und das ist manchmal nicht einfach. Und da werde ich schon manchmal heftig …

Wie gehst du damit um?

▶ Das trifft mich manchmal schon sehr. Besonders wenn eine Bemerkung kommt wie: »Du bist ein Paragrafenhengst.« Dabei liegt mir die Gemeinschaft viel mehr am Herzen. Aber ich bin der Meinung, wenn man so etwas macht, muss man das aushalten können. Weglaufen bringt nichts. Obwohl ich auch zwischendurch mal darüber nachgedacht habe, hinzuschmeißen und nicht mehr weiterzumachen. Wir hatten mal eine Strömung bei uns, die meinte, man solle Probleme erst dann lösen, wenn sie auftreten.

Das finde ich überhaupt nicht gut. Es ist gerade die Stärke einer Gemeinschaft, dass sie im Vorfeld »per Handschlag« miteinander ausmacht, wie sie miteinander umgehen wird, wenn es schwierig wird. Ich empfinde es als wahnsinnige Stärke einer Gemeinschaft, so etwas sagen zu können.

Also Regeln aufzustellen.
► Ja. Es geht um Verbindlichkeit. Ich finde, in einer Gemeinschaft ist Verbindlichkeit ein unheimlich hohes Gut. Für mich ist es ganz wichtig, dass ich mich an die Vereinbarungen halte. Auch wenn es mir schwerfällt. Wir haben einmal überlegt, ob wir die Hausgemeinschaft als GbR organisieren. Ich musste mich in dieses Juristische richtig reinknien, um zu gucken, was man da machen muss.

Und warum habt ihr keine GbR gegründet?
► Das wurde von der GAG abgelehnt. Die Hausgemeinschaft, die wir sind, ist keine juristische Person, sie kann also nur durch den Verein vertreten werden. Und wir haben uns gefragt, wie wir als Hausgemeinschaft Vereinbarungen mit der GAG treffen können. Da hat die GAG selber den Vorschlag gemacht, dass wir eine GbR gründen. Wir haben das dann auch bei denen eingereicht, aber dann wurde es abgelehnt. Ich sehe das auch heute nicht mehr als notwendig an, ich finde es sogar gut, dass der Verein immer noch ein wichtiges Element bleibt. Das ist die Gruppe, die über den Tellerrand der Hausgemeinschaft hinausblickt.

Eine wichtige Frage noch zum Schluss: Konntet ihr eigentlich bei den Architektenplänen mitreden?
► Ja, wir konnten die Pläne beeinflussen. Wir haben ein großes Haus mit 34 Wohnungen und die GAG hatte zwei Eingänge vorgegeben. Aber wir wollten partout kein Haus mit zwei Eingängen. Es braucht die Fluchtmöglichkeiten, dem stimmten wir auch zu, aber der zweite Ausgang sollte nur von innen zu öffnen sein. Uns war ganz wichtig, dass alle, die in das Haus wollen, an dem Gemeinschaftsraum vorbeikommen und dass wir uns alle an einem Ein-

gang treffen und nicht aneinander vorbeilaufen können. Das sind Sachen, die unserer Meinung nach ganz wichtig sind. Wir konnten auch die Größe der Wohnungen festlegen und wie die Mischung sein sollte. Wir haben da sehr viele Möglichkeiten gehabt.

War das etwas, was ihr euch erkämpfen musstet oder war das klar?
▶ Das mussten wir uns nicht erkämpfen. In dem Zusammenhang war die GAG entgegenkommend.

Ich würde mich sehr gerne mit dir zu einem zweiten Gespräch treffen, nachdem ihr eingezogen seid, so ungefähr in einem Jahr. Wäre das okay für dich?
▶ Darüber würde ich mich sehr freuen. Jetzt träumt jeder noch von seiner Wohnung und dann treffen wir uns vor Ort im realen Projekt. Was wir bis jetzt gemacht haben und was lange gedauert hat, war nur die Vorarbeit. Das eigentliche gemeinschaftliche Leben beginnt erst mit dem Einzug. Da freue ich mich sehr drauf. Dann geht's erst richtig los.

Man muss sich im Viertel verwurzeln

Wilhelm Schwedes

Vorstand des gemeinnützigen Vereins Lebensräume in Balance e. V. in Köln

■ Für dieses zweite Interview habe ich Wilhelm Schwedes in der Melanchthon-Akademie in der Kölner Innenstadt getroffen. Zusammen mit einigen MitbewohnerInnen des Wohnprojekts Lebensräume in Balance bietet Wilhelm in der Akademie seit einem Jahr im Rahmen der Wohnschule einen monatlichen Runden Tisch an. Die Wohnschule ist ein Bildungsangebot für Menschen, die ihre Wohnsituation zukunftsorientiert gestalten wollen. Beim Runden Tisch können sich Interessierte aus anderen Wohnprojektgruppen über alle Themen austauschen, die bei der Realisierung eines Wohnprojekts und bei der Bildung von Gemeinschaft wichtig sind. Wir trafen uns am 27. April 2018.

* * *

Unser erstes Interview haben wir vor ziemlich genau einem Jahr in deinem Haus in Lindlar geführt. Seither ist viel passiert bei dir.

► Ja, in der Zwischenzeit ist einiges passiert, denn mittlerweile sind wir ins Wohnprojekt eingezogen! Die Ersten sind am 1. August 2017 eingezogen, ich selbst dann Mitte des Monats. Jetzt wohne ich dort schon seit einem Dreivierteljahr.

Jetzt hat sich dein Leben ja total verändert. Früher hast du in dem tollen Haus mit Garten gewohnt und jetzt wohnst du in einer kleinen Wohnung im zweiten Stock.

▸ Mein Leben hat sich ganz deutlich verändert. Meine neue Heimat ist jetzt in Ostheim. Ganz klar und eindeutig, auch vom Herzen her. Ich hatte das tolle Haus in Lindlar. Jeder hat gesagt: »Wie kannst du da nur ausziehen!« Aber für mich ist ein Stück Vision Realität geworden. Ich bin jetzt in Ostheim mit meiner Partnerin zusammen, die ich durch das Projekt kennengelernt habe. Und es hat sich auch die tolle Situation ergeben, dass wir zwei Wohnungen mit Verbindungstür haben. Von daher ist vieles in meinem Leben eingetreten, womit ich gar nicht mehr gerechnet habe – und das macht mich glücklich.

Ich bin auch sehr froh, mein Leben entrümpelt zu haben. Wie viel ich da in dem Haus hatte und was da alles rausgeflogen ist! Ich habe sehr viel weggegeben, und trotzdem ist es immer noch zu viel, was ich jetzt in meinen 58 Quadratmetern habe. Das Haus wurde gerade verkauft, gestern hatte ich noch ein Telefonat mit den Käufern und jetzt werden die allerletzten Schritte gegangen.

Kannst du beschreiben, was sich sonst noch verändert hat?

▸ Ich glaube, dieser Schritt in eine Gemeinschaft mit einer kleineren Wohnung hat ganz unterschiedliche Aspekte. Zum einen gibt es dieses innere Ich, das in eine Gemeinschaft will, und das Entscheidende dabei ist: Ich will mich auch zeigen. Man kann sich hinter seine Tür zurückziehen, aber in der Gemeinschaft bin ich einer von 42, also schauen zwei mal 41 Augen auf mich. Und dazu bereit zu sein, mich in der Gemeinschaft zu positionieren, dass die anderen auch merken können, das ist Wilhelm, das ist das eine. Das Zweite ist, dass ich mich von vielem trennen musste, was ich in den 70 Jahren meines Lebens angehäuft hatte. Und was bei mir noch ganz entscheidend ist: Ich habe drei Kinder und für unsere Beziehung ist das etwas ganz Tolles, dass ich ihnen nicht sagen muss: Ich wohne alleine weiter im Haus und wenn es mir nicht mehr gut geht, dann übernehmt ihr.

Also sind die Kinder entlastet.
▶ Ja, die Kinder sind entlastet. Das ist so.

Ich würde gerne nachfragen: Du sagst, dass du dich in der Gemeinschaft zeigen möchtest. Was meinst du damit?
▶ Also ich denke, ich spreche damit nur etwas aus, das eigentlich eine Grundvoraussetzung für Gemeinschaft ist: Ich trete in eine Gruppe von Menschen und viele nehmen mich wahr. Ich möchte ja auch wahrgenommen werden. Und ich möchte den anderen auch meine Idee vom gemeinschaftlichen Wohnen, die ich damit verbinde und die weit über die Wohnung und das Haus hinausgeht, mitteilen. Ich finde es eben auch wichtig, dass wir als gemeinnütziger Verein auch nach außen sichtbar sind. Denn diese gemeinschaftlichen Wohnformen sind etwas, das für unsere gesamte Gesellschaft wichtig ist. Gerade wenn unser Haus fertig ist und wir eingezogen sind, sollten wir nach außen gehen und aktiv werden und die, die noch nicht fertig sind, unterstützen. Das verbinde ich auch mit »zeigen«. Ich bin für die anderen in unserem Projekt manchmal lästig, weil ich immer wieder Punkte anspreche und sage: »Wir wollten doch …« Und: »Kann nicht jemand von euch da mitmachen?«

Es geht dir also nicht darum, gemocht und geliebt zu werden?
▶ Das würde ich nicht so in den Vordergrund stellen. Ich möchte natürlich mit eingebunden sein, ich möchte als Person auch gemocht werden, aber geliebt werden wollen heißt ja nicht, bequem sein. Dass nur Harmonie untereinander herrscht – das stelle ich mir für das Haus nicht vor. Man ist so eine Wohnintimitätsgemeinschaft, und damit ändert sich einiges. Es funktioniert, wenn man authentisch ist. Jeder auch mit seiner Unterschiedlichkeit.

Findest du nicht, dass es für die meisten von uns schwer ist, immer authentisch zu sein?
▶ Ja, das ist richtig. Ich bin ja auch erst dabei, das zu lernen.

Wie lernst du das?

▶ Ich denke, am besten lernen wir es in Krisen. Also nicht in existenziellen Krisen, aber in Auseinandersetzungen, weil wir unterschiedlicher Meinung sind, und wenn wir gucken, wie wir das miteinander klären können.

Habt ihr Regeln hier im Haus, wie ihr mit Konflikten umgeht?

▶ Wir arbeiten oft mit Mediation und Supervision, wir betreiben gewaltfreie Kommunikation, wir haben einmal im Monat einen offenen Dialog, für den wir uns in den letzten zwei Jahren, bevor wir eingezogen sind, immer einen ganzen Samstag Zeit genommen haben. Da haben wir dann ohne Tagesordnung offen Themen angesprochen, die uns wichtig waren und auf den Nägeln gebrannt haben.

Sind diese Termine für alle verpflichtend?

▶ Na ja … Es kommen jedenfalls nicht alle. Dabei wäre es gut, wenn alle kämen. Wir haben auch noch das »Palaver«. Heute Abend zum Beispiel ist für zwei Stunden Palavern. Das ist entstanden, weil die Afrikaner, die bei uns sind, gesagt haben, ihr diskutiert immer, der eine will den anderen überzeugen. In Afrika setzen wir uns unter einen Baum und machen die Ohren auf, um zu hören, was der andere zu sagen hat. Das nennen wir Palaver, und das Palaver folgt gewissen Regeln: Es spricht immer nur einer, es wird nicht diskutiert, es gibt keine Rede und Gegenrede, sondern jeder hat die Möglichkeit, seine Sichtweise vorzutragen.

Aber das sind dann keine Versammlungen, in denen ihr auch Entscheidungen trefft.

▶ Nein. Die haben wir zusätzlich. Wir haben relativ viele Sitzungen. Zum einen gibt es die Hausgemeinschaft als Gemeinschaft der 42 Bewohner. Außerdem haben wir den Verein, in dem wir 50 Leute sind. Beide Gremien treffen sich mindestens einmal im Monat, in letzter Zeit aber auch häufiger.

Da habt ihr es mit euren Gemeinschaftsräumen gut, jetzt müsst ihr für eure Treffen nicht mehr das Haus verlassen.
▶ Ja, das ist sehr gut. Obwohl ich manchmal das Gefühl habe, wenn man so pantoffelnah zusammen ist … Früher waren teilweise – auch beim offenen Dialog – mehr Menschen dabei. Heute können wir zwar eher mal klingeln und nachfragen, aber irgendwie ist das mit der direkten Nähe nicht so erleichternd.

Jetzt würde ich dich gerne fragen: Was klappt so richtig gut bei euch im Zusammenleben? Und was klappt weniger gut?
▶ Also wir machen viel miteinander. Es finden Kaffeetrinken und Frühstück und Literaturkreis und Wochenausklang statt. Die Gruppen sind dabei nicht so groß. Wir haben eine Gartengruppe, die sehr aktiv ist. Es gibt immer wieder Anlässe, dass sich die Menschen treffen und mit ihren Fähigkeiten gemeinsam etwas machen. Wenn es allerdings Treffen sind, bei denen es um Dinge geht, die alle angehen, wird es schon ein bisschen schwieriger. Da sind nur selten alle dabei.
Und was nicht so gut klappt? Wir haben ja ganz bewusst die Überlegung gehabt, neben der Hausgemeinschaft auch einen Verein ins Leben zu rufen. Der Verein ist eine juristische Person und wird vom Vorstand geführt. Wir haben noch vier Beiräte dabei, sodass der Vorstand aus insgesamt sieben Leuten besteht. Manchmal holen wir für besondere Aufgaben auch noch Leute dazu. Daneben gibt es die Hausgemeinschaft mit dem Sprechergremium. Und da gab es schon vor dem Einzug einen Konflikt. Der Vorstand hatte sich vorgestellt, dass einer aus dem Vorstand auch im Sprechergremium Mitglied ist, damit dort eine Vernetzung stattfinden kann und der Informationsfluss sichergestellt ist. Die Hausgemeinschaft hat aber, da sie den Vorstand als sehr dominant ansieht – das ist jetzt meine Lesart – entschieden, dass kein Vorstandsmitglied im Sprechergremium aufgenommen wird. Wir vom Vorstand hingegen waren damals bereit, jemanden vom Sprechergremium in den Beirat des Vorstands aufzunehmen. Dadurch gibt es zwar eine Verknüpfung, aber nur von der einen Seite. Und diese Zusammen-

arbeit von der Hausgemeinschaft, vertreten durch das Sprechergremium, und dem Verein, vertreten durch den Vorstand, könnte ich mir besser vorstellen.

Wie viele Leute sind im Sprechergremium?
▸ Drei. Wir sind jetzt dabei, die Besetzung des Sprechergremiums zu ändern und wir hoffen, dass wir uns dadurch gegenseitig beflügeln. Im Moment herrscht da vor allem die Angst, dass der Vorstand dominiert, obwohl wir Vorständler ja auch ganz normale Hausgemeinschaftsmitglieder sind.

Wie stimmt ihr bei den Wahlen der Mitglieder für die Gremien ab?
▸ Die Besetzung der Gremien erfolgt mit absoluter Mehrheit. Das ist nicht einfach, aber ich empfinde es als Gewinn, dass dabei die Konflikte nicht unter den Teppich gekehrt werden, sondern dass alles besprochen wird. Die Neuen sitzen manchmal dabei und schlackern mit den Ohren. Das liegt zum Teil auch daran, dass sie sich zu wenig bemühen, Informationen zu bekommen, um die Geschichte des Projekts besser zu verstehen. Manche sind ja erst vor wenigen Monaten dazugekommen und wissen gar nicht, welche Strukturen wir vorher hatten, dass wir unsere Projektskizze in ganz vielen Sitzungen über ein halbes Jahr erarbeitet haben. Ich sehe es als etwas Gutes an, dass wir bereit sind, die Konflikte als etwas Positives zu schätzen. Aber klar, manche erschreckt das auch.

Ich habe noch eine Frage zu den Generationen: Wie sind die verteilt?
▸ Die Verteilung ist sehr gut, das hat uns positiv überrascht. Wir haben ein Drittel Junge unter 40, die Kinder mal nicht mitgezählt, und ein Drittel von 40 bis 65 und ein Drittel 65 plus.

Habt ihr viel dafür tun müssen, dass das so ausgewogen ist, oder hat sich das ergeben?
▸ Wir haben dafür sehr viel getan. Aber der Erfolg stellte sich erst im letzten halben Jahr ein, im Mai letzten Jahres, als das Haus schon stand. Da kamen dann die Jungen mit dazu. Vorher hatten

wir eine afrikanische Familie, eine Alleinerziehende mit zwei Kindern und eine irakische Flüchtlingsfamilie mit einem Kind, die unter 40 waren. Die anderen Jungen sind erst zum Schluss gekommen.

Gibt es sonst noch etwas, das jetzt anders ist als vorher?

▸ Etwas, das wir mal in kleinem Kreis besprochen haben: Da ist jemand und macht sich Gedanken darüber, dass er in einer Gemeinschaft leben will. Er stellt sich vor, eine Wohnung zu haben und sich mit den anderen zu treffen, gemeinsam zu frühstücken und so etwas. Und jetzt, da wir alle zusammen tatsächlich in der Gemeinschaft leben, stellt diese Person fest: Das Unbeobachtetsein, das Alleinesein hat auch einen großen Vorteil gehabt – man konnte tun und lassen, was man wollte, und keiner hat geguckt.
Wir haben unterschiedliche Persönlichkeiten bei uns, für die auch dieser Schritt vom Für-sich-Sein in die Gemeinschaft ganz unterschiedlich ist. Und bei manchen stelle ich fest, dass sie erschrocken sind: »Ich bin ja in einer Gemeinschaft! Ich bin ja verpflichtet! Hui, wo bin ich denn jetzt hier?« Dass ich mich einfach mal ein ganzes Wochenende zurückziehen kann, so ganz für mich allein, das geht nicht. Es geht auch deshalb nicht, weil mehr als dreißig Balkone in dieselbe Richtung zeigen. Setze ich mich auf meinen Balkon, sehen mich alle anderen. Ich glaube, manche überlegen, wie sie den Sonnenschirm ausrichten können, dass sie ein wenig mehr Privatsphäre bekommen. Ich konnte selber feststellen, wie ich mich zurückziehe. Das geht in der Wohnung, aber sobald ich einen Schritt nach außen gehe, zum Beispiel zum Briefkasten, kann ich nicht mehr bestimmen, ob ich jemanden treffen will oder nicht. Ich werde jemanden treffen und es wird mich einer ansprechen. Und damit gehen die unterschiedlichen Menschen auf verschiedene Arten um.

Redet ihr darüber, tauscht ihr euch darüber aus?

▸ Ja, in kleinen Gruppen. Aber ich habe das Thema noch nicht weiter beleuchtet. Das ist ja so eine innere Haltung, die dahinter-

stehen muss. Die Anonymität ist weg. Aber will man jemanden treffen, hat man den Vorteil, dass man sich nur auf die Terrasse setzen oder in den Garten gehen muss, dann setzt sich sofort jemand dazu. Ich will das aber gar nicht als Problem darstellen, es ist nur so ein Gedanke dazu, was alles anders ist.
Ich würde gerne noch etwas anderes sagen: Wir haben in der Vorbereitung versucht, viele Dinge im Vorhinein zu klären, und wir stellen heute manchmal fest, dass wir manche Dinge noch konkreter hätten besprechen sollen.

Dabei habt ihr doch alles schon so genau besprochen.
► Ja, und uns, dem Vorstand, wird oft von den Mitbewohnern gesagt: »Ihr habt das ganz toll gemacht, aber jetzt wollen wir, dass die Ansprüche abgesenkt werden. Die Ansprüche sind viel zu hoch.« Ich glaube, auch das hat damit zu tun, dass einigen das Persönliche wichtiger ist. Wir haben neulich in einer Vorstandssitzung darüber gesprochen: Was wir drei Vorständler feststellen, ist, dass jeder von uns jeden Tag sicherlich drei Stunden für das Projekt arbeitet, vielleicht sogar noch mehr. Und die Treffen kommen noch dazu. Das ist wirklich ganz viel Kleinkram. Ich verwalte zum Beispiel die Finanzen, sowohl von der Hausgemeinschaft als auch vom Verein. Da bin ich immer beschäftigt, damit da alles auf dem Laufenden ist. Das wird von den anderen gar nicht gesehen, was an Kleinkram, an Verwaltungsarbeit alles anliegt. Und man kann das den anderen auch gar nicht klarmachen. Manchmal wird auch gefragt: »Wie können wir euch denn Arbeit abnehmen?« Wie wollen die mir die Finanzen abnehmen? Ich kann nicht den Monat, der mit M anfängt, jemand anderem geben und die übrigen mache ich. Wir sind nach einer langen Diskussion darauf gekommen, dass wir Vorständler das Problem nicht lösen können. Jeder, der im Vorstand ist, kann nur für sich sagen: Ich mache es nicht, um meine Machtposition zu stärken, sondern ich mache es, weil ich der Gemeinschaft dienen möchte, indem ich meine Fähigkeiten zur Verfügung stelle. Man mag nach außen erscheinen, als wollte man seine Machtposition ausbauen, aber von der inneren Haltung her sehen es die meisten

so, dass sie dienen, um die Gemeinschaft voranzubringen. Damit muss sich jeder, der ein Amt innehat, beschäftigen.

Ja und die Reflexion darüber dann auch kommunizieren, finde ich.
▸ Ja.

Das hat dann ja auch etwas damit zu tun, sich zu zeigen.
▸ Worum ich mich in letzter Zeit sehr bemühe und was mir manchmal sehr schwerfällt, ist, dass ich auf die Menschen, mit denen ich es schwer habe, zugehe und sage: »Können wir uns nicht zusammensetzen?« Und in letzter Zeit sage ich eher, dass ich einen Ombudsmann oder eine Ombudsfrau dabeihaben will und sich jeder noch eine Vertrauensperson dazuholen kann.

Was ist denn der Unterschied zwischen einer Ombudsperson und einer Vertrauensperson?
▸ Die Vertrauensperson ist jemand, den ich persönlich dabeihaben will. Die zwei Ombudsleute haben wir innerhalb unseres Vereins gewählt. Sie sind dafür zuständig, bei Konflikten zu vermitteln. Außerdem gibt es zwei weitere Ombudsleute für Finanzen.

In unserem ersten Interview sagtest du ziemlich am Anfang: »Mir geht es um das Bewusstsein in der Gesellschaft für solche alternativen Wohnformen.« Das ist ein Ansatz, der ja weit über das eigene Wohnen hinausgeht.
▸ Und das ist der Grund, weshalb ich überhaupt hier eingezogen bin. Gerade weil wir jetzt mit unserem eigenen Haus fertig sind, ist es unsere Aufgabe, diese Idee vom gemeinschaftlichen Wohnen stärker in die Gesellschaft hineinzutragen und auch die Politik für das Thema zu sensibilisieren.

Ist das denn das Anliegen des ganzen Vereins oder ist das dein persönliches Anliegen, das du mit einigen wenigen Leuten teilst?
▸ Das ist mein persönliches Anliegen und das von wenigen anderen Leuten. Wir sind ein gemeinnütziger Verein; von den anderen

wird das weniger beachtet. Wenn man nach dem Runden Tisch fragen würde, wüssten manche gar nicht, was das ist, obwohl wir davon schon oft gesprochen haben. Dass wir Gespräche mit Politikern haben und aktiv sind, das Thema voranzubringen, wissen die wenigsten, obwohl man immer wieder Infos vom Vorstand auf die Tagesordnung der Arbeitssitzungen setzt.

Du hast den Runden Tisch erwähnt. Würdest du bitte einmal beschreiben, was das ist?

▸ In der langen Realisierungsphase unseres Projekts haben wir erfahren, dass die gegenwärtigen Rahmenbedingungen für gemeinschaftliche Wohnformen nicht förderlich sind. In einem Gespräch mit dem Amt für Stadtentwicklung und Statistik hatten wir verabredet, dass der Lebensräume in Balance e.V. einige Wünsche zu nachhaltigen Rahmenbedingungen zusammenträgt. Dazu haben wir dann im Mai 2017 viele Projekte zu einem Runden Tisch eingeladen. Diese Treffen werden bis heute in der Melanchthon-Akademie in Köln fortgeführt. Unser Anliegen, Anforderungen an Rahmenbedingungen gemeinsam zu erarbeiten, wurde leider in diesen Treffen nicht weiter verfolgt. Es sind stattdessen ganz konkrete Themen der Projektrealisierung gefragt, zum Beispiel Finanzierung der Gemeinschaftsbereiche oder Gemeinschaftsbildung. Aber unser vorrangiges Anliegen, gesellschaftspolitisch aktiv zu werden, ist nicht verloren gegangen. Mit wenigen, aber ganz aktiven Akteuren anderer Initiativen verfolgen wir das weiter. Zu nennen sind hier STADTRAUM 5und4 und das Netzwerk für Gemeinschaftliches Bauen und Wohnen in Köln. Mit denen treiben wir die Gespräche auf politischer Ebene und dabei auch die Vernetzung untereinander voran.

Dies braucht ja viel Zeit und Kraft. Woher nimmst du die?

▸ Was ich feststelle, ist, dass dieses nach außen gewandte Miteinander auch viel Energie gibt. Zur Vorbereitung dieser Treffen klopfe ich dann einfach bei ebenfalls begeisterten Mitbewohnern an, zum Beispiel bei Joachim Kolboske. Wir haben vorgestern Abend noch zusammen gesessen und einfach überlegt: Was ist wichtig? Worum geht es? Das ist natürlich zusätzliche Arbeit – aber mich nährt das.

Wir haben noch gar nicht davon gesprochen, wie es mit der Einbindung eures Projekts im Quartier läuft.

▶ Wir sind ja in den prekären Stadtteil Ostheim gezogen. Seitdem wir dort wohnen, haben wir Kontakt zu unterschiedlichen Bürgervereinigungen, der Kirche, dem Veedel e.V. oder dem Arbeiterwohlfahrt-Jugendzentrum aufgenommen. Und was ich so toll finde, ist, dass man in all diesen Organisationen Menschen findet, die sich engagieren – nicht zu ihrem Vorteil, sondern damit sich etwas verändert in diesem Stadtteil. Und das ist etwas, was es, glaube ich, nur in so einem Stadtteil gibt. In einem anderen Stadtteil gibt es ganz andere Interessen. Das ist einfach wunderbar mit diesen anderen Menschen, die wir ja vorher so nicht kannten. Aber seitdem wir da sind und feststellen, dass die sich engagieren, auf uns zukommen und wir auf sie, dass wir uns gegenseitig befruchten und gemeinsam überlegen, was wir für das Viertel machen können, ist der Kontakt viel intensiver geworden, als ich es mir vorher vorgestellt habe.

Da muss man natürlich über den Tellerrand hinausschauen, sich im Viertel verwurzeln. Wir sind zum Beispiel als kleine Gruppe beim Karnevalsumzug mitgezogen. Das war nur ein Bollerwagen mit vier Leuten, aber die Leute vom Karnevalsverein kennen uns jetzt. Da findet Vernetzung innerhalb des Stadtteils statt, und das ist gut. Wir haben Kontakt zum Kindergarten und es gibt jetzt eine Gruppe von drei Leuten von uns, die dorthin gehen und vorlesen. Zwei Leute von uns gehen ins AWO-Jugendzentrum und betreuen dort nachmittags Kinder. Da hat sich einiges getan.

Eine starke Führungsmannschaft ist wichtig

Joachim Kolboske

Mehrgenerationen-Wohnprojekt Lebensräume in Balance in Köln

■ Im Sommer 2017 war ich zur Einweihungsfeier des Mehrgenerationen-Wohnprojekts Lebensräume in Balance in Köln-Ostheim eingeladen. Joachim Kolboske ist einer der Bewohner des Projekts und wir kamen ins Gespräch. Dabei erfuhr ich, dass dies bereits das dritte Wohnprojekt war, in das er einzog. Ich fragte ihn, ob er sich vorstellen könne, sich mit mir für ein Interview zu treffen. Mich interessierten seine Erfahrungen und die Schlüsse, die er daraus zog. Joachim war gerne dazu bereit – und so trafen wir uns am 5. November 2017 in Köln-Ostheim zum Interview.

* * *

Wann bist du hier in Ostheim eingezogen?
► Vor zwei Monaten.

Du hast ja vorher schon in zwei anderen Wohnprojekten gewohnt und bist jetzt bei dem einen Projekt raus und in dieses hier rein. Würdest du sagen, dass du dich bei all dem persönlich entwickelt hast?
► Ja. Ich bin gewachsen. Ich musste auch wachsen, sonst hätte ich es nicht ausgehalten. Ich kann dadurch auch gut beurteilen, wie es mir hier jetzt geht. Ich bin hier mit offenen Armen empfangen worden. Die wollten mich dabeihaben und mich auch halten, wegen

meiner Erfahrung. Hier gibt es auch eine andere Beurteilungsmöglichkeit. Ich bin jetzt im Vorstand als Beirat und bin Sprecher der Hausgemeinschaft. Hier finde ich mich da wieder, wo ich denke, dass ich gut arbeiten und effektiv sein und meine Fähigkeiten einbringen kann.

Was meinst du mit »effektiv sein kann«?
► Dass die Sachen, die ich mache, auch fruchtbar sind. Ich organisiere zum Beispiel die Strukturierung und grafische Aufbereitung der Arbeitsgruppen. Ich arbeite unheimlich gern mit Mindmaps, und das konnte ich hier sehr gut einbringen und den anderen so zur Verfügung stellen, dass sie das dynamisch benutzen können; also nicht als PDF, so wie auf der Website, sondern so, dass sie etwas anklicken können und dann geht etwas auf und wieder zu und so. Meine technischen und analytischen Fähigkeiten kann ich hier einsetzen, und die bewirken etwas, was die Leute toll finden. So etwas meine ich mit »effektiv«.

Du hast einmal gesagt, bei Lebensräume in Balance gäbe es eine tolle Willkommenskultur. Was meinst du damit?
► Als erste Veranstaltung gibt es die Infoveranstaltung, zu der man kommen kann. Da wird man von zwei Personen darüber informiert, was die technischen und finanziellen Voraussetzungen sind, um mitmachen zu können, welche Wohnungen es gibt, wie viel Geld es insgesamt kosten wird, mitzumachen. Das ist überhaupt nicht preiswert hier, im Gegenteil. Über diese harten Fakten wird bei der ersten Infoveranstaltung informiert. Dort kriegt man auch Papiere in die Hand, sodass man nachlesen kann und sich nicht nur auf das Gehörte verlassen muss. Dann werden Fragen beantwortet und dann ist die Infoveranstaltung zu Ende.
Einmal im Monat kommen fast alle Vereinsmitglieder zum Frühstücken zusammen und die Interessenten können dann einfach dazukommen, an ein riesiges Büffet. Sie werden begrüßt und man kümmert sich ganz individuell um sie. Alle Vereinsmitglieder tragen Namensschilder, die Interessenten kriegen schnell mit Hand

geschriebene Namensschilder, man duzt sich, es ist eine lockere Atmosphäre und man kann ganz leicht ins Gespräch kommen. Eine Dreiviertelstunde bevor der Brunch zu Ende ist, haben die Interessenten die Möglichkeit, in einem separaten Raum mehr Infos zu bekommen und nachzufragen.
Die Interessenten können auch an Arbeitssitzungen teilnehmen, zum Beispiel an einer Vereins- oder Hausgemeinschaftssitzung, in der reale Themen bearbeitet werden – das ist gewissermaßen die dritte Stufe. Die Interessierten können gucken, wie wir miteinander umgehen, auch dass wir mal miteinander streiten. Diese drei Stufen meine ich: harte Fakten zuerst, dann kommen beim Brunch weiche Fakten dazu und dann lernen sie noch die Gruppendynamik in den Arbeitssitzungen kennen.

Können die Interessierten dann in den Sitzungen mitreden oder sollen die nur zugucken?
▸ Also rein praktisch reden die eher wenig. Die staunen eher und sind neugierig. Die wollen ja eigentlich sehen, wie wir ticken. Und die gucken interessiert zu.

Ich verstehe es so, dass ihr euch zeigen wollt, damit die Interessierten Information bekommen, um sich entscheiden zu können, ob sie bei euch mitmachen wollen oder nicht. Wie ist es denn umgekehrt, also wie kommt ihr an Information über die Interessierten, damit ihr entscheiden könnt, ob ihr jemanden aufnehmen wollt oder nicht?
▸ Da gibt es auch harte und weiche Fakten. Die harten Fakten sind erst einmal: Können die sich das überhaupt leisten? Haben die ein Einkommen, mit dem sie die Miete bezahlen können und den Investitionsbeitrag? Wir müssen insgesamt 36 Euro pro Wohnquadratmeter investieren. Haben die eine Haftpflichtversicherung, wenn hier zum Beispiel im Gemeinschaftsraum etwas kaputtgeht? Das war für mich ein Wendepunkt, als ich mitkriegte, wie viele Leute keine private Haftpflichtversicherung haben und wie intensiv man sich teilweise um diese Leute kümmern musste, damit sie eine abschließen.

An welcher Stelle fragt ihr diese Daten ab?
▸ Sobald der Interessent eine Wohnung haben will. In den Verein kommt man relativ leicht. Sobald es aber um eine Wohnung geht, werden diese harten Fakten abgefragt und es wird auch ein Eindruck eingeholt. Es gibt eine Einzugsgruppe, die trifft sich privat in einer Wohnung mit den Interessierten und redet mit ihnen, befragt sie, kriegt einen persönlichen Eindruck. Da spielen natürlich individuelle Fähigkeiten, die jemand mitbringt, immer eine Rolle. Finanzleute sind immer willkommen, Leute, die keine Angst vor Zahlen haben, die gibt es selten.

Aber jetzt habt ihr das Haus doch voll, oder?
▸ Jein. Wir sind zwar voll, aber wir müssen natürlich damit rechnen, dass Leute auch wieder ausziehen, aus familiären Gründen, beruflich oder weil sie nicht mitmachen wollen.

Das heißt, ihr legt eine Warteliste an.
▸ Ja, und da geht es ja ähnlich weiter. Wir haben aber noch nicht erarbeitet, wie die Warteliste genau aussehen soll. Wir haben Leute darauf, die im Verein sind, aber keine Wohnung haben wollten, die sich noch nicht trauen, die zögernd sind. Wir haben eine Frau, die kurzfristig in Leverkusen in einem Wohnprojekt eine Wohnung bekommen hat, aber sie kommt trotzdem regelmäßig zu uns zu den Sitzungen. Das läuft toll, dass man so ein Umfeld hat, das interessiert mit dabei ist, aus dem man im Falle eines Falles sehr schnell jemanden rekrutieren könnte.
Die größte Angst ist ja, dass jemand nur eine Wohnung haben will, und die ist berechtigt. Ich selber bin sehr erstaunt darüber, welche Rolle die Wohnung an sich spielt. Also Leute, von denen ich dachte, dass sie ganz bewusst in ein Wohnprojekt ziehen, ziehen unter Umständen nicht ein, weil ihnen die Wohnung nicht passt, und verzichten dann auf die ganze Gemeinschaft, weil die Wohnung nicht die richtige ist. Ich kann das beurteilen, denke ich, weil ich ja lange auf diese Wohnung habe warten müssen. Ich hatte als Alternativwohnung eine im Erdgeschoss, ich wollte aber auf kei-

nen Fall im Erdgeschoss wohnen, hätte diese Erdgeschosswohnung aber genommen. Das habe ich auch öffentlich gemacht und dazu habe ich auch gestanden. Ich wollte hier rein!

Weil dir die Gemeinschaft wichtiger war als die Wohnung?
► Genau.

Würdest du sagen, dass es eher wenige sind, die die Gemeinschaft höher schätzen als die Wohnung?
► Ja. Maximal 20 Prozent geben der Gemeinschaft Priorität. Ich habe das selbst gemerkt, ich bin dann reumütig wieder hierhergekommen. Meine damalige Entscheidung, vor zwei Jahren, hier nicht hinzuwollen, weil mir der Ort nicht gefiel, war Käse. Die Gemeinschaft ist wichtiger als der Ort oder die Wohnung.
Aber ich will noch etwas zu den 20 Prozent sagen: Die zeigen sich beim Einzug. Nachdem ich in meinem ersten Projekt vor zehn Jahren den Einzug mitgemacht habe, den Erstbezug des Hauses, habe ich mir geschworen, das machst du nie wieder. Du gehst erst wieder in ein Projekt, wenn die anderen da schon drei Jahre drin sind, frühestens. Dann ist die Arbeit nämlich getan. Und in dieser Phase, da hat sich diese 20/80-Regel gezeigt: 80 Prozent der Leute verschwinden und werden nicht mehr gesehen und kümmern sich nur noch um ihre eigene Wohnung. Ausschließlich. Die sagen: »Wenn meine Wohnung perfekt ist, dann komme ich raus und kümmere mich um Gemeinschaftssachen.« Und 20 Prozent, das ist in der Regel der Vorstand und sein Umfeld, kümmern sich um die Gemeinschaft. Die vernachlässigen ihre privaten Angelegenheiten und bauen zum Beispiel den Gemeinschaftsraum auf. Das habe ich hier im Haus zusammen mit Martin gemacht. Wir haben hier unseren Urlaub verbracht, indem wir den Gemeinschaftsraum vor dem offiziellen Einzug so hergerichtet haben, dass er, während wir alle einziehen, schon genutzt werden kann. Und das Gegenteil sind eben Leute, die den Umzug schnell über die Bühne bringen und dann in Urlaub fahren, also gerade in der Phase, in der die Gemeinschaft sich findet, in der unheimlich viel zu tun ist und

unheimlich viel Hilfe gefragt ist, in der man sich kennenlernt und sich gemeinsam erlebt in diesen provisorischen Verhältnissen. Keiner weiß, wo er was finden kann, viele können noch gar nicht kochen. Ich finde, das ist eigentlich die interessanteste Phase. Aber es geht natürlich auch an die Grenzen, da ist man erschöpft. Da wird dann auch regelmäßig Alkohol getrunken, Sekt oder so, weil man sich freut. Jedes Mal wenn jemand einzieht, stößt man wieder an, dass der Nächste da ist. Und da zeigt sich das ganz deutlich, wer an der Gemeinschaft hauptsächlich interessiert ist.
Mich hat das hier sehr beeindruckt. Leute aus der Gruppe, die noch nicht einziehen, sondern erst einen Monat später, kommen noch nicht mal gucken. Also ich wäre am nächsten Tag schon da, ich wäre neugierig, was hier abgeht. Das ist ja Abenteuer pur, wenn ein neues Haus bezogen wird. Die Hälfte funktioniert nicht. Am Anfang fiel auch schon mal die Heizung aus. Alles ist schmutzig. Die Bauarbeiter arbeiten immer noch irgendwo. Und man zieht in eine Gemeinschaft, die man vorher nie hatte, in ein unfertiges Gebäude. Also wochenlang den Gemeinschaftsraum auszubauen, das bedeutete für mich auch, das Gebäude in Besitz zu nehmen. Wir haben es gestaltet, wir haben da eine Küche reingebaut, wir haben uns im Gemeinschaftsraum zu Hause gefühlt, bevor wir hier überhaupt gewohnt haben. Da liefen noch die Arbeiter rum, wir waren genauso schmutzig wie die, wir sind dieselben Wege zum Müllcontainer gegangen wie die, die haben wahrscheinlich gar nicht alle gewusst, dass wir Bewohner sind.

Sind die anderen aus der Gruppe euch für diese Arbeit dankbar?

▸ Das ist schwierig zu beurteilen. Die meisten, kann ich sagen, nehmen es so hin. Und was uns, den Aktiven, immer sehr merkwürdig vorkommt, ist, wenn applaudiert wird. Also ich mag das überhaupt nicht mehr. Das ist die billigste Form, davonzukommen. Und es geht sogar soweit, dass einige sagen, die beklatschen sich jetzt selbst.

Jetzt sagst du, du willst den Applaus nicht mehr hören. Was wünschst du dir denn?

▶ Ich vertrete die Meinung, dass jeder den richtigen Ort und die richtige Möglichkeit und den richtigen Zeitpunkt finden muss, um selber so aktiv zu werden, dass es für ihn und für die Gemeinschaft positiv ist. Und das ist bei jedem unterschiedlich. Martin und ich sind Handwerker, er ein richtiger und ich ein Hobbyhandwerker. Wir haben die Möglichkeit, die Küche zu bauen, andere Leute können das nicht. Andere Leute können andere Sachen, und die brauchen die richtige Situation, in der sie sich einbringen können. Aber ich denke, die richtige Situation kommt für jeden irgendwann.

Und würdest du sagen, die Gruppe sollte das Applaudieren lassen?
▶ Ja, das nervt uns.

Jetzt möchte ich nachfragen: Es ist ja sehr großzügig von dir gedacht, wenn du sagst, dass irgendwann für jeden und für jede die Zeit kommen wird, in der er oder sie für die Gemeinschaft aktiv werden kann. Aber vielleicht ja auch nicht. Wer will das wissen? Ich unterstelle dir jetzt mal, dass dir Anerkennung schon wichtig ist.
▶ Ich habe noch ein Beispiel. Es gibt andere Leute, die haben schon jahrelang, bevor ich dabei war, den Brunch vorbereitet. Die sind auch jetzt da unten in der Küche zugange, und wenn ich in einer bestimmten Situation dazukomme, finde ich einen gedeckten Tisch vor. Das finde ich super. Ich kriege also auch was zurück, ich möchte mich aber auch nicht jedes Mal bedanken müssen. Und ich würde das auch nicht mit einem Applaus tun, sondern ich würde jemandem persönlich in einer richtigen Situation sagen: »Das ist super, was ihr hier gemacht habt, das sieht toll aus, das schmeckt toll.« Ohne Lautstärke, ohne eine Riesenrunde. Von Auge zu Auge. Das hat eine andere Authentizität. Klatschen kann jeder. Wenn die anderen klatschen, klatsche ich mit und weiß, das ist gut so. Und ich weiß womöglich gar nicht, was da gerade gesagt wurde. Und es bleiben Leute übrig, die werden nie etwas machen. Das ist in einer sozialen Gemeinschaft so, das heißt aber nicht, dass die nutzlos sind. Wir sind soziale Wesen. Wir überhöhen uns selber auch dadurch, dass wir irgendetwas besser machen als andere. Allein

dadurch dass, die anderen da sind, fühle ich mich ja schon besser, auch wenn die nichts tun. Wenn da keiner wäre, der weniger tut als ich, dann wäre ich nicht derjenige, der viel tut.
Aber mir fällt noch etwas ein, was Dankbarkeiterwarten angeht. Als ich mich beworben habe um die Wohnung, hat Gesine mich öfter angemailt und mir mitgeteilt, dass noch dies und jenes benötigt würde, und da war ich beeindruckt, wie die sich um mich kümmern. Und ich habe versucht, mich in jeder Mail für diesen Service zu bedanken. Das ist für mich ein passender Punkt, um danke zu sagen. Ich denke mal, viele empfinden das als Gratisservice, und das ist ja unheimlich viel Arbeit, die im Hintergrund passiert und die man nicht sieht. Verwaltungsarbeit muss man ja unheimlich diszipliniert machen, da darf man nichts verwechseln. Da kriegt sie manchmal Sachen geschickt, hat sie mir erzählt, die unheimlich schwierig zu bearbeiten waren. Und das ist für mich so ein richtiger Zeitpunkt, um demjenigen, der etwas macht, zu zeigen, dass die anderen merken, dass er etwas macht.

Woher kommt dein großes Interesse an Gemeinschaft? Warum ist das Zusammensein mit anderen ein so großes Bedürfnis für dich?

▸ Vielleicht kommt es daher, dass ich mit sechs Geschwistern aufgewachsen bin. Das sind nachher nur noch vier gewesen, ein Kind ist ziemlich früh gestorben, eines mit sechs Jahren. Die Oma hat mit bei uns gelebt. Um den Sprung hierher zu machen: Ab und zu kommt die Tabea und klopft bei mir an die Tür, weil sie Langeweile hat. Wir haben jetzt Ferien, ihre Mutter ist berufstätig, sie ist alleinerziehend. Dann steht Tabea da an der Tür und sagt, sie habe Langeweile – das sagt sie so eigentlich nicht, sie verpackt das ein bisschen, und dann will sie hier eine Pizza bei mir aufwärmen. Und dann ändere ich blitzschnell mein Programm und frage sie: »Wo willst du die denn essen, willst du die hier essen?« Ja und dann … Das macht mir Spaß, und ich kann das, ich merke, ich kann mein Programm ändern. Manchmal wollte ich gerade meinen Mittagsschlaf machen und dann kommt sie an, da muss man tief Luft holen … Aber das macht Spaß, davon profitiere ich.

Gemeinschaft beinhaltet ja, dass man gestört wird – ich will gerade Mittagsschlaf machen und sie kommt an. Wahrscheinlich hat meine Oma das früher auch gemacht, sie wollte sich ausruhen und ich kam an, und dann habe ich wahrscheinlich auch gesehen, eigentlich hat Oma jetzt etwas anderes vor, aber sie macht es trotzdem. Und ich gebe das jetzt weiter.

Und du fühlst dich gut dabei?

► Ja, sehr gut. Wenn der Wilhelm irgendwas hat, etwas Neues geschrieben hat und kann nicht abwarten, dann klingelt er hier und sagt: »Joachim, kannst du dir das mal angucken?«, und dann brüten wir darüber. Für mich ist Gemeinschaft auch immer mit einer Aufgabe verbunden. Hier in diesem Projekt finde ich es supertoll, dass der Vorstand unbedingt gemeinnützig sein will. Gemeinnützig sind die Vereine der Projekte ja am Anfang alle, auf dem Papier, und hinterher ist es fast keiner mehr, weil sie sich nur noch um sich selbst kümmern. Das ist nicht gemeinnützig. Man muss sich auch um andere kümmern und nach außen wirken, und das passiert hier. Der Verein wirkt ins Veedel hinein, wir machen ja auch den Runden Tisch in der Melanchthon-Akademie. Das finde ich toll, dass wir nicht nur auf uns gucken, sondern auch auf andere und woanders hingehen als Verein.

Da hat es bei euch mit dem Einzug auch keinen Bruch gegeben in eurer Aktivität, nach außen zu wirken?

► Ich denke, der Vorstand hat das konsequent durchgehalten. Wahrscheinlich haben sich einige hier verwundert die Augen gerieben und sich gefragt, was das soll. So nach dem Motto: »Wir sind doch drin, wir haben es doch geschafft!«

Ich finde, wir haben hier eine tolle Führungsmannschaft. Die haben die Idee, und die geht über unser Projekt hinaus, und das finde ich toll. Dass man weiterdenkt. Das entlastet auch. Dieses Sich-mit-sich-selbst-Beschäftigen kann ja auch zur Nabelschau werden. Da dreht man sich manchmal im Kreis und ärgert sich immer über dieselben Dinge. Wenn man nach außen geht, dann sind die Verhältnisse anders. Auch wenn von außen Leute kommen, ist das bereichernd, zum Beispiel wenn wir eine Beratung machen. Andere Projekte kommen ja auch hierher. Das letzte war sensationell: Unser letzter Besuch kam aus Hongkong – das konnten wir uns natürlich nicht entgehen lassen!

Was ist aus deiner Sicht das Wichtigste, damit ein Wohnprojekt gelingen kann?
► Eine starke Führungsmannschaft. Ohne die geht's nicht. Da gibt es bestimmt unterschiedliche Konzepte. Ein Konzept, welches ich meinem vorherigen Projekt empfehlen würde, ist das des Jugendherbergsvaters oder der Jugendherbergsmutter. Den Begriff wähle ich, weil er zwar eine Hierarchie signalisiert, aber auch Wohlwollen. Das beinhaltet für mich das Bild des Jugendherbergsvaters. Der ist nicht militärisch, sondern der muss gucken, wann die Grenze erreicht ist, und dann muss er sich auch durchsetzen können. Ansonsten weiß er, die wollen sich amüsieren, und er lässt sie an der langen Leine.
Aber … wir sind ja noch gar nicht auf den »Stinkstiefel« gekommen. Der kommt im Jugendherbergskonzept gar nicht zur Wirkung, der kann sich da gar nicht entfalten, der wird da gar nicht auffällig – und das in seinem eigenen Interesse, als Selbstschutz sozusagen.

Was meinst du mit »Stinkstiefel« und wie wird jemand dazu erklärt?
► Also wenn ein Großteil der Gruppe jemanden als solchen empfindet, dann ist er das. Der stört den Gruppenprozess, man merkt, man kommt nicht weiter, der hakt immer …

… wollen wir nicht ein anderes Wort nehmen, wollen wir vielleicht vom Störer und der Störerin sprechen?
► Okay … ich habe auch eine Störerin erlebt ...

Hast du denn in allen Gruppen, in denen du warst, Störer und Störerinnen erlebt?

► Ja. Diese Gruppe hier hat es geschafft, die Störer auszuschließen. Die sind nicht mehr dabei. Die vorherigen Projekte haben das nicht geschafft.

Und warst du bei dem Prozess dabei, als hier jemand ausgeschlossen wurde?
► Ja.

Könntest du davon berichten?
► Also diese Person hat immer mehr Aufmerksamkeit auf sich gezogen, immer mehr gestört und auch immer mehr Energie gebunden. Wir haben uns viele, viele Stunden mit dem Thema beschäftigt und diese Energie fehlt natürlich für etwas anderes. Man merkt irgendwann, dass man immer wieder über das Thema redet, und irgendwann hat man keine Lust mehr und sieht auch keinen Sinn mehr darin, weil letztlich nichts besser wird.

Also ihr habt auch über die Person geredet, wenn sie nicht dabei war?
► Ja, und wir haben mit ihr geredet, auch ich persönlich. Mit Wohlwollen. Am Anfang merkt man das ja gar nicht, dass das ein richtig schlimmer Störer wird. Es läuft ständig irgendwas kreuz und quer und man redet mit den Leuten und versucht Missverständnisse auszuräumen. Irgendwann merkt man, dass es gar keine Missverständnisse sind, dass der gar nicht anders handeln will. Teilweise wollen diese Personen die Regeln grundsätzlich überall ändern, sie wissen alles besser und der größte Teil der Gruppe merkt: Nee, das ist nicht gut irgendwie … Wenn er weg wäre, würde er keinem fehlen. Da gibt es hier bei uns ein gestuftes Verfahren, das auch in der Satzung festgelegt ist, um Leute, die den Vereinszweck stören, auszuschließen. Und diesen Weg sind wir gegangen. Und darüber war ich glücklich. Nicht wegen der Person, sondern weil man gesehen hat, dass die Gemeinschaft wehrhaft ist. Das habe ich in vorherigen Projekten nicht erlebt. Dort wurde aus verschiedensten Gründen der Störer oder die Störerin nicht angegangen. Teilweise ist ein Ausschluss tabuisiert, das ist sowieso ein Grund-

thema bei der Gruppendynamik. Und teilweise haben sie nicht die Kraft gehabt. Das ist auch wieder ein eigenes Thema. Da sehe ich den sekundären »Krankheitsgewinn«: Wenn man krank ist, ist der sekundäre Krankheitsgewinn, dass man nicht zur Arbeit muss und die Freunde kommen und sich kümmern – eigentlich ganz gut so. Ich habe natürlich eine Krankheit, aber ich habe auch einen Gewinn dadurch, der mich eventuell daran hindert, wieder gesund werden zu wollen, wieder arbeiten zu müssen und weniger im Mittelpunkt zu stehen. Das, denke ich, haben diese Störer auch. Und die haben auch die Funktion des Sündenbocks. Es ist natürlich schön, einen Sündenbock zu haben. Und das passt einigen ganz gut in den Kram, wenn es den gibt. Die Störer haben eine Funktion.

Ich finde es mutig von einer Gruppe, jemanden auszuschließen.
▸ Das ist auch ein Risiko für die Initiatoren. Das sind ja meistens Leute aus dem Vorstand oder solche, die ihm angeschlossen sind. Der erste, der sagt, ich möchte, dass der ausgeschlossen wird, der geht ein großes Risiko ein. Wenn einer ausgeschlossen wird, hat das einen unheimlichen Disziplinierungseffekt auf die anderen, die auch gerne mal rumstänkern. Die sehen nämlich, dass man auch rausfliegen kann. Dann überlegen die sich ihr Verhalten zwei- oder dreimal. Wir hatten auch nach diesem Fall nochmal jemanden, dem mitgeteilt wurde, dass er sich überlegen solle, ob er hier und im Verein am richtigen Ort wäre. Und danach war Ruhe. Das ging nur, weil vorher demonstriert wurde, dass wir wehrhaft sind. Dafür braucht man eine starke Führungsmannschaft, die den Mut hat und das Risiko eingeht, auch die Prügel zu beziehen.

Aus wie vielen Personen besteht hier bei euch diese »Führungsmannschaft«?
▸ Das sind sechs, sieben Leute, mehr nicht. Wenn man den Vorstand entfernen würde, würde hier ein Vakuum entstehen. Dann würden alle wieder versuchen, ihre Ideen durchzusetzen. Die Führungsmannschaft bezieht ja Prügel dafür, weil sie auf Regeln

beharrt, die sich bewährt haben, die aber in manchen Situationen unbequem sind.

Gehörst du hier zu dieser »Führungsmannschaft«?

► Ja. Ich habe mich nicht so etabliert, weil ich neu da bin. Dass ich dazugehöre, sehe ich daran, dass ich geholt wurde und ich mit den anderen übereinstimme. In der Schule habe ich auch ein Team, das ich leite. Ich kenne dieses Kümmern und In-die-Zukunft-Blicken. Wo führt das hin, wenn wir das jetzt so handhaben? Was ist in einem halben Jahr oder in einem Jahr? Dieses verantwortliche Handling einer Gemeinschaft – das schaffen nur ganz wenige. Regelmäßig hört man: »Lasst es uns doch einfach mal ausprobieren.« Ein bisschen naiv, finde ich.

Wir brauchen Räume, die uns einladen!

Tanja Corbach

Bildende Künstlerin

■ Ich erinnere mich nicht mehr genau, wie mein Kontakt zu Tanja Corbach zustande kam. Jedenfalls haben wir zunächst gemailt, dann miteinander telefoniert und geskypt. Tanja hat sich für mein Engagement im Thema Wohnprojekte interessiert und ich mich für ihre Arbeit als Künstlerin. Tanjas Menschenbild, ihre Art, wie sie andere in einen kreativen Prozess einbindet und Kunst macht, und wie sie über ihre partizipative Arbeit spricht, haben mich begeistert. Ich habe sie gefragt, ob sie sich ein Interview für dieses Buch vorstellen kann. Am 11. Januar 2018 habe ich sie in Steimel im Westerwald besucht.

* * *

Du hast letztes Jahr ein Projekt in Köln gemacht.

► Ja, Anfang 2017 habe ich für die GAG, eine große Wohnungsbaugesellschaft in Köln, ein Beteiligungsprojekt in Köln-Buchheim mit knapp 100 mitwirkenden Bürgerinnen und Bürgern ausgeführt. Es ging um die Gestaltung der Außenwände einer im Lebensraum sehr präsenten Blockgarage. Vonseiten der GAG gibt es eine große Aufmerksamkeit für die Einbindung der Bewohnerinnen und Bewohner. Sie haben ein großes Bewusstsein dafür, wie wichtig der soziale Aspekt für diese Quartiere ist. Für mich war das Spannende an diesem Projekt, dass es ganz offen angelegt war. Das heißt, es konnten über vier Tage sämtliche Bewohnerinnen und Bewohner daran teilnehmen.

Was genau war dein Auftrag?

► Mit der Gestaltung der Außenwände der Blockgaragen sollte ich ein Beteiligungsprojekt so kreieren und gestalten, dass Menschen mitmachen können und der Lebensraum ansprechender und lebendiger wird.

Hier sind wir schon bei einem Thema, das ich sehr liebe und das mir am Herzen liegt: Wir leben oft in einer Gesellschaft von Gruppierungen. Hier sind die Senioren, da sind die Kinder, hier die Alleinerziehenden, dort Menschen, die aus ihrem Heimatland geflohen sind und so weiter. Überall hat man diese kleinen »Völker«, die sich kaum begegnen. Ich liebes es, wann immer es mir möglich ist, diese »soziale Gettobildung« aufzulösen. In diesem Projekt konnten sich alle Beteiligten in Begegnungen erleben. Jeder konnte kommen und dann am nächsten Tag wieder anderweitig unterwegs sein. Maria Thissen, eine Sozialbetreuerin im Quartier, hatte mich mit drei wunderbaren Kooperationspartnern im sozialen Netzwerk vor Ort in Kontakt gebracht. Diese haben ihre Leute über das Projekt informiert. Das war natürlich toll. Diese Kooperation wurde von allen – dem Familienladen, der Selbsthilfegruppe BuchSe, dem Interkulturellen Cafe – sehr engagiert und zum Wohle des Miteinanders unterstützt.

Mich interessiert, welche Daten du brauchst, um ein Projekt zu entwickeln.

► Der Ort, auch in seiner Infrastruktur und sozialen Architektur, ist für mich wichtig. Welche Menschen leben hier – überwiegend Senioren, junge Familien mit vielen Kleinkindern, Menschen aus den unterschiedlichsten Kulturen? Das Projekt für die GAG »Wir sind hier« war ein Projekt im öffentlichen Raum. Das jeweilige Gebäude in seiner Funktion, wie zum Beispiel eine Schule oder der Eingang in einem Familien- und Nachbarschaftszentrum, spielt natürlich immer eine wichtige Rolle.

Bei dem, was du machst, geht es ja um Kunst, um Schönheit, es geht nicht um Funktion, oder doch?

► Das klingt nach den alten und noch nicht überwundenen Grabenkämpfen um die Definition von Kunst und angewandter Kunst. Ich liebe die Funktionalität in der Kunst. In den kommenden Monaten baue ich mit vielen Menschen einen Drachen auf dem Schulhof einer Schule. Dieser Drache wird gleichzeitig ein bespielbares Element werden. Es gibt einige Wandgestaltungen von mir, die im funktionalen Bereich ihren Platz finden. Im integrativen Kulturhaus Müllestumpe in Bonn habe ich 14 Badezimmern jeweils eine individuelle Aussage gegeben. Man könnte auch in einer Gemeinschaft zum Beispiel einen Fliesenspiegel in einer Küche gemeinsam umsetzen. Wenn sich freudvolle und die Sinne belebende Gestaltung mit der Funktionalität trifft, lebt die Kunst im Leben, im Alltag mit uns.

Auch das Thema Badezimmer finde ich zum Beispiel total spannend. In unserer »Zuvielisation« liefern wir uns im Alltag so vielen visuellen, akustischen, informellen Reizen aus, dass es ganz wichtig für unsere Gesundheit ist, alles wieder abfließen lassen zu können, was man loslassen möchte. Um sich auf mehreren Ebenen zu reinigen, ist das Badezimmer ein wunderbarer Raum.

Wie meinst du das genau?

► Mir geht es mit meiner Raumgestaltung immer wieder um Bewusstsein. Um mir bewusst zu sein, was mich heute gefüllt hat, brauche ich den Rückzug in die Stille. Wir haben momentan in unserer Gesellschaft keine oder wenige kollektive Rituale für den Umgang mit unserem Bewusstsein. Auch für die Balance des Aufnehmens und des Rückzugs gibt es kaum Werkzeug, das wir mit auf den Weg bekommen. In der Anbindung der eigenen Intuition ist es wichtig, Möglichkeiten der Reinigung zu haben. Wie pflege ich meine visuellen und akustischen Eindrücke, die ich über den Tag sammle? Den Raum der Reinigung dafür zu nutzen, ist eine gute Gelegenheit, um zu sagen: »Okay, alles, was ich heute aufgenommen habe und nicht mehr brauche, lasse ich hier mit dem

Duschengehen.« Ich komme wieder bei mir an und sortiere bewusst, was zu mir gehört.

Ein sehr interessantes Konzept. Hast du schon einmal Badezimmer unter diesem Aspekt gestaltet?

▸ Ja. Es fallen mir ganz spontan zwei Badezimmer ein, bei denen ich diese Ebene der Reinigung einfließen lassen konnte. Das eine Badezimmer stellt für mich eine Schlüsselszene für die Beteiligungsprojekte dar. Dadurch, dass ich die Wahrnehmung für den »Raum der Reinigung« formuliert habe, bekam der Entstehungsprozess des Badezimmers eine andere Bedeutung für die Auftraggeber. Und damit bekam auch die Art, wie das Badezimmer entsteht, eine Bedeutung. Es berührt mich, in meinen Beteiligungsprojekten auch der Qualität der Entstehung Raum geben zu können.

Das Konzept der Beteiligung ist ja für mich der Grund, mit dir dieses Interview im Zusammenhang mit gemeinschaftlichen Wohnprojekten zu führen. Üblicherweise werden Kunstobjekte von einem Künstler oder einer Künstlerin hergestellt und die anderen konsumieren das jeweilige Objekt. Du aber bist begeistert davon, gemeinsam mit anderen Kunstobjekte zu machen, auch mit Kindern und in Schulen.

▸ Das Begeisternde liegt für mich in der gestalterischen Gegenwartserfahrung und in der Begegnung, wie auch in dieser Chance des Erschaffens und in der Teilhabe am Erschaffen. Dass jede und jeder, der oder die dabei mitmacht, sich in diesem Augenblick neu und anders erfahren kann. Das erlebe ich immer wieder in meinen Projekten. Auch bei dem Projekt »Wir sind hier« der GAG in Köln-Buchheim habe ich diese Qualität gespürt. Das ist ein Wohnviertel, das gemeinhin als »sozial schwach« bezeichnet wird. Beim Legen des Mosaiks erleben sich Menschen im gegenwärtigen Miteinander in einem Kontext, in dem Bezeichnungen wie diese keine Rolle mehr spielen. Alle Beteiligten bringen ihre Wahrnehmung und Ideen ein und das, was sie lieben und worum es ihnen geht. Alle Beteiligten erleben sich als Lebensgestalterinnen und -gestalter, erfahren sich in ihrer Selbstwirksamkeit und werden dafür

wertgeschätzt. Wenn ich merke, da findet etwas in den Menschen und im Miteinander statt, erlebe ich das schöpferische Wesen der Kunst.
In Grundschulen zu gestalten, erfüllt mich besonders mit Freude. Mit den Kindern passiert ganz viel. Für sie ist die Erfahrung »Wir dürfen an den Wänden arbeiten und machen hier etwas Bleibendes!« etwas Großartiges. In den Pausen höre ich dann, wie sie sich gegenseitig ihre Mosaiksteine zeigen, die sie gelegt haben. Die Erfahrung, die sie machen, ist: Ich habe Einfluss auf mein Lebensumfeld. Dieser Prozess muss nicht pädagogisch wertvoll aufgearbeitet werden. Die Selbstwirksamkeitskräfte werden im Erleben und Handeln aktiviert und die tiefere Ebene bekommt etwas ganz Einfaches. Ich bin keine Pädagogin. Den schöpferischen Raum zu entdecken, innen wie außen, ist ein Wesen meiner Arbeit.

Dir geht es ja auch um das Ergebnis, nicht nur um die Selbsterfahrung der Beteiligten. Wie bringst du das zusammen?
▶ Es gibt natürlich auch Werkzeuge in meiner Arbeit. Das künstlerische Konzept ist an diesem Punkt sehr wichtig.

Du arbeitest intuitiv …
▶ Ja, das auf jeden Fall. Und ich strukturiere die einzelnen Phasen. Zum Beispiel habe ich im Projekt für die GAG beschlossen, mit Sechskantfliesen zu arbeiten. Das ist für mich eine in sich stimmige Form, die mir im Miteinander viel Freiheit gibt. Das Konzept für »Wir sind hier« bildet mit den Sechskantfliesen eine freie Struktur auf den Wänden ab, die an DNA-Ketten erinnert. Die DNA des Miteinanders von Buchheim. Mit den Sechskantfliesen kann ich der Dynamik der wechselnden Gruppengröße, wie auch der Gestaltung der Beteiligten viel Freiheit geben und zulassen. Ich wusste, dass mit diesem Konzept die DNA-Ketten einfach gut aussehen würden. Die Fliesen wurden zuvor mit den Bewohnerinnen und Bewohnern selbst hergestellt. Dieser persönliche Fingerabdruck hat die Identität zusätzlich herausgearbeitet.

Würdest du bitte beschreiben, wie der Ablauf eines solchen Beteiligungsprojekts aussehen kann?

▶ Ich fange zum Beispiel so an, dass ich alle Beteiligten erst einmal Entwürfe zeichnen lasse. Die Bilder hängen wir auf. Das können 40 Bilder und mehr sein. Wir betrachten sie und sprechen über unsere Eindrücke. Ist das ein Thema, das hierhin passt? Was spricht an? Der Input von den Menschen, die mitmachen, die dort leben oder arbeiten, ist mir sehr wichtig und verbindet uns in dieser Phase. Ich spreche in meiner Raumgestaltung auch gerne von Belebern und Beleberinnen der Räume. Ob Schule, Kindergarten, Mehrgenerationenhaus, ob wir dort arbeiten oder unsere Freizeit verbringen – wir verbringen in diesen Räumen einen großen Teil unserer Lebenszeit. Vor diesem Hintergrund liegt mir viel an der Einbindung aller Menschen, die diese Räume beleben. Mit den Entwürfen fahre ich anschließend in mein Atelier und erarbeite daraus einen Entwurf. Himmelsrichtungen und Aspekte, die ich schon genannt hatte, wie zum Beispiel die Frage, wofür das Gebäude Raum gibt, fließen dabei mit ein.

In der zweiten Phase komme ich mit meinem Entwurf wieder und stelle diesen vor. Es gibt die Möglichkeit der Mitsprache, bis der Entwurf ein Guss wird. Diesen arbeite ich in meinem Atelier weiter aus. Es gibt auch Beteiligungsprojekte, die ihre Beteiligung ausschließlich in der Entwurfsphase und der Kommunikation mit mir haben. Zum Beispiel habe ich letztes Jahr die Gestaltung einer Glaswand in einer Kirche in Abstimmung mit der Gemeinde entwickelt. Dieser Entwurf wurde von einem Glaser umgesetzt. Das Miteinander des Dialogs im Entwurf ist auch dort heute zu spüren. Bei der Beteiligung in der Umsetzung gibt es unterschiedliche Möglichkeiten, Phasen so zu strukturieren, dass alle Menschen sich gut einbringen und ihren aktiven Platz finden können.

Ich spreche mitunter von der »Kompetenz der Wahrnehmung«. Gerne hole ich Mitgestalterinnen und Mitgestalter da ins Boot, wo sie sind, und damit habe ich bislang nur gute Erfahrungen gemacht. Ein Projekt in einer Grundschule hieß »Der wachsende Garten«. Die Schülerinnen und Schüler konnten in der Phase der

Fliesenherstellung alles aus Ton formen, was ihnen einfiel. Es sind so wunderschöne Insekten entstanden, die ich mir nie hätte ausdenken können.
Ein weiteres Projekt ist in einer Schule zum Thema »Wasser« entstanden. Die Schülerinnen und Schüler der beiden G-Klassen haben fleißig geformt und gedrückt und die Fliesen sind längst nicht so perfekt geworden, wie man es vielleicht eigentlich erwarten würde, und gerade dieses Unperfekte hat den Charme, den es braucht. Die Rektorin wie die Besucherinnen und Besucher der Schule waren hin und weg von dem ästhetischen Gesamteindruck.

Nach diesem Muster bist du auch bei dem Projekt für die GAG vorgegangen?
▸ Ja. Schon in der Entwurfsbegegnung habe ich gemerkt, wie ausgeprägt die Resonanz auch der Erwachsenen war. Bei der Ausarbeitung des künstlerischen Konzepts habe ich gemerkt: Wenn der Raum der Beteiligung so offen bleibt, brauche ich ein sicheres Konzept, das diese Freiheit zulässt. Wenn ich mit Anmeldungen oder geschlossenen Gruppen arbeite und weiß, ich habe 20 Mitwirkende für vier Tage, dann weiß ich auch, was geleistet werden kann. Wenn ich nicht weiß, ob am Dienstag vielleicht 20 oder vier Menschen dabei sind, dann ist das eine große Unbekannte. Mit dem Konzept der Sechskantfliesen konnte ich diesem offenen Raum gerecht werden. In Köln-Buchheim waren immer mehr Menschen aktiv, als man gedacht hätte. Das war natürlich eine kraftvolle Erfahrung.

Bist du mit dem Ergebnis zufrieden?
▸ Ja. Absolut.

Und der Auftraggeber auch?
▸ Sie haben schon angemeldet, dass sie 2019 vielleicht die nächsten Garagen gestaltet haben wollen.

Bei der Gestaltung der Garagen geht es ja um Verschönerung …
► … und gleichzeitig um die Stärkung der Identifikation der Bewohnerinnen und Bewohner mit ihrem Viertel.

Weil das wiederum eine positive Rückwirkung hat auf das Lebensgefühl und Verhalten der Leute, die dort wohnen?
► Genau. Jeder Mensch identifiziert sich mehr mit seinem Umfeld, wenn er dieses aktiv mitgestaltet hat.
Um diese Erfahrung abzurunden, ist mir immer ein Abschlussfest wichtig. Wir feiern und würdigen, was wir gemeinsam gemacht haben. Auch in Köln-Buchheim haben wir zum Abschluss miteinander gefeiert. Die GAG hat sich engagiert und Zelte aufgestellt. Die Menschen aus den Kooperationseinrichtungen hatten Kuchen mitgebracht.
Auch in den Schulen feiern wir immer. Zum Beispiel in dem Flur, der gestaltet wurde. Dass die Schülerinnen und Schüler dort Stühle und Tische aufstellen und essen, ist für sie etwas Besonderes. Von der Presse kommt ein Journalist und schreibt einen Bericht. Auch das ist für die Raumgestalterinnen und -gestalter eine gute Erfahrung. Dass sie gesehen werden, mit dem, was sie machen, ist eine wertschöpfende Erfahrung.
Bei den kommenden Projekten möchte ich bei diesen Feiern noch mehr miteinander singen und musizieren. Im Moment lerne ich Akkordeon, ob ich dann irgendwann dasitze und spiele und alle singen mit …? Das wäre jedenfalls klasse!
Bei den Vorbesprechungen von »Wir sind hier« hatte ich erzählt: »Teilhabe heißt nicht, dass jede und jeder hier eine Fliese klebt. Ihr könnt auch kommen, wenn ihr mit dem Fliesenkleben nichts zu tun haben wollt, dann bringt eben einen Kuchen mit.« Das hat über die vier Tage sehr gut funktioniert. Es gab jeden Mittag ein warmes Essen. Schon bei der zweiten Vorbesprechung habe ich gedacht, hungern werden wir nie. Natürlich haben das auch die wunderbaren Kooperationspartner wie der Familienladen und die BuchSe initiiert und mitgetragen.

Auf deiner Website habe ich den Satz gelesen: »Kunst als Impuls zur vertrauensvollen Begegnung«. Du musst in diesen Beteiligungsprozessen ja auch vertrauen, dass das etwas wird. Woher nimmst du dieses Vertrauen?
▸ Aus der Sicherheit des künstlerischen Konzepts. Die Phasen der freien Gestaltung aller Beteiligten finden im von mir gesteckten Rahmen statt. Diese Freiheit schenkt allen Zutrauen in das, was sie gerade machen. Auch die Wachheit oder Aufregung durch das besondere Projekt für die beteiligten Menschen trägt zum Gelingen bei.

Zutrauen geschenkt zu bekommen, stimuliert den Selbstwert und das Selbstwertgefühl. Kinder reagieren darauf viel sensibler als Erwachsene.
▸ Ich arbeite oft mit einer Schablone. Das heißt, es wird erst einmal gelegt, ohne dass geklebt wird. In dieser Phase gibt es ein spielerisches Element, ich mag diese Momente sehr gerne. Diese Brücke des Zutrauens, die alle Beteiligten nehmen können, bringt viel Freude und Mut zum Ausprobieren. Wir haben in unserer Gesellschaft oft diesen Perfektionsanspruch, der die Erfahrung und die Erprobung selten zulassen kann. Hier erfahren alle, dass dieses Ausprobieren sehr willkommen ist. Erst wenn alle Beteiligten zu der Arbeit Ja sagen, wird diese weitergeführt.

Wie überträgst du so etwas denn dann?
▸ Das Mosaik wird nicht immer direkt auf die Wand geklebt. Wenn ich zum Beispiel mit Senioren oder kleinen Kindern arbeite, können sie in der Waagerechten auf von mir vorbereiteten Platten arbeiten. Diese Elemente werden später an den Wänden montiert. Diese Methode erlaubt mir gestalterisch mehr Freiheiten. Ich kann gestalterische Elemente entwerfen, die in Höhen von zwei bis vier Metern montiert werden.

Du warst im Dezember 2017 beim Barcamp in der Melanchthon-Akademie in Köln zum Thema »Gemeinschaftlich Bauen und Wohnen« und hast dich dort in verschiedene Gruppen eingebracht. Wie fandst du das?

▸ Ich glaube, dass jede Gemeinschaft ein größeres Ziel braucht, als sich selbst. Und wenn es das nicht gibt und wenn das nicht formuliert ist, dann weiß ich nicht, in welche Richtung gegangen werden soll. Meiner Meinung nach braucht das Wir eine Definition. Beim Barcamp hat mich sehr erstaunt und berührt, dass jede Menge Menschen bereit sind, sich zu treffen und sich unter der Überschrift »Miteinander leben« auszutauschen. Vermisst habe ich den Impuls, für welche Werte man bereit ist, aufzustehen. Was ist mir wichtig? Konkret wurde Organisatorisches behandelt: Wärst du bereit, die Küche zu teilen? etc.

Ich glaube, das Wir braucht auch eine ideelle Überschrift. Für was bin ich bereit, auf Dinge zu verzichten? Ich würde fragen: Welche Bedürfnisse habe ich? Welche Erwartungen habe ich an dieses Miteinander? Und ich würde auch die Frage nach den Werten, die mir wichtig sind, stellen. Zum Beispiel die Frage nach ökologischen Lebensmitteln, dem Umgang mit dem Bedarf von Fleisch oder einer vegetarischen oder veganen Ernährung. Wie gehen wir mit dem Einkauf um? Wer würde zum Beispiel eine Foodcoop wichtig finden? Was wollen wir als Gemeinschaft bewirken? Wollen wir überhaupt etwas als Gemeinschaft bewirken? Gibt es eine Ausrichtung an der Work-Life-Balance oder möchte ich mindestens eine Mahlzeit am Tag gemeinsam erleben? Gibt es Meditationen oder eine gemeinsame Schulung des Bewusstseins? Gibt es ein Motto, das Menschen mit gleicher Gesinnung anzieht? Und dann könnte man schauen: Sind meine Werte deckungsgleich mit den Werten der anderen?

In den Gemeinschaften, in denen ich gelebt habe, war die Arbeit das verbindende Element neben der Idee, ökologisch nachhaltig zu leben. Als junge Frau habe ich auf einem biologisch wirtschaftenden Hof mit acht bis zwölf Erwachsenen und Kindern gelebt. Später habe ich in einer Künstlergemeinschaft mit zehn bis zwölf Erwachsenen und Kindern gearbeitet und gelebt. Ich denke, dass Arbeit ein großes Kraftpotenzial hat, da der Wirtschaftsfaktor einer Gemeinschaft natürlich auch eine zentrale Frage im Selbstverständnis bedeutet. Es waren kraftvolle Erfahrungen, die mich anders herausgefordert haben, als mit mir alleine zu leben. Heute lebe ich mit meinem Mann und acht Erwachsenen in einer losen Gemeinschaft in vier Häusern. Die Kinder sind in der Welt unterwegs, und die Verbundenheit der Generationen im Alltag ist gerade ein Thema für uns.

Ich würde gerne noch einen Satz von deiner Internetseite zitieren: »Wir brauchen Räume, in denen wir von innen heraus erblühen.« Was meinst du damit?

▶ Wenn ich zu Projekten fahre, dann sehe ich die Kinder, die zur Schule fahren, an den Bushaltestellen stehen und wie sie so in der Dunkelheit im Winter in diese Schulen sollen. Morgens um halb acht oder acht müssen sie dann irgendwie Mathe oder Biologie denken. Ich kenne kaum einen Menschen, weder auf der Lehrer- noch auf der Schülerseite, der sagt: »Ich finde das so toll, morgens um acht in der Schule Mathe zu machen.« Ich selber kann mich erinnern, dass ich das als eine Zumutung empfand, morgens unter diesen Neonröhren zu sitzen und dabei aufnahmefähig sein zu sollen. Das ging gar nicht. Ich glaube, alle ersten Stunden in meinem ganzen Schulleben konnte ich inhaltlich total vergessen. Ich wollte gar nicht da sein, wo ich war. Wir brauchen Räume, in denen wir gerne anwesend sind und sein wollen. Zeit-Räume wie konkrete gebaute Räume brauchen wir, um wach anwesend sein zu wollen. Das Wort »Eutonie«, Wohlspannung, beschreibt diese Balance sehr gut. Ich bin in einer angenehmen körperlichen Spannung da. Es geht nicht um nur Entspannung oder Stress. Es geht mir darum, in einer angenehmen Präsenz da sein zu wollen. Und dafür brauchen wir Räume, die uns dazu einladen. Ich lade die Sinne eines jeden Menschen dazu ein, gegenwärtig zu sein. Ist diese Basis geschaffen, sind wir mit unserer Intuition verbunden, es fällt uns leicht, wach und klar zu sein.

Zum Beispiel gibt es in einer mit Mosaiken gestalteten Schule Überraschungsmomente, wenn du um die Ecke kommst und nicht damit rechnest, dass dort eine Mosaikinstallation ist ... Plötzlich weckt die Überraschung deine Aufmerksamkeit. So etwas meine ich damit. Auch mit der Ungewöhnlichkeit, die Sinne zu verführen. Zu sagen: »Ah! Ich komme in die Gegenwart.« Auch staunen zu können, hat etwas Verspieltes, das wir uns als Erwachsene gut bewahren und pflegen sollten. Bei all diesen Aspekten ist mir eine klare Formensprache wichtig.

Wie gerne ist der Mensch an dem Ort, an dem er gerade ist? Ankommen zu können, ist für uns auch mit den neuen Techniken der elektronischen Kommunikation eine große und tägliche Übung und Bewusstseinsschulung. Ich bin jetzt hier! Ebenso liegt mir daran, den Charakter eines Raumes herauszubilden. Ich weiß, zum Beispiel, dass ich gerade in einem Mehrgenerationenhaus bin. Dieser Raum hat etwas Besonderes, und ich assoziiere ganz bestimmte Bilder mit diesem Raum. Es findet eine Verortung durch Bilder, Gerüche, Begegnungen und das Gefühl im Raum statt.

Vertrauen spielt eine große Rolle

Uli und Christel Binder

Initiatoren des Gemeinschaftlichen Wohnprojekts ALTERnatives Wohnen Erftstadt e. V.

■ Im Sportstudio oder beim Friseur in Erftstadt, wo ich derzeit wohne, hörte ich immer wieder, wie sich Leute darüber unterhielten, dass Bekannte in ein Wohnprojekt gezogen waren oder dort eine Wohnung gekauft hatten. 2016 erfuhr ich durch einen Vortrag von Uli Binder vom Projekt ALTERnatives Wohnen, das er als Architekt zusammen mit anderen in Erftstadt-Lechenich realisiert hatte. Es ist ein Eigentümerprojekt für Ältere, die sich zusammengetan haben, um gemeinsam gute Bedingungen für das Älterwerden zu schaffen. Nachdem ich Uli und Christel Binder ein Jahr später bei einer Veranstaltung des Wohnprojekts 55plus in Brühl kennengelernt hatte, wo sie von ihren Erfahrungen des Zusammenlebens berichteten, bat ich sie um ein Interview. Sie haben zugesagt und am 18. August 2017 habe ich sie schließlich in ihrer Wohnung im Wohnprojekt in Erftstadt-Lechenich besucht.

* * *

Vor Kurzem habe ich die Projektentwicklerin Lisa Hugger interviewt. Sie kennen sich, oder?

▸ U. B.: Frau Hugger hat auch bei uns als Geburtshelferin mitgewirkt. Sie hat damals – vor elf Jahren – beim Ministerium in Düsseldorf einen Antrag gestellt, damit wir einen Etat zur Verfügung gestellt bekommen, um mit ihrer Unterstützung das Konzept entwickeln zu können.

In welcher Phase war das? Waren Sie damals schon eine Gruppe?

► U. B.: Im Prinzip schon. Es gab zumindest schon eine Interessentengruppe. Wir hatten damals dieses Grundstück in Liblar hier in Erfstadt im Blick – das war unser Einstieg. Wir hatten Kontakt zu der Eigentümerin aufgenommen und versucht, das Grundstück zu erwerben, was am Ende aber nicht geklappt hat. Ich hatte zu der Zeit auch schon einen Plan entwickelt, einen ersten Entwurf, und auf dieser Basis hat sich die Gruppe getroffen.

Sie – als Architekt – sind der Initiator des Projekts. Und Sie, als seine Frau …

► Ch. B.: … ich unterstütze und ich lebe das jetzt. Er ist der Ideengeber. Ich war insofern immer aktiv dabei, als ich immer fürs Praktische bin. Mein Mann ist der Ideengeber gewesen und in der Umsetzung war dann ich gefragt.

Was war Ihr Impuls für dieses Wohnprojekt?

► Ch. B.: Der erste Impuls war, dass wir etwas mit Freunden zusammen machen wollten.

► U. B.: Wir hatten uns schon lange mit dem Thema beschäftigt, aus verschiedenen Aspekten heraus. Wohnen und Leben im Alter war immer schon ein Thema gewesen. Und das hat sich vor ungefähr 15 Jahren konkretisiert. Meine erste Begegnung mit dem Thema hatte ich schon mit 35, im Büro in Leverkusen, in dem ich damals gearbeitet habe. Da hatten wir immer wieder auch mit Projekten für Ältere zu tun, haben etwa Altenheime entworfen, und dabei haben wir die unterschiedlichen Ziele der Investoren und der künftigen Bewohner kennengelernt: Hier sollte gespart werden und dort ein würdiges Leben stattfinden können. Da gibt es natürlich Diskrepanzen. Ich hatte mich damals auch immer mit gesellschaftlichen Randgruppen beschäftigt und die Alten gehörten damals durchaus zu diesen Randgruppen. Ich bezeichne mich immer noch als Alt-68er, der damals sozialisiert und politisiert wurde, als wir die Augen und Ohren offen hatten, gerade für solche Randgruppen.

Wir haben damals ja auch gelernt, wie Selbstermächtigung geht und dass man loslegen kann …
▸ U. B.: … nicht zu warten, bis von oben etwas getan wird. Aus meiner Biografie ist das schon ein Stück weit abzulesen. Diese Haltung mündete in verschiedene Projekte, und das hier ist jetzt das letzte. Es war schon ein großer Kraftakt, das alles auf die Beine zu stellen, und jetzt ist es – denke ich – gut.

Seit wann wohnen Sie jetzt hier?
▸ Ch. B.: Seit fünf Jahren, am 3. Oktober 2012 war die Eröffnung.

Wie viele Wohnungen gibt es hier im Haus?
▸ U. B.: 14.

Und wie viele Menschen wohnen hier?
▸ U. B.: 21.

In welcher Altersspanne?
▸ U. B.: Von Ende 50 bis 94.

Und die Aufteilung Paare und Alleinlebende?
▸ Ch. B.: Halb-halb.

Wie ist denn die Konstellation, was Eigentümer und Mieter angeht?
▸ U. B.: Auch etwa halb-halb. Fast die Hälfte sind Investoren, die nicht selber einziehen wollen, sondern vermieten.

Wie haben Sie das geregelt? Da gibt es doch ganz unterschiedliche Interessen?
▸ U. B.: Ja, da gab es viele Diskussionen im Vorfeld. Diese Sache, dass relativ viele vermietende Investoren als Eigentümer da sind, hängt mit dem Bauträger zusammen und damit, dass dieses Haus

damals das erste Projekt war. Als wir wussten, dass wir hier auf dem Grundstück etwas machen können, haben wir das gegenüber den Interessenten im Verein kommuniziert. Es stand eine preisliche Vorstellung im Raum, es stand der Ort im Raum und es stand eine mögliche Architektur im Raum …

… darf ich mal kurz unterbrechen? Wie war das? Hat der Bauträger Sie als Architekt engagiert oder war klar, dass, wenn die Gruppe das Grundstück nimmt, Sie der Architekt sein würden?
▸ U. B.: Da ich schon über Jahre eine vertrauensvolle Beziehung zu dem Bauträger hatte, war von Anfang an klar, dass es diese Zusammenarbeit geben würde. Von daher war klar, dass wir die Planung machen und die wesentlichen Gruppenmitglieder finden können. Bei den Vereinsmitgliedern, die sich ja auch schon über viele Jahre getroffen hatten und immer wieder enttäuscht worden waren, weil sich wieder mal etwas mit einem Grundstück zerschlagen hatte, gab es dann sehr viel Interesse und große Begeisterung. Dann haben sich einige sehr schnell entschlossen zu kaufen und es gab einige, die unentschieden waren, und einige, die nicht kaufen, sondern mieten wollten.

Wie sind Sie damit umgegangen, dass einige dabei sein, aber nicht kaufen wollten? War dann sofort klar, dass jemand gefunden wird, der die Wohnung kauft und an sie vermietet?
▸ U. B.: Ja. Das war immer ein Aspekt, dass wir gesagt haben: Es gibt auf alle Fälle diese Option. Es hat sich mittlerweile herausgestellt, dass das sehr gut funktioniert. Wenn es so gewesen wäre, dass alle Wohnungen von Interessenten gekauft worden wären, hätten diejenigen, die nur mieten wollten, vermutlich schlechtere Karten gehabt und sie hätten auf eine andere Gelegenheit warten müssen.
Der Bauträger wusste natürlich auch nicht genau, wie die Situation hier sein würde. So ein Projekt ist ja Neuland. Wir haben zum Beispiel durch die Gemeinschaftsflächen, die mitfinanziert werden müssen, eine etwas andere Konstellation als bei einem übli-

chen Haus mit Eigentumswohnungen. Der Bauträger wurde dann etwas unsicher, weil eben einige aus der Gruppe sich nicht entscheiden konnten. Aber es gab andere Leute, die von dem Projekt gehört hatten und wussten, bei diesem Standort kann man eigentlich nichts falsch machen. Und dann hat der Bauträger an Investoren verkauft. Das ging damals sehr schnell. Innerhalb von 14 Tagen waren die Kaufverträge fertig.

► Ch. B.: Uns war das gar nicht so lieb, dass so viele Investoren Wohnungen gekauft haben. Denen hat man auch gesagt: »Also, liebe Leute, unser Konzept ist, dass das unsere letzte Bleibe ist und man aus seiner Wohnung nur dann raus muss, wenn man sich selbst eine Gefahr ist, sonst kann man hier die letzten Tage seines Lebens verbringen. Und ihr, die ihr jetzt investiert habt, müsst euch darauf einlassen, dass ihr, wenn ihr selbst einziehen wollt, euren Mieter nicht rausschmeißen könnt, sondern dass sie das Recht haben, bis zum letzten Tag in ihrer Wohnung zu bleiben.«

Haben Sie das vertraglich geregelt?

► U. B.: Ja, durch einen Kooperationsvertrag. Wir haben ein Papier aufgesetzt, in dem das Verhältnis zwischen dem Verein und den Mietern und Mieterinnen sowie den Eigentümern festgeschrieben ist. Darin steht, dass der Verein, wenn jemand aus seiner Wohnung rausgeht, die Nachfolger mit auswählen kann. Wir haben eine Warteliste und wenn eine Wohnung frei wird, können wir darauf zurückgreifen. Ein ganz wichtiger Punkt ist der, dass jemand, der hier wohnt, wie meine Frau sagte, hier bleiben kann, solange er möchte, und nicht, beispielsweise wegen Eigenbedarf, gekündigt werden kann. Das haben wir in die Kooperationsvereinbarungen aufgenommen, wissend, dass es vermutlich juristisch ein nicht ganz scharfes Schwert ist. Das ist mehr auf einer moralisch-ethischen Ebene angesiedelt. Wir haben mit allen Investoren im Vorfeld sehr offen und deutlich darüber gesprochen. Alle sollten das eigentlich wissen. Wie gut es dann funktioniert, wenn es einmal ernst wird, das können wir jetzt noch nicht abschätzen.

Es gibt in Ihrem Konstrukt also den Verein, die Mieter und Mieterinnen, die Investoren und die Eigentümer, die auch hier wohnen. Sind denn alle, also auch die Investoren, Vereinsmitglieder?
▸ U. B.: Es ist zumindest gewünscht. Die meisten sind es auch, bis auf ein oder zwei, glaube ich.

Mir scheint, Sie kommen hier ganz gut klar mit dieser Mischung aus Mietern und Eigentümern.
▸ Ch. B.: Ja. Es macht keinen Unterschied im Haus, ob jemand Mieter oder Eigentümer ist.
▸ U. B.: Die Situation ist jetzt so, wie sie ist, und es funktioniert. Die investierenden Eigentümer sind mit im Boot. Es gibt ja die verschiedenen Gremien, wie die Eigentümerversammlung und die Hausverwaltung auf der juristischen Ebene. Außerdem haben wir die Hausversammlung der Hausgemeinschaft, bei der nur die dabei sind, die im Haus wohnen.

Was ist mit den Mieten, sind die alle gleich?
▸ U. B.: Die sind gleich. Dazu haben sich die vermietenden Eigentümer in den 14 Tagen, in denen sich die Kaufverhandlungen damals abgespielt haben, getroffen und ausgemacht, wie sie sicherstellen, dass es keine Mietpreisunterschiede im Haus gibt.

Wer hat die Entscheidungen getroffen, wie die Wohnungen baulich gestaltet werden, die Mieter oder die Eigentümer?
▸ Ch. B.: Da kommt etwas Entscheidendes hinzu, das wahrscheinlich einmalig ist und mit meinem Mann zusammenhängt: Als die Gruppe derer, die von unserem Verein einziehen wollten, feststand, hat mein Mann die Leute befragt und Sonderwünsche aufgenommen.

Sonderwünsche der Eigentümer …
▸ U. B.: … der Käufer, die einziehen wollten, aber auch der Mieter, wenn sie schon bekannt waren. Damals standen etwa 75 Prozent der Leute fest.

Also mussten Sie noch Leute suchen, die hier mieten wollten …
▸ Ch. B.: … und die dann auch von außen kamen.

Es interessiert mich, wie das mit den Vereinsmitgliedern war. Ich habe die Zahl 40 im Kopf. Wieso wollten denn nur so wenige davon einziehen?
▸ U. B.: Zu dieser Zeit hatte der Verein 40 oder 50 Mitglieder. Die wollten nicht alle hier wohnen. Eine ganze Reihe war dabei, die die Thematik interessierte …
▸ Ch. B.: … die sich selbst aber noch zu jung fanden …
▸ U. B.:. … die fanden das gut, und wollten uns unterstützen soweit sie konnten, aber sie wollten nicht selbst einziehen. Als feststand, was hier an Wohnungen eingerichtet werden kann, und klar war, wie das Konstrukt zwischen Eigentümern, Mietern und Investoren aussehen würde, war es in der Tat so, dass drei, vier Wohnungen noch nicht belegt waren.

Die waren dann aber schnell belegt, oder?
▸ Ch. B.: Ja.

Wenn ich Ihnen zuhöre, finde ich es sehr mutig, was Sie sich da getraut haben. Da sind so viele unterschiedliche Interessen im Spiel. Was glauben Sie, wieso es funktioniert hat? Was war aus Ihrer Sicht das wichtigste Kriterium?
▸ U. B.: Aus meiner Sicht war das Wichtigste, dass dieses Thema damals auf fruchtbaren Boden gefallen ist. Wohnen im Alter unter dem Oberbegriff »Gemeinschaftliches Wohnen« war damals plötzlich ein Thema. Als wir vor elf, zwölf Jahren eine Versammlung in der Volkshochschule hatten, haben unsere Ansprechpartner dort erzählt, dass sie ein oder zwei Jahre zuvor zum selben Thema eingeladen hatten, und da waren zehn oder elf Leute da gewesen. Als wir es dann gemacht haben, war der Raum brechend voll, es waren 80 oder 90 Leute da. Das war die Initialzündung.
▸ Ch. B.: Das hatte auch etwas mit uns beiden zu tun. Mein Mann hatte hier schon einmal mit Freunden ein »Schaufenster« ins Leben

gerufen, eine kleine Galerie als Treffpunkt für Kunst- und Kulturinteressierte, und ich hatte den ersten Elterninitiativ-Kindergarten. Die Eltern, die ihre Kinder in meinen Kindergarten brachten, kannten mich, die Leute, die zum »Schaufenster« gingen, kannten ihn und uns, und das war natürlich auch ein Kriterium.
▸ U. B.: Die Personen, die uns aus früheren Initiativen kannten, waren ja mittlerweile auch alle in dem Alter, in dem man beginnt, sich Gedanken darüber zu machen, wie es im Alter sein wird.

Das klingt, als wäre Vertrauen in Sie beide dagewesen. Ich glaube ja, dass dort, wo es um Gemeinschaft geht, Vertrauen eine ganz große Rolle spielt. Würden Sie dem zustimmen?
▸ Ch. B.: Ja, und auch das Wesen meines Mannes …
▸ U. B.: Ich denke, das war der entscheidende Punkt: dass sich daraus eine Gruppe entwickelt hat, die sich regelmäßig getroffen, sich noch besser kennengelernt und im Lauf der Jahre auch vieles miteinander unternommen hat. Da war eine Basis. Und es hat sich herausgestellt, dass es eine tragfähige Basis war.

Wie oft haben Sie sich getroffen?
▸ Ch. B.:Anfänglich jeden zweiten Monat.
▸ U. B.: Dann monatlich, als es konkreter wurde.

Und wo haben Sie sich getroffen?
▸ U. B.: Zunächst waren wir im Rathaus von Liblar. Und dann sind wir durch die Hinterzimmer von Kneipen hier in Erftstadt gepilgert.

Haben Sie auf dem langen Weg institutionelle Unterstützung bekommen?
▸ U. B.: Wir haben die Möglichkeit gehabt, mit der Gruppe in den Ratssaal zu gehen, und ideelle Unterstützung war durchaus vorhanden. Wir haben auch gute Gespräche geführt mit der Stadtverwaltung, aber was Grundstücke angeht, da hat auf dem Weg nie etwas funktioniert, das war immer nur auf privater Ebene.

Jetzt springe ich mal in die Gegenwart. Am meisten interessiert mich, wie es hier im Haus mit der Gemeinschaft läuft.

▶ Ch. B.: Nach anfänglichen kleineren und größeren Schwierigkeiten ganz gut. Es hat schon auch einmal geknallt. Wir haben uns manches Mal gefragt, ob wir eine Mediatorin holen, aber das wollte dann auch keiner. Aber grundsätzlich funktioniert die Gemeinschaft, sind wir füreinander da.

Vorgestern zum Beispiel ging nachts um vier das Telefon. Ich ging dran, jemand von unten sagte: »Frau K. liegt auf dem Boden.« Das ist die älteste Dame hier aus dem Hause, die manchmal hinfällt. Also: Morgenrock an, runter, wo schon eine weitere Nachbarin stand, die unter dieser Dame wohnt und gehört hat, dass sie ruft. Sie hat dann bei der Nachbarin, die unmittelbar neben ihr wohnt, geläutet und die sagte wiederum: »Ich habe ja keinen Schlüssel, Binder hat den Schlüssel.« Binder geht also runter und sammelt die alte Dame wieder auf. Was bedeutet, dass ich jetzt wieder dauernd mit ihr beschäftigt bin und gucke, hat sie alles und so weiter und so fort …

Haben Sie den Schlüssel von allen Wohnungen?

▶ Ch. B.: Im Haus existiert eine Liste, da steht drauf, wer wessen Schlüssel hat. Und wenn jemand einmal nicht im Hause ist, der den Schlüssel einer anderen Wohnung hat, dann kann man gucken, wer den Schlüssel von dieser Wohnung hat. Jeder hat die Liste, und so funktioniert es wunderbar. Und es gibt einen im Hause, der dieser alten Dame jeden Morgen ihr Müsli bringt.

Würden Sie sagen, dass das mit dem gegenseitigen Helfen läuft?

▶ Ch. B.: Ja, das läuft. Und jeder hier im Hause tut irgendwas für die Gemeinschaft. Jeder. Bis auf die alte Dame, die nicht kann. Und dann haben wir noch eine andere alte Dame, die hier einen Schlaganfall hatte, und zunächst merkte das keiner. Das hat uns einen Schock versetzt. Die Dame nebenan hatte sich gewundert, dass der Fernseher so lange läuft, und nichts unternommen. Das haben wir dann zum Thema gemacht. Alles, was uns verwundert, dem müssen wir nachgehen, zum Beispiel indem wir schauen, ob morgens die Läden hochgehen. Das hat uns weitergebracht. Und diese alte Dame lebt da unten jetzt gemeinsam mit einer Pflegerin.

Die Wohnung ist so konzipiert, dass das geht?

▸ Ch. B.: Nein, überhaupt nicht, das ist die kleinste Wohnung im ganzen Haus. Aber hier unten hatte mein Mann ein Einzimmerapartment eingeplant. Die Kinder der alten Dame, die gucken mussten, wie sie ihre Mutter versorgen, haben gedacht, da könnte die Hilfskraft einziehen. Dieses Einzimmerapartment liegt neben dem Gemeinschaftsraum.

Und wem gehört dieses Apartment?

▸ Ch. B.: Das gehört dem Verein. Und weil die alte Dame ja in der kleinsten Wohnung lebt, haben ihre Kinder erwogen, für die Hilfskraft dieses Apartment zu mieten, das bislang als Gästewohnung genutzt wird. Wir überlegen jetzt gemeinsam, wie dieses Apartment genutzt werden soll, wenn in absehbarer Zeit mehrere Bewohner Unterstützung brauchen.

▸ U. B.: Ich finde, das ist ein wichtiger Aspekt, weil er schon im ursprünglichen Konzept enthalten ist. Wir ahnen ja, was so auf uns zukommt in Sachen Älterwerden und Pflege. Die Tendenz ist eindeutig so, dass man für sich selber wird sorgen müssen. Die staatliche Fürsorge wird reduziert und der Einzelne stärker belastet werden. Darauf zu reagieren ist der Hintergrund für das Einliegerapartment. Wir haben nicht gedacht, dass wir uns so schnell mit dem Thema beschäftigen müssen. Aber jetzt müssen wir sehen, wie wir die Hilfe organisieren. Es geht dabei auch um die Selbstbestimmung, um Würde, und darum, dass die Menschen hierbleiben können ohne Angst und mit einer Versorgungssicherheit.

▸ Ch. B.: Und auch darum, dass die Einzelnen, wie ich zum Beispiel, nicht so stark eingebunden werden, dass es über ihre Kräfte geht. Ich müsste in diesem Moment eigentlich schon wieder unten sein und der alten Dame das Essen, das gekommen ist, vorlegen.

Das machen Sie sozusagen als Nachbarschaftshilfe.
▶ Ch. B.: Ja, das mache ich als Nachbarschaftshilfe. Und ich ziehe sie manchmal auch aus …
▶ U. B.: Das ist eben der Punkt: Wir haben in den letzten Wochen und Monaten festgestellt, dass wir da an unsere Grenzen kommen. Wir haben damals gesagt, dass die gegenseitige Hilfe dort endet, wo professionelle Hilfe erforderlich ist. Da hat man eine Linie, aber wie das dann im täglichen Leben ist, stellt sich erst mit der Zeit raus. Die Pflegedienste sind zum Teil schon hier im Haus und bringen Essen, stellen das Frühstück hin oder helfen beim Duschen.

Wie wird das mit den Pflegediensten gehandhabt? Organisiert das jede Einzelne für sich selbst?
▶ U. B.: So ist es. Wir legen aber auch Wert darauf, zusammen mit den Familien, den Angehörigen ein so dichtes Netz zu spannen, dass niemand durchfällt. Wir haben gerade mit zwei Pflegediensten Gespräche geführt, um herauszufinden, wie man kooperieren könnte und welche Anregungen sie vielleicht haben. Beide fanden es wunderbar, dass wir da unten dieses Apartment haben. Im Moment ist unsere Vorstellung, dass wir jemanden finden, der hier wohnt, als Teil der Hausgemeinschaft, und den Alten hilft.
Bei den älteren Menschen verschwimmt mitunter der Tagesablauf, die Struktur geht verloren. Darauf wollen wir, soweit es möglich ist, eine Antwort geben. Das könnte eben so aussehen, dass jemand hier wohnt, also rund um die Uhr da ist, aber natürlich nicht für alles verantwortlich. Die Vorstellung wäre, dass die Person zum Beispiel vormittags mit den Leuten frühstückt, sodass niemand allein vor sich hinmümmelt, und dann auch guckt, wie sieht es in den Schränken aus, wie sieht es auf dem Boden aus, was macht die Küche? Und dann vielleicht beim nächsten Menschen reinschaut. Also empathische Zuwendung gibt.

Wie kann das finanziert werden?
▶ U. B.: Das wird natürlich kosten. Dafür haben wir noch keine Lösung. Es gibt verschiedene Vorstellungen. Meine Vorstellung ist

die, dass man das gemeinsam, solidarisch finanziert, indem eine bestimmte Summe zur Verfügung gestellt wird, die für alle, die hier wohnen, verwendet werden kann. Ich finde, es ist wichtig, dass es allen Bewohnern gut geht – am Geld sollte das nicht scheitern. Aber daran werden wir arbeiten. Das wurde so von mir in den Raum geworfen, aber noch ist das nicht spruchreif.
► Ch. B.: Ich stelle es mir so vor, dass eine Kraft mehrere Bewohner betreut. Wenn ich als Bewohnerin eine Pflegerin bräuchte, die mich unterstützt, dann müsste ich auch monatlich mehr als einen Tausender auf den Tisch legen.
► U. B.: Das Teilen der Leistungen und der Kosten ist da sicher ein guter Ansatz.

Da haben Sie mit dem Apartment gut vorgesorgt.
► U. B.: Ja, die Möglichkeiten sind da. Über die Umsetzung müssen wir uns jetzt gemeinsam Gedanken machen.
Ich hatte mich im Vorfeld viel mit anderen Projekten beschäftigt, viel über andere Gemeinschaften gelesen und so erfahren, wie es bei denen gelaufen ist, woran sie gescheitert sind oder warum sie erfolgreich waren. Ich konnte mir gut vorstellen, wie es funktioniert, und auf dieser Basis habe ich die Gebäude entworfen. So, dass sie eine Möglichkeit bieten, dass darin etwas entsteht und sich entwickeln kann.
Ich bin einer, der gerne die Prozesse abwartet, die sich ergeben, und das ist jetzt auch hier das Spannende. Mir war klar, dass dieses Wohnen eigentlich etwas ganz Normales ist – aber gleichzeitig ist es etwas ganz Außergewöhnliches. Ich denke, anfangs konnte sich keiner so richtig etwas darunter vorstellen. Und jetzt stellen viele fest, was das für eine Qualität – eine Wohn- und Lebensqualität – hat, in so einer Gemeinschaft zu leben und sich einzubringen und wahrgenommen zu werden. Das ist der politisch-gesellschaftliche Hintergrund: ein Gemeinschaftsmodell der Entsolidarisierung, der Atomisierung der Gesellschaft entgegenzustellen, einen solidarischen Ansatz zu verfolgen, Empathie zu entwickeln, andere wahrzunehmen und aufeinander zuzugehen.

Haben Sie gemeinschaftsbildende Workshops gemacht?
► U. B.: Wir hatten damals mit Frau Hugger einen Workshop mit zwei Schwerpunktthemen veranstaltet: Es ging zum einen um das Bauliche und zum anderen um das Miteinander. Das ist natürlich ein schwieriges Thema. Fast alle kamen aus Einfamilienhäusern, hatten also ihre eigene kleine Welt und ihre Familien. Aus so einem Umfeld in die Gemeinschaft zu gehen, ist ja schon ein großer Schritt – und ein schwieriger Prozess. Den kann man sich zwar theoretisch vorstellen, aber als wir gemeinsam ganz praktisch überlegt haben, wer was einbringen kann, sind die Vorstellungen doch sehr auseinandergegangen.
► Ch. B.: Die Wirklichkeit sieht immer ein wenig anders aus.
► U. B.: Mitunter ist das schwierig, weil natürlich nicht alle Menschen geeignet sind, sich auf so ein Konstrukt einzulassen und in einem gemeinschaftlichen Wohnprojekt zu leben.

Aber wer entscheidet das, wer sagt: Du bist geeignet und du nicht?
► U. B.: Das kann man nur selber entscheiden. Wir haben schon versucht, uns das im Vorfeld zu überlegen, aber dieses Projekt ist eben von der planerischen Seite aus initiiert worden und nicht von der sozialpsychologischen.

Was machen Sie gemeinschaftlich zusammen?
► Ch. B.: Wir wollten, dass sich Gruppen finden, die für die Gemeinschaftsbereiche verantwortlich sind und das Ganze in die Hand nehmen. Das betrifft den Garten, den Gemeinschaftsraum und das kleine Apartment. Also gibt es drei Gruppen, die sich jeweils für ihren Bereich zusammenfinden. Außerdem haben wir mittwochs eine Spielerunde, die aber nur von wenigen wahrgenommen wird. Es gibt mittlerweile eine Skatrunde und es gibt sechs Leute, die noch andere Spiele spielen, wie Scrabble, Rommé und Bingo, was wir eben so haben. Montags und mittwochs wird gemeinsam gekocht und gegessen.
► U. B.: Nicht alle vom Hause nehmen daran teil, sondern nur so sechs bis acht Personen.

Nehmen Sie daran teil?

► Ch. B.: Ja. Ich hatte eine Putzhilfe, die erzählte, sie hätte mal für Kinder gekocht, und dann habe ich sie gefragt, ob sie sich das auch für uns vorstellen könne. So habe ich das mit ihr auf den Weg gebracht. Mittlerweile gibt es das schon seit zwei Jahren. Letztes Jahr wurde es mir etwas zu viel, aber ich habe jemanden im Haus gefunden, der diesen Part von mir übernommen hat und mit der Köchin die Pläne macht und einkauft. Es wird vorher besprochen, was es gibt und was wir haben möchten und wie wir es haben möchten.

Könnte man auch mitkochen?

► Ch. B.: Man könnte auch mitkochen. Wenn unsere Köchin im Urlaub ist, fragen wir herum, wer das Kochen übernehmen möchte. Es gibt zum Beispiel einen Herrn hier im Haus, der uns dann eine Suppe kocht und einen Nachtisch macht.

Und wie machen Sie das mit dem Geld?

► Ch. B.: Das ist immer ein bestimmter Betrag, über den auch Buch geführt wird, mit dem die Köchin bezahlt wird und auch der Einkauf. Dieser Betrag ist über die Jahre gleich geblieben, wir mussten noch nicht aufstocken.

Wie hoch ist dieser Betrag?

► Ch. B.: 7,50 Euro. Aber ich sage Ihnen, da gibt's zum Essen nicht nur Wasser, da gibt es auch ein Schlückchen Wein.

Und man muss hinterher auch nicht spülen …

► Ch. B.: Nein, wir setzen uns an den gedeckten Tisch und stehen hinterher auf.

Würden Sie sagen, dass der Gemeinschaftsraum gut genutzt wird?

► Ch. B.: Ja. Wir veranstalten auch Ausstellungen und Lesungen. Und wir essen immer darin.

► U. B.: Aber ich stelle ihn mir auch als Verbindung nach außen vor, deshalb ist er auch unten im Haus an zentraler Stelle, das finde ich wichtig. Das ist auch in der Hausgemeinschaft immer wieder ein Thema. Es gibt natürlich Menschen, die mehr Ängste und Bedenken haben, und andere, so wie wir, die eher offen sind. Deshalb ist auch meine Architektur eher offen.

Ja, ich habe viel Glas gesehen. Das ist für diese Breiten im Parterre eher ungewöhnlich.
► U. B.: Mit der Architektur und den verschiedenen Veranstaltungen für die ganze Bevölkerung haben wir eine gute Lösung gefunden, uns nicht abzuschotten, sondern ein Akteur im Quartier zu sein.

Mich interessiert noch, wie Sie das mit der Finanzierung der Gemeinschaftsflächen geregelt haben.
► U. B.: Das ist eine Bruchteilsgemeinschaft, das heißt, jeder Eigentümer hat einen bestimmten Bruchteil vom Gemeinschaftsraum gezahlt, entsprechend seiner Wohnfläche.
► Ch. B.: Wir haben ja eine Hausverwaltung, und jeden Monat hat man für die Gemeinschaftsräume einen bestimmten Teil zusätzlich zu zahlen, für den Unterhalt, für den Strom, das Wasser und die Reinigung.

Das zahlt jeder Bewohner, also auch die Mieter?
► U. B.: Genau. Das wird vom Eigentümer auf die Miete umgelegt.

Darf ich Sie nach dem Quadratmeterpreis fragen, den Sie hier bezahlt haben?
► U. B.: Im Schnitt waren es 2.500 Euro pro Quadratmeter. Da ist der Anteil an den Gemeinschaftsflächen mit drin.

Und was zahlen die Mieter pro Quadratmeter?
► U. B.: Zehn Euro. Da kommen die Nebenkosten noch hinzu, aber die sind relativ gering.

Haben Sie besonders ökologisch gebaut?

▶ U. B.: Nein, das kann ich nicht behaupten. Wir haben gemacht, was nach der Energieeinsparverordnung notwendig ist. Eine Wärmepumpe auf dem Dach und eine Gas-Brennwert-Therme – das ist inzwischen Standard.

Würden Sie mit demselben Bauträger noch mal bauen?

▶ U. B.: Wir haben insgesamt drei Gebäude zusammen gebaut. Das hier war das erste, anschließend haben wir noch zwei weitere Gebäude gebaut, mit demselben Konzept und derselben Konstellation.

Das heißt: derselbe Verein, derselbe Architekt und derselbe Bauträger. Wollen Sie noch ein weiteres Projekt umsetzen?

▶ U. B.: Nicht unbedingt. Ich selber würde mich nicht mehr groß engagieren, vielleicht noch etwas am Rande. Vielleicht, wenn wir noch einmal einen guten Standort finden, aber das ist derzeit nicht absehbar, es gibt keine konkreten Überlegungen. Es gibt nach wie vor die Nachfrage von unseren Vereinsmitgliedern, speziell in Lechenich. Lechenich wird deutlich favorisiert gegenüber Liblar. Wir sprechen auch immer noch darüber, einmal etwas in einem anderen Ortsteil von Erftstadt zu machen – vielleicht auch mit etwas preiswerteren Wohnungen. Aber das ist uns bisher nicht gelungen.

Das hat auch mit der Politik zu tun, da müsste letzten Endes die Kommune auf Sie zukommen, oder?

▶ U. B.: Ja, da ist aber nichts zu erwarten.

Ich kann mir vorstellen, dass Sie oft angefragt werden, über Ihre Erfahrungen zu berichten.

▶ U. B.: Ja. Im Oktober zum Beispiel sollen wir nach Belgien, nach Eupen, gehen.

Machen Sie das gerne, berichten Sie gerne über Ihre Erfahrungen?
► U. B.: Ich kann das auf meine Art machen und insofern mache ich es auch gerne.

Zum Schluss noch eine Frage: Haben Sie das Projekt je bereut?
► Ch. B.: Nein, keiner hier im Haus hat es je bereut. Ich könnte an jeder Tür läuten und hinter jeder Tür steht einer, der mir hilft.

Wir profitieren von Fachwissen

Trudy Braun

Wohnprojekt Brühl 55plus

■ Trudy Braun engagiert sich seit 2015 in Brühl bei Bonn, um ihren Traum vom gemeinschaftlichen Leben und Wohnen im Alter zu realisieren. Dabei wird sie ehrenamtlich von Karsten Kaiser unterstützt, dem Chef des Brühler Planungsamtes. Trudy ist meine Schwester, daher bin ich immer auf dem Laufenden über die Entwicklung des Projekts. Um aus erster Hand berichten zu können, habe ich am 28. Mai 2018 in Brühl dieses Interview mit ihr geführt.

* * *

Gestern habt ihr hier in Brühl einen Stand auf dem Markt gehabt.
▸ Ja das stimmt. Die Wohngruppe des Wohnprojekts Brühl 55plus hat zur Zeit eine Steuerungsgruppe, und die wollte den 2. Brühler Senioreninformationstag nutzen, um mit einem Stand auf dem Markt auf das Projekt aufmerksam zu machen.

Was war euer Anliegen?
▸ Im Moment sind neun Wohnungen reserviert, wir werden aber letztendlich 16 oder 17 Wohnungen haben. Das heißt, wir brauchen noch Mitbewohner. Weil wir noch keine endgültigen Daten zu Wohnungsgröße und Quadratmeterpreis haben, sammeln wir die Mailadressen von Interessenten, denen wir dann die Daten zusenden und die noch freien Wohnungen anbieten können.

Das Wohnprojekt Brühl 55plus ist ein Eigentümerprojekt.
▶ Richtig.

Wie ist denn im Moment der Stand der Dinge?
▶ Wir haben einen Bauträger, der in einem Neubaugebiet in Brühl ein Grundstück für ein Wohnhaus mit 1.200 Quadratmetern Wohnfläche für unsere Wohnprojektgruppe zur Verfügung stellt. Dieses Grundstück und das Gebäude, das dort errichtet wird, sind für uns reserviert.

Wer ist der Bauträger?
▶ Das ist die Firma Lichius aus Neuss. Das Baugebiet zwischen Südfriedhof und Schulzentrum ist so groß, dass die Firma dort 100 Einfamilienhäuser und 300 Wohnungen baut. Die städtische Wohnungsbaugesellschaft baut in diesem Bereich auch drei Wohngebäude.

Lass uns mal an den Anfang zurückgehen. Wie ist es zu eurem Projekt gekommen beziehungsweise wie bist du zu dem Projekt gekommen?
▶ Ich bin zu der Frage »Wie will ich im Alter wohnen?« unterwegs gewesen und habe 2015 hier in Brühl eine Gruppe getroffen, die sich 33 Rosen nannte ...

... ich war damals auch in dieser Gruppe. Wir waren nur Frauen, sieben oder acht, und ich kann mich an den Moment erinnern, als du dazugekommen bist. Ich bin dann kurze Zeit später aus der Gruppe rausgegangen.
▶ Ja. Ich bin dann in dieser Gruppe gewesen und wir haben uns verschiedene Grundstücke angesehen. Wir hatten auch ein Haus im Blick – eine alte Villa – die sehr interessant schien. Wir haben darüber beraten, was man dort wie machen könnte, und uns die Villa mit einem Architekten und einem Vertreter der Stadt angeschaut.

Weil die Villa der Stadt gehört?

▶ Ja, sie gehört der Stadt und wird in Erbpacht vergeben. Dann haben wir erfahren, welche baulichen Voraussetzungen gegeben sind und was wir zum Beispiel in Brandschutzmaßnahmen oder einen Aufzug hätten investieren müssen. Als ich im Planungsamt der Stadt Brühl gewesen bin, habe ich erfahren, dass man nichts anbauen, sondern nur umbauen kann. Das hätte sich nicht gerechnet, da in dem Haus nur vier bis sechs Parteien hätten wohnen können. Aber bei diesem Besuch im Planungsamt habe ich Herrn Kaiser kennengelernt, den Chef des Planungsamts in Brühl. Er erzählte mir, dass zwischen Südfriedhof und Schule ein großes Baugebiet entsteht, und zeigte Interesse für das Thema altersgerechtes Wohnen. Wir haben uns länger unterhalten und ich habe ihn dann spontan gefragt: »Haben Sie keine Lust, uns zu unterstützen?« Und da erzählte er, dass er sich schon länger mit dem Thema befasst hätte, aber erst abklären müsste, ob das von seinem Chef abgesegnet wird, wenn er sich hier privat engagiert. Das wurde akzeptiert und so kamen wir zusammen. Er hat dann den Kontakt zum Bauträger Lichius hergestellt.

Also nicht als Vertreter der Stadt, sondern als Privatperson.

▶ Genau.

Kriegt ihr irgendeine Art Unterstützung für euer Projekt seitens der Stadt?

▶ Bisher nicht.

Wie ging das dann mit Herrn Kaiser weiter?

▶ Er hat viele Fachkenntnisse, aber das Wichtigste ist die Verbindung zum Bauträger. Er hat uns das Grundstück gebracht. Er hat mit dem Bauträger gesprochen und gesagt: »Da ist eine Gruppe, die möchte ein Wohnprojekt realisieren, würden Sie das unterstützen?« Und da hat die Firma Lichius gesagt: »Okay, wir haben da ein Grundstück, das können wir für diesen Zweck zur Verfügung stellen.« So sind wir zu dem Grundstück gekommen. Und zwar mit der Möglichkeit, auch die Planung zu beeinflussen. Wir können auch die Wohnungsgrößen mitbestimmen.

Wann war der erste Kontakt zwischen euch und Lichius?
▶ Das war im März 2017.

Wie war das denn für die Gruppe, fanden das alle gut, auf diesem Grundstück ein Haus zu bauen?
▶ Für mich war es sehr überraschend festzustellen, dass bei den Frauen der Gruppe 33 Rosen die Begeisterung für das Grundstück ausblieb.

Von allen?
▶ Ja, von allen. Ich habe versucht, sie zu überzeugen: Das ist ein super Grundstück, die Lage ist super, die Konditionen sind super, die öffentlichen Verkehrsmittel sind ohne lange Wege zu erreichen. Ich fand es genial, sowohl vom Platz als auch von der Größe her. In jedem Fall standen wir jetzt da und es war offensichtlich, dass die Gruppe kein Engagement bringen würde. Herr Kaiser und ich haben uns unterhalten und uns gefragt: Ist das realisierbar oder nicht? Und wir waren beide der Meinung, dass es realisierbar ist. Wir haben uns angeguckt und gesagt: »Dann machen wir es!« Wir haben uns gefragt, was wir brauchen, um Interessenten für dieses Wohnprojekt zu gewinnen, um so ein Wohnprojekt voll zu bekommen. Was müssen wir tun?

Herr Kaiser will aber nicht in dem Projekt wohnen, du hingegen schon.
▶ Ja, das ist richtig. Herr Kaiser war als Stadtplaner davon überzeugt, dass ein solches Projekt in Brühl funktionieren kann. Durch seine Arbeit hatte er bereits früher gelegentlich Kontakt zu Interessenten und Initiatoren von Wohnprojekten und war der Überzeugung, dass eine solche Gruppe fachliche Unterstützung haben sollte. Aber er ist noch jung und hat selbst kein Interesse einzuziehen.

Klar war also, dass es ein Projekt sein wird, das aufs Wohnen im Alter ausgerichtet ist.

► Dass es ein Altersprojekt sein wird, war klar. Für mich war auch klar: Ich will kein Mehrgenerationenhaus. Das ist für mich nicht interessant. Dass es ein Bauträgerprojekt wurde, liegt daran, dass der Bauträger schlüsselfertig baut und die Wohnungen verkauft. Und ob da Mieter einziehen, hat etwas damit zu tun, ob wir Investoren in das Projekt einbeziehen oder nicht.

Es hätte ja noch die Variante gegeben, eine Genossenschaft zu gründen und als solche das Haus zu kaufen.

► Das Genossenschaftswesen hat mich auch lange fasziniert. Aber ich bin der Meinung, im Brühler Umfeld sind Genossenschaften nicht attraktiv. Was sich jetzt zeigt, ist, dass die Interessenten, die im Moment schon in der Steuerungsgruppe dabei sind oder die sich für unser Projekt interessieren, zu 99 Prozent Leute sind, die ein Eigenheim verlassen, um in eine Wohnung zu ziehen. Das heißt, da ist auch Kapital vorhanden, um eine Eigentumswohnung zu übernehmen.

Für den ländlichen Raum scheint das typisch zu sein. Man sieht es auch an den Projekten, die von Familie Binder in Erftstadt initiiert wurden. Dazu wollte ich ohnehin fragen: Welche Rolle spielt der Kontakt mit Herrn und Frau Binder für dich und für euch?

► Das Projekt ALTERnatives Wohnen in Erftstadt ist für uns ganz wichtig. Noch mit den 33 Rosen haben wir das Projekt in Lechenich besucht. Und als wir mit der Wohngruppe Brühl 55plus angefangen haben, sind wir gleich zu Anfang dorthin gegangen und haben auch Herrn Binder, seine Frau und eine Bewohnerin zu einer Informationsveranstaltung nach Brühl eingeladen. Herr Kaiser und ich haben in der Anfangsphase 2017 zu mehreren Informationsveranstaltungen eingeladen, und da waren Binders mit die Ersten, die vor Ort waren und von ihren Erfahrungen berichtet haben.

Wie sind deine Erfahrungen, was das allgemeine Interesse an eurem Projekt angeht? Wie war das bei den Informationsveranstaltungen oder auch gestern am Stand auf dem Markt: Ist das Interesse vorhanden?

▶ Ja, das Interesse ist vorhanden. Interessanterweise sind die Leute unter 65 der Sache gegenüber viel aufgeschlossener als die Älteren. Wir haben Leute dabei von 71 und auch Leute von 51, also wir machen die 55 nicht fest. Je älter die Leute sind, umso schwerer fällt es ihnen, sich von ihrer gewohnten Umgebung, ihrem Haus und dem ganzen Drum und Dran zu trennen.

Ich würde gern nochmal zurückkommen auf deine Aussage, dass dich ein Mehrgenerationenprojekt nicht interessiert. Kannst Du mir sagen, wieso nicht?

▶ Ich bin selbst in einem Bauernhaus mit drei Generationen herangewachsen und habe auch die Problematik im Miteinander der Generationen erlebt. Außerdem habe ich bei Besuchen in Mehrgenerationenprojekten nicht den Wunsch verspürt, dort einzuziehen. Ich habe gerne mit Kindern zu tun, aber ich brauche auch meine Ruhe. Das Zusammenleben der Generationen lässt sich bei unserem Projekt in Verbindung mit der Nachbarschaft und der Schule gut in einem lebendigen Quartier verwirklichen.

Du hast viele Seminare und Workshops besucht und mich würde interessieren, um welche Themen es da ging.

▶ Es hat alles 2014 mit meiner Ausbildung zur SeniorTrainerin in Köln in der Melanchthon-Akademie angefangen. Das ist ein Bildungsprogramm für Leute mit Erfahrungswissen, also für Ältere. Ich habe dort erfahren, wie man Projekte gestalten kann und welche Möglichkeiten es überhaupt gibt, Themen, die einem am Herzen liegen, anzugehen. Dann kam der Kontakt zur Gruppe 33 Rosen, und als ich im Internet recherchierte, stieß ich auf Institutionen, die Information über Wohnprojekte anbieten.

Im Landesbüro für innovative Wohnformen in Nordrhein-Westfalen wurden zum Beispiel Informationen angeboten zu Organisation und Entscheidungsfindung in Wohnprojekten. Übrigens wird

dieses Landesbüro durch die neue Regierung in NRW nicht mehr gefördert, was ich sehr schade finde.
Die Seminare, die ich besucht habe, fanden in der Regel in den Gemeinschaftsräumen der Häuser von Wohngruppen statt. Man hat Kontakt mit den Bewohnern bekommen und konnte sich austauschen, sowohl mit den Leuten, die vor Ort wohnen, als auch mit denen, die das Seminar besuchen und ähnliche Erfahrungen und Probleme haben wie wir. Man kommt ins Gespräch und lernt immer wieder andere Sachen kennen, zum Beispiel die unterschiedlichen Rechtsformen der Projekte, also ob es eine Genossenschaft ist oder ein Investoren- oder ein Bauträgermodell. Darüber kann man zwar auch viel lesen, aber in einem Seminar wird aus der Praxis berichtet.

Was ist der Unterschied zwischen einem Investorenmodell und einem Bauträgermodell?

▸ Der Bauträger baut das Gebäude schlüsselfertig und verkauft es. Sein Geschäft ist es, ein Gebäude herzustellen und zu verkaufen. Der Investor baut ein Gebäude und vermietet die Wohnungen, sein Geschäft ist die Vermietung der Wohnungen.

Ich würde gerne noch einmal auf die Seminare zurückkommen, die du besucht hast.

▸ Bei einem Seminar vom Kuratorium Deutsche Altershilfe habe ich in einem Workshop über drei, vier Tage gelernt, wie man eine Internetseite erstellt und wie man Vernetzungen aufbaut, aber das ist nicht unbedingt mein Ding.
Genossenschaft hat mich als Thema lange interessiert, auch die Dachgenossenschaften, die gegründet werden, auch dazu habe ich einmal ein Seminar besucht. Das Thema Finanzen spielt eine Rolle. Ich habe Seminare besucht, in denen es um die Finanzierung von Wohnprojekten ging, um Trägermodelle und Investorenmodelle, die gegenübergestellt wurden.
Dann wurde die Relevanz des Themas der Quartiersbildung immer deutlicher. Das fand ich faszinierend, weil es mich an alte Nach-

barschaften von früher erinnerte. Es gab einen Vortrag in Hürth, an den ich mich sehr genau erinnere. Da wurde über ein Pilotprojekt in Bielefeld berichtet, wo man Quartiersbildung in Wohnblocks einer Wohnungsgesellschaft durchgeführt und schon über einige Jahre Ergebnisse gesammelt hatte und vergleichen konnte, welche Vorteile sich daraus ergeben. Im Bestand Quartiersbildung zu machen oder in einem Neubaugebiet ist natürlich etwas ganz anderes.
In dem Zusammenhang war ich auch auf einem Tagesseminar in Euskirchen, das von ZWAR organisiert wurde. ZWAR steht für »zwischen Arbeit und Ruhestand«. Das Thema war: »Bürger braucht Kommune, Kommune braucht Bürger«. Da habe ich erfahren, dass ein Projektleiter für zwei Jahre zur Verfügung gestellt wird, wenn sich ein Verwaltungsbeamter der Kommune mit einem Ehrenamtler zusammenschließt. Das habe ich leider in Brühl nicht geschafft. Das war nicht zu realisieren.

Hast du es versucht?

► Ja. Ich habe mit einem Stadtverordneten gesprochen, und als ich das vorgeschlagen habe, hat er gesagt: »Das sind alles Fördermittel, die fließen nur zwei Jahre, danach muss die Stadt Brühl das bezahlen und die hat kein Geld.« Und damit war das Thema vom Tisch. Ich sehe das etwas anders, weil man damit in Zukunft Geld sparen könnte, aber ich habe gemerkt, das ist ein sehr dickes Brett, das ich da bohren will, und habe davon abgelassen.

Diese Workshops kosten doch auch Geld.

► Die waren in den ersten Jahren fast immer kostenlos, aber seit einem Jahr sind die kostenpflichtig. Ich bin in der Lage, die Kosten zu tragen, und ich bin auch bereit dazu, denn was ich da lerne, die Informationen, die ich dort bekomme, sind es mir wert.

Gibst du die Information auch weiter an deine Gruppe?

► Ich berichte immer über das, was ich gemacht habe. Ich informiere die anderen auch über die Seminare, die ich besuchen will.

Ich sage der Gruppe Bescheid, am soundsovielten findet um soundsoviel Uhr an dem und dem Ort ein Vortrag oder ein Seminar statt; und wer mitfahren will, kommt mit, und wenn keiner mitkommt, fahre ich eben allein. Wenn ich zurückkomme, berichte ich darüber. Ich habe auch für mich das Gefühl, ich muss etwas vorausdenken. Bestimmte Dinge, die auf die Gruppe und auf das Zusammenplanen und das spätere Zusammenwohnen und Zusammenleben zukommen, müssen heute schon vorbereitet werden. Da gibt es viel, was ich erst lernen muss.

Du gehst ja auch zu den Workshops der Wohnschule.
▸ Das »Wohnzimmer« ist ein regelmäßiges Treffen, das in der Wohnschule angeboten wird. Ich nehme auch andere Angebote von Wohnprojekten oder den Wohnprojektetagen wahr. Da erhalte ich Informationen, die immer zum richtigen Zeitpunkt kommen.

Wie gehst du mit so viel Information um?
▸ Ich habe eine Kladde, in der die Termine und Notizen, die ich gemacht habe, stehen. Später kann ich mich erinnern, dass ich irgendwann mal über etwas geschrieben habe, und weiß auch noch in welchem Zusammenhang. Dann schaue ich in der Kladde nach und finde die Information. Das kann eine E-Mail-Adresse sein, das kann ein Gesetz sein, das kann ein Name sein. Das ist das, was ich brauche.

Du hast richtig Lust auf Lernen.
▸ Das kann ich nur bejahen. Ich finde es fantastisch, was ich in meinem Alter noch alles lernen kann. Und wie schön die Welt ist, wenn man mit offenen Augen umhergeht.

Was möchtest du noch erwähnen? Gibt es etwas, das dir besonders wichtig ist von dem, was du in den letzten Jahren gelernt hast?
▸ Ich war mal im Beginenhof in Köln zu einem Seminar über Systemisches Konsensieren, das dort von Referenten angeboten wurde, die aus Berlin kamen. In dem Seminar wurden wir als Teil-

nehmer mehrmals vor die Aufgabe gestellt, als Gruppe eine Entscheidung zu treffen. Die Meinungen waren jeweils sehr verschieden, aber trotz großer Unterschiedlichkeit wurde nie gestritten. Es wurde immer achtsam miteinander umgegangen und die ganze Atmosphäre in der Diskussion hatte nichts von der üblichen Konfrontation, wenn jemand für und jemand gegen etwas ist. Mich hat das fasziniert und ich bin davon so begeistert, dass ich mich dem verschrieben habe. Ich habe das auch der Gruppe erklärt und beigebracht. Wir sind der Meinung, dass wir unsere Entscheidungen mit dem Systemischen Konsensieren treffen und nicht mit Pro und Kontra in Abstimmungen, in denen die Mehrheit gewinnt und die Minderheit verliert.

Wenn ich dir zuhöre, habe ich den Eindruck, dass es dir bei deinem Engagement nicht ausschließlich um deine persönliche und private Wohnsituation geht. Du denkst ja viel weiter.
▸ Ja, das ist richtig. Ich habe eine wunderschöne Wohnung, die ich heiß und innig liebe und die unweit des Grundstücks liegt, auf dem ich später wohnen werde. Diese Wohnung hat nur den Nachteil, dass sie keinen Aufzug hat. Wobei ich der Meinung bin, dass ich die Treppen noch lange laufen kann. Es ist nicht meine Wohnsituation, die mich dazu bringt, mich zu engagieren. Ich habe erlebt, wie die 80-jährigen Eltern einer Freundin eines Tages feststellten, dass sie alt geworden sind und in ihrem Eigenheim nicht mehr länger allein leben können. Die Suche nach einem passenden Altersheim war mit vielem Wenn und Aber nach einem Jahr erfolgreich. Die Tochter, die die Organisation und die Betreuung der Eltern in dieser Zeit übernommen hatte, war körperlich und gesundheitlich an ihre Grenzen gekommen. Diese Beobachtung veranlasste mich zu dem Entschluss: Das will ich meinen Kindern nicht zumuten. Und wenn ich erkannt habe, hier ist etwas zu verändern, dann fühle ich mich verpflichtet, das auch zu tun.

Wie viele seid ihr derzeit in eurer Gruppe?
▸ In der Steuerungsgruppe sind wir neun Personen.

Wie viele Wohnungsparteien sind das?

▶ Wir haben acht Wohnungsparteien, eine Wohnung ist als Gemeinschaftsraum reserviert.

Habt ihr schon ein Konzept?

▶ Ja, wir haben ein Konzept. Es gibt auch eine Gemeinschaftsordnung. Es gibt eine Teilungserklärung, die man zwangsläufig braucht in solchen Eigentümerprojekten, die man aber modellieren kann. Dazu haben wir eine Schulung mit der Projektentwicklerin Lisa Hugger gehabt, die uns über diese Möglichkeiten informiert hat.

Was ist eine Teilungserklärung?

▶ Wer an einem Wohnungskauf interessiert ist, kommt am Wohnungseigentumsgesetz nicht vorbei. Damit wird geregelt, was ausschließlich Eigentum des Wohnungsbesitzers ist und welche Bestandteile des Mehrfamilienhauses allen Eigentümern gemeinsam gehören. Mit der Teilungserklärung werden unter anderem die rechtlichen Voraussetzungen geschaffen für einen eventuellen späteren Verkauf der Wohnung.

Was habt ihr sonst noch an Beratung?

▶ Wir haben einen Finanzberater. Der hat einen Vortrag für Interessierte am Wohnprojekt Brühl 55plus gehalten und als wir für diesen Vortrag Honorar aufbringen mussten, haben wir uns entschlossen, eine Planungs-GbR zu gründen und ein Konto einzurichten, auf das jedes Mitglied 200 Euro einzahlen muss. Zudem hat jeder Einzelne einen persönlichen Finanzcheck mit dem Finanzberater gemacht.

Wenn ich es richtig verstehe ist die Planungs-GbR identisch mit der Steuerungsgruppe.

▶ Das ist richtig. Mit unseren Informationsveranstaltungen und Vorträgen hatten Herr Kaiser und ich die Daten von ungefähr 50 Interessenten gesammelt. Wir haben alle per E-Mail und über die Internetseite informiert. Dann haben wir die Planungs-GbR in

Angriff genommen und dabei sind von den 50 Interessenten neun übrig geblieben. Diese neun Leute haben dann die Planungs-GbR gegründet. Sie stellen die Steuerungsgruppe dar und erarbeiten die Konzeptbildung. Im Moment formulieren sie auch eine Satzung für einen Verein, den wir gründen wollen. Auch die Planung der Wohnungen wird von der Steuerungsgruppe gemacht. Derzeit besteht für andere Interessenten keine Möglichkeit, in diese Gruppe einzutreten, weil das immer wieder Zeit beanspruchen würde, fehlende Informationen nachzuliefern und Beratungen nachzuholen.

Gehört Herr Kaiser auch zur Planungs- und Steuerungsgruppe?
▶ Ja, Herr Kaiser gehört als ehrenamtlicher Berater dazu. Wir profitieren von seinem Fachwissen und von seiner Position als unbeteiligter Beobachter. Außerdem ist er ein wichtiger Übersetzer bei Fachbegriffen im Bausektor und natürlich auch im kommunalen Planungs- und Genehmigungsverfahren. Für uns ist er eine große Hilfe.

Verstehe ich es richtig: Ihr habt die Gruppe zugemacht, weil ihr arbeitsfähig sein wollt, und ihr macht jetzt alle notwendige Arbeit mit neun Leuten, um das ganze Projekt zu konsolidieren. Geht ihr denn davon aus, dass ihr, wenn ihr die Gruppe öffnet, rechtzeitig alle Wohnung vergeben könnt?
▶ Es gibt ja noch unbekannte Faktoren. Wir wissen noch nicht, wie hoch der Quadratmeterpreis sein wird, und wir wissen noch nicht, wie die Wohnungen aussehen werden. Das muss alles noch entwickelt werden. Wir haben festgestellt, dass viele Menschen genaue Angaben brauchen, um sich zu entscheiden. In dem Moment, in dem unser Plan und die Baubeschreibung stehen und der Quadratmeterpreis fest ist, werden wir unseren Verteilerkreis informieren. Wir haben jetzt um die 60 Leute, die interessiert sind. Wir können noch sieben bis neun Wohnungen anbieten. Wenn wir die noch fehlenden Käufer aus unserer Interessentenliste gewinnen können, brauchen wir auch nicht mehr über die Presse zu gehen, um die freien Wohnungen anzubieten.

Wir haben ein bestimmtes Szenario vorbereitet, um die neuen Mitbewohner auszuwählen. Das heißt, es gibt zum einen den Vereinsbeitritt und es gibt das Konzept, das akzeptiert werden muss. Man muss einen Finanzcheck mit dem Finanzberater machen und es muss gewährleistet sein, dass man auch wirklich Teil der Gemeinschaft sein will. Dazu werden wir bestimmte Sachen abfragen. Wir werden uns den Interessenten vorstellen und sie sich uns, wir werden uns kennenlernen und dann wird die Steuerungsgruppe sich beraten und entscheiden.

Du hast davon gesprochen, dass ihr Investoren sucht beziehungsweise dass man bei euch auch mieten kann.

► Wir haben von Anfang an jemanden in der Steuerungsgruppe, der mieten will. Und es gibt auch schon eine Wohnung. Die wird von einem Gruppenmitglied gekauft, aber nicht selbst genutzt, sondern vermietet. Gestern beim Brühler Senioreninformationstag habe ich mit Menschen gesprochen, die selbst eine altersgerechte Wohnung haben, aber Geld investieren wollen und bereit wären, eine Wohnung zu kaufen, um diese Wohnung an eine Freundin zu vermieten. Das Thema ist Mietsicherheit und was wir garantieren wollen, ist, dass der Mieter nicht wegen Eigenbedarf aus der Wohnung geklagt werden kann. Deshalb werden wir mit den Besitzern von vermieteten Wohnungen entsprechende Kooperationsverträge machen, so wie es im Projekt ALTERnatives Wohnen Erftstadt schon gemacht wurde, um sicherzustellen, dass die alten Menschen so lange wie sie mögen und können auch in ihrer Wohnung bleiben können.

Ihr habt sicherlich profitieren können von dem, was Binders in Erftstadt ausgetüftelt haben.

► Ja. Nicht nur, was das angeht, sondern auch was das Konzept, die Verträge und die Satzung betrifft. Da sind wir in vielen Punkten über andere Projekte informiert worden. Das ist eben der Lohn, wenn man diese ganzen Seminare besucht: Man lernt sich kennen, man geht auf die Webseiten, auf denen die Satzungen veröffentlicht sind. Man erfährt auch von Sachen, die brenzlig sind und von Problematiken, die zwangsläufig auftauchen werden, die aber bei einigen Projekten unterschätzt worden sind und zu Mehrarbeit geführt haben, die wir uns ersparen können, indem wir von vornherein entsprechende Bedingungen schaffen.

Was glaubst du, wann du einziehen kannst?
► Im Frühjahr 2020. Ich bin da sehr sicher, weil das Haus im ersten Bauabschnitt liegt. Die Erschließungsarbeiten sind im Moment im Gange. Es sollte alles schon viel früher passieren, aber es hat sich verzögert. Wir werden in drei Monaten einen Plan vom Wohnhaus haben, der als Bauantrag beim Bauamt eingereicht wird. Nach unseren jetzigen Informationen braucht die Bearbeitung des Bauantrags nur zwei Monate, was sensationell kurzfristig ist, aber hier in Brühl funktioniert. Das wäre dann Oktober. Wir gehen davon aus, dass wir Ende des Jahres, spätestens Anfang 2019, anfangen können zu bauen. Die Bauzeit für das Haus beträgt 14 Monate, sodass wir Anfang 2020 einziehen können.

Du hast ja Erfahrung mit Bauen.
► Ja, mit meinem Mann habe ich 1971 ein Einfamilienhaus gebaut, bei dem wir viel Eigenleistung erbracht haben. Später, das war 1992, habe ich mit einem Geschäftspartner einen Gewerbebetrieb errichten lassen. Dieser Bau war eine sehr gute Schule, weil so ziemlich alles schiefging, was am Bau schiefgehen kann. Damals fasste ich den Entschluss, nie mehr zu bauen, aber man sollte nie »nie« sagen. Außerdem baut ja der Bauträger und wir werden mit fachmännischen Beratern zusammenarbeiten.

Freust du dich auf deine neue Wohnung im Wohnprojekt?
► Ja, ich freue mich drauf, das muss ich ehrlich sagen.

Beratung allein reicht nicht

Brigitte Karhoff

Stadtplanerin,
Geschäftsführerin der WohnBund-Beratung NRW GmbH,
Vorstand der Ko-Operativ eG NRW

■ Mir war klar, dass die WohnBund-Beratung NRW in diesem Buch zu Wort kommen muss. In Nordrhein-Westfalen gibt es kein Wohnprojekt, das nicht an irgendeiner Stelle im Planungsprozess bei der WohnBund-Beratung angerufen und um Rat gefragt oder um Informationen gebeten hat. Die WohnBund-Beratung NRW wurde 1991 als GmbH mit der Idee gegründet, innovativ und beratend in der Stadtentwicklung, im Wohnungsbau und in der Wohnungsbewirtschaftung tätig zu sein. Ich hatte vor allem Fragen zur neu gegründeten Dachgenossenschaft, also habe ich eine entsprechende Anfrage per E-Mail gesendet. In der Antwort hieß es, man könne sich ein Interview vorstellen, wolle aber noch klären, wer vom Team das Interview geben werde. Brigitte Karhoff war dann bereit dazu und wir haben uns am 16. Oktober 2017 in Bochum in den Räumen der WohnBund-Beratung getroffen.

* * *

Ich würde Sie gerne nach Ihrem Arbeitsbereich hier bei der WohnBund-Beratung NRW fragen.

► Ich bin Stadtplanerin, arbeite schon seit 1996 hier bei der WohnBund-Beratung NRW und bin seitdem überwiegend mit dem Bereich der integrierten Stadtteilentwicklung befasst. Das heißt, ich kümmere mich um Stadtteile, die baulich verbessert werden sollen, die aber eine so vielfältige Bevölkerungs- und Einkommensstruk-

tur haben, dass wir parallel zu den baulichen Prozessen immer auch darauf achten, wie wir die Menschen mitnehmen können bei dem, was in ihrem Stadtteil passieren soll. Wir schauen, was gefördert werden kann über bestimmte Programme und welche Ideen in der Bevölkerung für ihren eigenen Stadtteil entstehen.
Ich habe mich neben meinem Beruf schon immer engagiert und war initiativ tätig im Bereich Vernetzung von Initiativen, die sich für eine gerechte und lebenswerte Region oder einen Stadtteil oder auch ein Quartier einsetzen. Ich habe in einer Doppelrolle einerseits als Mitarbeiterin der WohnBund-Beratung NRW, andererseits auch als Bewohnerin einer Arbeitersiedlung mit anderen die Initiative ergriffen, um den geplanten Abriss der Siedlung zu verhindern. Und das haben wir geschafft, indem wir eine Genossenschaft gegründet haben und mit 250 Personen 68 Wohneinheiten in der denkmalgeschützten Siedlung angekauft haben.

Wann war das?
▶ Das war 1998.

Und wo war das?
▶ Das war in Oberhausen. Da hatten wir Rückenwind von der damaligen Internationalen Bauausstellung Emscherpark, die als regionales Strukturprogramm in der Emscherregion realisiert wurde, und ebenso von der Politik und anderen engagierten Menschen in Oberhausen; die haben mit für den Erhalt dieser Siedlung gekämpft.

War das Ihre erste persönliche Erfahrung mit Genossenschaft, damals Ende der 1990er-Jahre?
▶ Ich war schon länger mit Projekten und Initiativen und damit auch neuen Trägermodellen befasst, die mehr Selbstverantwortung und Eigeninitiative in Stadtteilprojekten ermöglichen. Ich habe während meines Studiums in den 1980er-Jahren in Berlin bei der behutsamen Stadterneuerung der Internationalen Bauausstellung (IBA »Alt«) mitgearbeitet. Da gab es viele besetzte Häuser und es ging darum, wie man neue Trägermodelle für die Lebenswelt die-

ser Menschen, die Häuser angesichts der Wohnungsnot besetzt haben und damit darauf aufmerksam machen wollten, realisieren könnte; wie selbstorganisierte Wohn- und Lebensformen jenseits klassischer Verwertungsinteressen im Immobilienbereich unterstützt, tragfähig gemacht und langfristig erhalten werden können.

Waren Sie selbst auch Hausbesetzerin?

▶ Ja, ich habe während meines Studiums bei einer Hausbesetzung in Dortmund mitgemacht. Als wir studiert haben, war die Wohnungsnot riesig. Als Raumplanungsstudentin und politisch Engagierte war ich schnell in einer Szene, die sich um das Thema Wohnungsnot gekümmert hat. Es ergab sich dann die Situation, dass eine Tagungsstätte der IG Metall abgerissen werden sollte, weil sie angeblich nicht mehr den Standards der Besucher entsprach und man nur noch Einbettzimmer haben wollte, es da aber lauter Zweibettzimmer gab. Das fanden wir damals total sinnlos, dass dieses tolle Gebäude abgerissen werden sollte. Man kann bei Seminarangeboten, glaube ich, auch in Zweibettzimmern gut klarkommen. Na ja, jedenfalls sollte es abgerissen werden und das wurde es letzten Endes auch. Aber während der Zeit, in der wir es besetzt hatten, konnten wir mit vielfältigen Aktionen auf die Wohnungsnot aufmerksam machen.

Was die Landesberatungsstelle für innovative Wohnformen hier in Bochum angeht: Wer kommt da auf Sie zu? Und mit welchen Fragestellungen?

▶ Wir haben hier eine Beratungsstelle für den Bereich Westfalen, die als Anlaufstelle für Einzelpersonen, für schon bestehende Gruppen oder auch für Wohnungsgesellschaften und Kommunen dient. Das ist die vom Land finanzierte Landesberatungsstelle für innovative Wohnformen.* Und da ruft zum Beispiel eine einzelne Per-

* Das Landesbüro für innovative Wohnformen wird seit Ende 2017 von der nordrhein-westfälischen Landesregierung nicht mehr gefördert. Dadurch geht eine wichtige Unterstützungs- und Beratungsinfrastruktur für innovative, selbstbestimmte und altersgerechte Wohnformen verloren.

son an, die für sich ein Projekt sucht, eine bestehende Gruppe, die schon seit drei Jahren überlegt, wie sie ein Projekt auf die Beine stellen könnte, bis hin zu Akteuren, die die Idee gut finden und fragen, wie man als Investor, als Kommune oder als Wohnungsunternehmen solche Projekte befördern kann.
Das ist ein Part, den wir übernehmen. Zusätzlich haben wir zwei Projektentwickler und Berater, die ganz konkret Projekte von A bis Z unterstützen und auf ihrer Reise begleiten. Da geht es erst einmal darum zu konkretisieren, was die Gruppen eigentlich wollen. Kann die Gruppe überhaupt etwas gemeinsam entwickeln? Es ist ja für den Einzelnen ganz wichtig herauszufinden, ob er in der Gruppe richtig ist, ob die Gruppe überhaupt ein gemeinsames Ziel hat oder ob man besser eine andere sucht, um seine Idee umzusetzen. All diese Findungsprozesse sind elementar. Aber genauso wichtig ist, dass die Gruppe ein geeignetes und bezahlbares Grundstück, ein Gebäude, eine Finanzierung, eine Rechtsform und so weiter findet.

Jetzt würde ich Sie gern zur Ko-Operativ eG NRW befragen, der Dachgenossenschaft, die Sie gerade gegründet haben.
▶ Wir beraten seit Jahren viele Einzelprojekte, die zum Teil eine eigene Trägerschaft in Form einer Genossenschaft gründen. Es gibt auch andere, die das Syndikatsmodell* übernehmen. Wieder andere suchen sich lieber ein Wohnungsunternehmen und machen nicht alles selber. Bei den vielen Projekten, die wir über die Jahre begleitet haben, können wir auch aus eigener Erfahrung sehen, dass die Bewohnerinnen und Bewohner vieler Projekte, wenn sie einmal auf dem Weg vorangekommen sind und ihr Vorhaben realisiert haben, sagen: »Jetzt wohne ich hier in meinem Projekt, jetzt geht es mir gut, jetzt habe ich erreicht, was ich erreichen wollte.« Mögliche Weiterentwicklungen, das nächste Projekt, vielleicht ein Grundstück in der Nachbarschaft, das entwicklungsfähig wäre –

---

* Unter Mietshäusersyndikaten versteht man kooperative und nicht kommerzielle Beteiligungsgesellschaften, deren Ziel der gemeinschaftliche Erwerb von Häusern ist, um sie in Gemeineigentum zu überführen und den Wohn- und Arbeitsraum so langfristig vor kommerziellen Interessen zu schützen.

das interessiert dann nicht mehr. Wir finden es schade, dass diese vielen wunderbaren Projekte einzelne Modellprojekte bleiben. Kann man nicht für viele andere Menschen Ähnliches auf den Weg bringen? Kann man nicht von den Erfahrungen der Projekte, die schon realisiert wurden, profitieren und es für andere Menschen leichter machen, ein ähnlich tolles Projekt auf den Weg zu bringen?

Ich erlebe oft, dass einzelne Bewohner und Bewohnerinnen aus bestehenden Wohnprojekten zu denen, die noch in der Planungsphase sind, sagen: »Ihr könnt uns gern fragen, wir geben euch Tipps, wir beraten euch gerne!«

► Ja, aber Beratung allein reicht nicht! Man muss es anpacken und umsetzen und auf den Weg bringen. Unser Impuls kam daher, dass wir immer mehr gesehen haben, dass die einzelnen Projekte nicht diejenigen sind, die dafür sorgen, dass sich dieser Ansatz vervielfältigt. Wir wollten das leisten und mit unseren Erfahrungen und unserem Know-how einen Träger für die Gruppen gründen, die allein nicht bereit oder in der Lage sind, die Trägerschaft für ihr Wohnprojekt zu übernehmen.

Angenommen, es gäbe eine Initiativgruppe, sagen wir in Köln oder Bonn oder Düsseldorf, die gerne genossenschaftlich bauen und wohnen will, aber noch kein Grundstück hat und auch keine eigene Genossenschaft gründen will. Wäre diese Initiative dann bei Ihnen richtig?

► Genau. So eine Gruppe könnte unter das Dach der Dachgenossenschaft schlüpfen. Die Gruppe muss aber trotzdem schauen, dass sie selbstständig das Projekt von A bis Z umsetzen kann. Das heißt, die Gruppe muss das Geld zusammenbringen, um ein Grundstück ankaufen zu können. Die Dachgenossenschaft ist kein Träger, der Geld investieren kann, um das Projekt zu stemmen. Das Dach bietet fachliche Unterstützung und Beratung, auch praktische Unterstützung im laufenden Betrieb, aber die Gruppe selbst muss nach wie vor selbstständig agieren und soll das auch im Sinne der Entwicklung und Finanzierung ihres Projekts.

Die Entlastung besteht darin, dass die Gruppe keine eigene Rechtsform gründen muss. Sie bleibt selbstverantwortlich für ihre Finanzen, ihr Grundstück und ihre Gebäude. Aber Eigentümer des Grundstücks und des Gebäudes wird die Dachgenossenschaft, in der alle Bewohnerinnen und Bewohner Mitglied und damit Mieterin beziehungsweise Mieter und Eigentümerin beziehungsweise Eigentümer des Dachgenossenschaftsbestands sind.

Was kostet der Service, den die Dachgenossenschaft anbietet?
► Die Gruppe kann selbst bestimmen, welchen Service und welche Angebote sie von dem Dach in Anspruch nehmen will. Es gibt lediglich die Vereinbarung, dass alle, die in die Projekte einziehen, auch Mitglieder der Genossenschaft werden. Auch die Verwaltung der einzelnen Projekte wird durch die Ko-Operativ eG übernommen. Mit Verwaltung ist gemeint: Betriebskostenabrechnung, Mietabrechnungen, Buchhaltung, der ganze laufende Betrieb. Aber auch da kann jede Gruppe entscheiden, in welcher Weise und in welchem Umfang Teilbereiche der Verwaltungsaufgaben auch ehrenamtlich übernommen werden.

Und wie ist es mit den Genossenschaftseinlagen, sind die für alle gleich?
► Die hängen von den einzelnen Projekten ab. Es gibt ja Projekte, die sind teuer, weil sie hohe Grundstückspreise haben, weil die Gruppe sich möglicherweise im baulichen Bereich mehr leisten will und kann. Die Gruppe muss ihr einzelnes Projekt finanzierbar machen und bekommt von der Dachgenossenschaft unter anderem Unterstützung bei der Beantragung zum Beispiel von Fördermitteln für sozialen Wohnraum. Es gibt Wohnraumfördermittel für Einkommensgruppen, die nicht in der Lage sind, hohe Mieten zu zahlen, und diese Fördermittel würde auch die Dachgenossenschaft beantragen. Die Projekte entscheiden nach wie vor selbst, mit welchem Projektentwickler sie zusammenarbeiten wollen. Und natürlich auch, mit welchem Architekten oder mit welcher Architektin sie zusammenarbeiten.

Und für jede Gruppe, die dazukommt, gilt die Satzung der Dachgenossenschaft.

▸ Genau. Die Satzung ist relativ offen. Aber die Belange und die Ziele der Gruppe müssen schon dazu passen. Wichtig ist für uns die Gemeinwohlorientierung, die ökologische Orientierung, dass sparsam mit Grund und Boden umgegangen wird. Aber das sind Dinge, die mit Inhalt gefüllt werden müssen. Das Dach gibt nicht vor, wie das im Detail aussehen soll. Eine Gruppe kann selbst entscheiden, ob sie ein Passivhaus realisieren will, ob sie drei Gemeinschaftsräume haben will oder nur einen, ob sie Wohnen und Arbeiten miteinander verknüpfen will oder nicht. Das Dach versteht sich als Entlastungsstruktur und nicht als rigide Eingriffsmöglichkeit, um Gruppen zu sagen, was sie machen dürfen und was nicht. Es ist eine Unterstützungsstruktur, um Projekte von vielen Aufgaben zu entlasten, die ablenken und der Gruppe viel Energie nehmen, die sie eigentlich bräuchte, um das gemeinsame Zusammenleben zu gestalten.

Als Sie die Dachgenossenschaft gegründet haben, hatten Sie da schon ein erstes Projekt?

▸ Wir kennen ja die Projektlandschaft und insofern kannten wir auch den Bedarf. Wir haben die Genossenschaft im Oktober 2016 gegründet und wussten natürlich, dass es Gruppen gibt, die nicht alle eigene Träger auf den Weg bringen wollen. Auf der anderen Seite steht da auch das Ziel dahinter, dass wir selber als Gründerinnen und Gründer dieser Dachgenossenschaft eigene Ideen und Vorstellungen von Stadtteilentwicklung und Wohnprojektentwicklung befördern und unterstützen wollen, insbesondere da, wo wir den Eindruck haben, dass die klassischen Investoren und Träger oder Kommunen nicht unbedingt Garanten dafür sind, dass bestimmte Zielgruppen, zum Beispiel Flüchtlinge, ansprechenden und bezahlbaren Wohnraum finden, dass engagierte Gruppen mit ihren Zielen für ein gemeinschaftliches Wohnen, Arbeiten und Leben Grundstücke oder Wohnraum finden. Wir meinen, dass wir mit dem Erfahrungsschatz, den wir haben, auch mit den Kenntnissen, die wir mitbringen, Projekten Unterstützung geben können, die alleine nicht in der Lage wären, so etwas auf den Weg zu bringen, und dass wir Impulse geben können für die Deckung von Bedarfen, auch wenn es noch keine Projektgruppe gibt. Wir wollen Lösungsansätze für ein soziales Wohnen und Leben im Stadtteil entwickeln. Zum Beispiel erleben wir in Stadtteilen immer wieder, dass Infrastrukturen eher reduziert werden. Viele Kirchengemeinden müssen ihre Kirchengebäude schließen, viele Kulturangebote müssen angesichts von Engpässen bei kommunalen Haushalten zurückgefahren werden. Unsere Idee ist die Kernidee von Genossenschaften: Wir tun uns zusammen, um gemeinsam etwas hinzukriegen, was einer allein nicht schafft.

Ich habe mal gehört, man könne erst eine Wohnungsgenossenschaft gründen, wenn man ein Grundstück oder ein Objekt hat. Stimmt das?
▸ Nein, das stimmt nicht. Wir haben die Genossenschaft gegründet und wir haben noch kein Grundstück erworben. Das erste Projekt wird voraussichtlich im November ein Grundstück kaufen, also die erste Gruppe wird dann losmarschieren. Genau das ist lange eine Schwierigkeit für Genossenschaftsneugründungen gewesen, da das Land beziehungsweise die Banken anfangs gesagt haben, dass sie eine sogenannte Bonitätsprüfung für Projekte durchführen müssen – und das auf der Basis von noch nicht realisierten und eben zum Teil noch nicht vorhandenen Grundstücken. Das ist die große Schwierigkeit. Die Ko-Operativ eG in Gründung hat den Hintergrund, dass sie deutlich machen kann, dass es die ersten drei Gruppen gibt, aber diese noch nicht so weit sind, dass die Dachgenossenschaft etwas hätte erwerben können. Dennoch haben wir die Hülle der Genossenschaft gegründet.

Die Genossenschaft ist noch nicht eingetragen?
▸ Wir sind kurz davor.* Es gab noch eine Satzungsänderung, die berücksichtigt werden muss. Wir gehen davon aus, dass es jetzt

* Die Genossenschaft wurde am 3. November 2017 eingetragen.

klappt. Wir haben ja auch Vorläuferprojekte, die schon seit Jahren zeigen, dass eine Dachgenossenschaft ein guter Weg sein kann. Wir maßen uns mit diesem Modell der Dachgenossenschaft auch nicht an zu sagen, das wäre der allein selig machende Weg; es ist eine Möglichkeit, ein Angebot. Für diesen Weg gibt es gute Beispiele in Hamburg mit der Dachgenossenschaft Schanze, in München gibt es die Wogeno, die ganz tolle Projekte macht, trotz eines schwierigen Wohnungsmarkts, und inzwischen auch erreicht hat, dass sie als Genossenschaft von der Kommune Erbgrundstücke zur Verfügung gestellt bekommt, weil klar ist, dass man bezahlbaren Wohnraum braucht und man Zugänglichkeit zu Grundstücken auch für solche Genossenschaften verbessern muss, die sich um weniger finanzstarke Zielgruppen kümmern.

Würden Sie sagen, dass die Gruppen, die auf Sie zukommen, um unter das Dach der Ko-Operativ eG zu schlüpfen, einen eigenen Verein gründen sollten?

▶ Nicht unbedingt. Das kann sinnvoll sein, weil es viele Projekte gibt, die neben dem Wohnen auch noch gemeinnützige Zwecke verfolgen wollen, zum Beispiel indem sie eine Versorgungsstruktur oder ein kulturelles Angebot auf den Weg bringen. Da kann es Sinn machen, sich auch gemeinnützig zu organisieren. Das ist aber keine Voraussetzung.

Ich finde, dass Sie mit Ihren Möglichkeiten von Beratung und Begleitung und jetzt auch der fertigen genossenschaftlichen Rechtsform ein wunderbares Angebot für Gruppen bereithalten.

▶ Das ist ein wunderbares Angebot. Aber trotzdem ist es wichtig, dass die Gruppe als Gruppe funktioniert und weiß, was und wohin sie will. Wir sind kein Wohnungsunternehmen, das einer Gruppe offeriert, dass wir ihr 20 Wohnungen bauen, in die sie nur noch einziehen muss. Dafür muss man sich ein Wohnungsunternehmen suchen, das offen genug ist für solche Gruppen und sagt: »Wenn ihr nachbarschaftlich wohnen wollt – super! Wir geben euch ein Belegungsrecht für Neubau oder in einem Bestandsbereich.« Die

Gruppen, die wir unterstützen wollen, sind Gruppen, die selber tatsächlich mit viel Eigeninitiative daran gehen.

Woran merken Sie, ob die Gruppe, die sich an Sie wendet, erfolgreich sein wird mit dem, was sie vorhat?
▶ Jede Gruppe ist dadurch gekennzeichnet, dass es einen harten Kern von Leuten gibt, denen wir zutrauen, dass sie so ein Projekt tatsächlich stemmen. Da verlassen wir uns auf unser Erfahrungswissen, um zu erkennen, ob das wirklich tragfähig ist oder nicht. Und es gibt auch im Projektverlauf immer wieder Stufen, an denen deutlich wird, ob es funktioniert oder nicht. Wenn die Kerngruppe nicht tragfähig ist, dann würden wir sagen: »Lassen Sie lieber die Finger davon.«

Und wie groß sollte Ihrer Meinung nach eine Kerngruppe sein?
▶ Meine Erfahrung ist, dass das oft drei oder vier Personen sind, nicht mehr. Die treibende Kraft ist oft eine kleine schlagkräftige Truppe. Aber manchmal gibt es auch Gruppen, die haben fünf, sechs, sieben oder acht solcher Leute. Und genauso gibt es Gruppen, in denen es nur zwei oder drei sind.

Ich würde gerne noch auf das Thema Solidarität zu sprechen kommen. Die Ko-Operativ eG verfolgt ja die Idee, so habe ich gelesen, dass Sie im Lauf der Zeit einen Solidartopf anlegen, aus dem Sie Menschen finanziell unterstützen, die aus eigener Kraft nicht genug Geld aufbringen können. Wie wollen Sie diesen Topf füllen?
▶ Die Grundidee ist, dass man einen Solidartopf schaffen kann über die monatlich zu zahlenden Mieten. Das soll von vornherein Bestandteil der Projekte sein. In der Anfangsphase brauchen die Projekte ihr Geld natürlich für sich, aber die Vereinbarung, dass ab einem zu bestimmenden Zeitpunkt ein Solidaranteil gezahlt werden soll, möchten wir von Anfang an verankern. Ich bin auf Bundesebene mit ganz vielen Genossenschaftsprojekten vernetzt, von Hamburg bis München, und es gibt viele, die eine Diskussion über Mietreduzierungen führen, wenn Darlehen für den Bau oder

Umbau zurückgezahlt sind. Das kann man aus der Sicht des einzelnen Projekts verstehen, aber es gibt auch Leute, die haben ein gutes Einkommen und die könnten sich den Luxus leisten, etwas von ihrem Geld abzugeben, um solche Ideen zu unterstützen und auch an anderer Stelle zu ermöglichen. Das aber kriegt man oft nicht hin. Die Projekte sind teilweise so auf sich selbst und ihre persönliche Befindlichkeit ausgerichtet, dass wir fassungslos davorstehen und nicht verstehen, dass diese ursprüngliche Idee von Miteinander und solidarischem Zusammenwohnen nicht auch für andere Wirklichkeit werden soll.

Das ist ein interessantes Phänomen, finde ich, wie die Ichbezogenheit irgendwie erweitert und die Gemeinschaft des eigenen Wohnprojekts einfach zum vergrößerten Ich wird.

▶ Genau. Deshalb wollen wir die Ausrichtung auf das Gemeinwohl von vornherein klarstellen, weil wir genau wissen, dass der Punkt kommen kann, an dem die Leute sagen: »Ich habe das Projekt für mich gemacht, ich habe da so viel ehrenamtliche Kraft reingesteckt, warum soll ich jetzt auch noch solidarisch mit anderen sein? Es reicht doch, wenn ich innerhalb meines eigenen Projektes solidarisch bin.« Mit der Ko-Operativ eG wollen wir ermöglichen, dass dieses Prinzip der Solidarität von Beginn an mitgetragen wird. Und Projekte, die das nicht mittragen wollen, sind auch nicht richtig unter dem Dach der Ko-Operativ eG.

Viele Wohnprojektgruppen werden ja von Älteren vorangetrieben, die meistens irgendwie darauf warten, dass Jüngere dazukommen.

▶ Wir hoffen natürlich auch, dass wir mehr junge Leute für die Idee begeistern können und Aktivisten finden, die die Idee mit vorantreiben. Im Moment sind die Wohnprojekte, die an uns herantreten, reine Selbstläufer. Dafür brauchen wir gar keine Werbung zu machen. Der Bedarf ist riesig.

Mein Antrieb sind vor allem Stadtteilprojekte. Ich will neben dem Wohnen auch für Stadtteile genossenschaftlich organisierte Projekte mit auf den Weg bringen, gerade vor dem Hintergrund, dass

eben viele Infrastrukturangebote in den Stadtteilen eher zurückgehen. Der Bedarf an Bildung, Kultur und Begegnungsmöglichkeiten ist aber eigentlich groß.
Wir wollen mit der Ko-Operativ eG auch dafür ein Dach bieten, unter dem sich Menschen zusammentun, und es gibt wunderbare Beispiele für Projekte in dörflichen Bereichen, wo sich Menschen zusammentun als Genossenschaft, um gemeinsam einen Dorfladen zu betreiben, oder Einkaufsgenossenschaften gründen. Meine Idee ist, dass man gemeinsam mit Kirchengemeinden, mit Vereinen, mit Wohlfahrtsverbänden mit einzelnen Bürgerinnen und Bürgern Stadtteilinitiativen auf den Weg bringt für die die Ko-Operativ eG auch ein Dach sein könnte. Da gibt es gute Vorläufer. Aber auch hier gilt: Das Projekt selber muss schauen, dass die Finanzierung sichergestellt wird, aber es würde ein Dach durch die Ko-Operativ eG zur Verfügung gestellt werden.

Noch eine allerletzte Frage: Ich habe gesehen, dass Sie auf der Website ein Treffen von der AG Junge Genossenschaften ankündigen. Was macht diese AG?

► Das ist ein wunderbares Netzwerk von lauter Macherinnen und Machern, die seit acht Jahren solche Genossenschaftsprojekte nach vorne bringen. Der Kreis derjenigen, die da hinkommen, besteht weniger aus den einzelnen Bewohnern und Bewohnerinnen der Projekte als aus den Initiatoren und Initiatorinnen. Da gibt es ganz viele Einzelgenossenschaften, die über Umbau oder Neubau auf den Weg gekommen sind. Wir nennen uns »Junge Genossenschaften«, aber viele gibt es schon seit Ende der 1990er. Das ist ein Netzwerk, in dem auf operativer Ebene die gesamte Vielfalt solcher Projekte thematisiert wird. Das reicht von der Frage nach der richtigen Versicherung bis hin zu der, wie die Neubewohnerinnen und Neubewohner stärker eingebunden werden können in eine Struktur, die von alten Hasen entwickelt worden ist.

Projekte des »Anderen Wohnens« sind ein neuer, umfassender Kompetenzbereich

Christine Müthrath
Beginenhof Köln eG

■ Schon 2015 hatte ich mich mit Christine Müthrath zu einem Interview über den Kölner Beginenhof und die 2011 gegründete Genossenschaft getroffen. Damals engagierte ich mich bei den Beginen für einen zweiten Beginenhof, der sich jedoch nicht realisieren ließ. Das Interview vom 11. April 2015 haben Christine und ich im März 2018 aktualisiert.

* * *

Mich interessiert, wie alles angefangen hat. Kannst du dich erinnern, wann für dich gemeinschaftliches Wohnen zum ersten Mal ein Thema wurde?

► Ja, das kann ich ganz genau. Das war 2008, als sich die Bankenkrise entfaltete. Da habe ich Angst bekommen und zum ersten Mal gemerkt, dass da unter Umständen etwas ganz Bedrohliches auf uns zukommt. Das war der Impuls, mich darum zu kümmern, wo ich im Alter sein kann. Also bin ich zusammen mit meiner Lebensgefährtin losgezogen, und wir haben uns verschiedene Wohnprojekte angeguckt. Irgendwann sind wir durch eine Bekannte zu den Beginen gekommen, die damals schon länger mit dem Thema »Wohnprojekt« beschäftigt waren, aber aus verschiedenen Gründen nicht recht vorankamen. Weil es nicht weiterging, waren viele auch schon ausgestiegen und es gab nur noch eine Handvoll Frauen, als wir dazukamen. Kurz nachdem wir eingestiegen waren, kam das Angebot für dieses Grundstück hier in Köln-Widdersdorf.

Das heißt, ihr musstet kein Grundstück suchen, sondern es ist gewissermaßen zu euch gekommen?
▸ Ja, genau. Die Firma, die das ganze Neubaugebiet hier in Widdersdorf entwickelt hat, hatte einen Beginenhof auf dem Plan.

Habt ihr nicht gezögert? Widdersdorf liegt doch ziemlich weit draußen.
▸ Ja, sicher. Und einige sind auch nicht mitgekommen, weil sie es hier viel zu karg fanden. Es war eben ein Neubaugebiet. Aber nun hatten wir dieses Grundstück und damit ging es los. Anfang 2009 kam die Projektleiterin Lisa Hugger zu uns, die uns während der ganzen Planungs- und Bauzeit begleitet hat. Zuerst haben wir einen Workshop gemacht und all unsere Fantasien rausgelassen und sind den Fragen nachgegangen: Wie wollen wir zusammen leben und wie wollen wir zusammen wohnen?

Wie seid ihr zu der Projektleiterin gekommen?
▸ Sie wurde uns von einer Begine empfohlen, die Lisa Hugger irgendwo erlebt hatte und von ihrer Kompetenz beeindruckt war. Sie meinte, dass wir sie unbedingt einmal einladen sollten – und das haben wir gemacht. Nach diesem Anfang kamen wieder einige Beginen zurück, die in der früheren Phase dabei gewesen waren, und so ging es weiter, auch dank der Begeisterungsfähigkeit und Kompetenz von Lisa Hugger.

Wie wichtig war sie für das Gelingen des Beginenhofs?
▸ Ohne sie hätten wir es nicht geschafft, glaube ich. Die meisten von uns kommen aus dem psychosozialen Bereich. Wir kannten uns doch gar nicht aus auf all den Gebieten, die so ein Projekt ausmachen. Lisa Hugger hat alle notwendigen Verhandlungen geführt, mit allen Firmen. Wir waren zwar immer dabei und haben nach

und nach immer mehr verstanden und übernommen, aber ohne sie wäre es nicht gegangen.

Wie habt ihr die externe Projektleitung finanziert?
▸ Im ersten Jahr mit Mitteln des Landes Nordrhein-Westfalen. Das hatte uns als innovatives Wohnprojekt anerkannt. Danach war ihr Honorar in den Baunebenkosten enthalten.

Würdest du sagen, dass alle, die so ein Wohnprojekt planen, die Kosten für eine professionelle Projektbegleitung nicht scheuen sollten?
▸ Grundsätzlich kann ich das nur empfehlen. Aber es kommt natürlich drauf an. Wenn es in einer Gruppe Menschen gibt, die etwas vom Bauen verstehen und die geschult sind, kann man vielleicht darauf verzichten. Aber allgemeine Fähigkeiten allein reichen nicht, man braucht mehr, man braucht Menschen, die Fachkompetenzen mitbringen. Projekte des sogenannten »Anderen Wohnens« sind ein neuer, umfassender Kompetenzbereich. So ein Projekt erträgt es nicht, dass erst noch lange Kompetenzen entwickelt werden; die müssen vorher schon da sein. Wir haben auch viel gelernt, aber es braucht jemanden, zumindest in der Anfangsphase, der vernetzt ist und Verhandlungstechniken beherrscht und die Gruppe auch immer wieder motivieren kann. Denn es gab auch immer mal wieder Durststrecken. Ich finde professionelle Projektbegleitung sehr wichtig.

Wie seid ihr die Finanzierung des Baus angegangen und wie habt ihr sie so erfolgreich hinbekommen?
▸ Zuerst waren wir ja davon überzeugt, dass wir einen Investor oder eine Investorin brauchen. Und hin und wieder gab es auch jemanden, der in das Projekt einsteigen wollte. Aber an einer bestimmten Stelle haben wir kapiert, dass wir das so nicht schaffen. Wir hatten Vorschläge von vier verschiedenen Architekturbüros und haben uns dann für eines aus Aachen entschieden. Und als die letzte interessierte Investorin sich diese Pläne angesehen hatte, wollte sie sofort etwas verändern, was uns aber nicht gefiel, und

sie wollte auch eine andere Bauleitung als wir, und das gefiel uns gar nicht. Jedenfalls kamen wir nicht zusammen. Und dann, ich weiß es noch ganz genau, das war vor Weihnachten in der letzten Gruppensitzung 2010, stand die Frage im Raum: Gründen wir eine eigene Genossenschaft oder nicht? Trauen wir uns das zu? Das war die wichtige Frage. Inzwischen waren wir schon zwölf, dreizehn Frauen und bis auf zwei haben sich dann alle für eine Genossenschaft ausgesprochen. Wir haben uns das zugetraut.

Und wie habt ihr die Genossenschaft dann aufgestellt?
▸ Wir haben drei verschiedene Wohnformen entwickelt. Geförderte Wohnungen, frei finanzierte und die Wohnungen mit »Dauerwohnrecht«. Für das Bauen geförderter Wohnungen bekommt man Zuschüsse. Anspruch darauf haben Frauen mit einem Wohnberechtigungsschein A oder B; das hängt von der Höhe des Einkommens ab. Die Frauen, die die Wohnform »Dauerwohnrecht« gewählt haben, waren in der Lage, die gesamten Erstellungskosten für ihre Wohnung in die Genossenschaft einzuzahlen.

Kannst du das einmal mit einem Beispiel anschaulich machen?
▸ Jede Frau, die in die Genossenschaft eintritt, muss mindestens vier Genossenschaftsanteile à 500 Euro einzahlen, also 2.000 Euro, dazu kommen 20 Euro Verwaltungsgebühr. Damit erwirbt sie die Mitgliedschaft in der Genossenschaft, was Voraussetzung ist, um hier wohnen zu können.
Natürlich setzen wir voraus, dass jede Frau, die hier leben will, Mitfrau im Beginen Köln e.V. wird. Dann muss jede Frau, die hier wohnt, einen bestimmten Anteil an den Erstellungskosten ihrer Wohnung einzahlen; das ergibt das Eigenkapital der Genossenschaft. Bei den frei finanzierten Mietwohnungen entspricht das 20 Prozent der Erstellungskosten als wohnungsbezogene Pflichtanteile. Wenn die Erstellungskosten einer Wohnung 100.000 Euro betragen, sind also 20.000 Euro einzuzahlen. Die Interessentinnen für geförderte Wohnungen mit dem A-Schein müssen zehn Prozent, in diesem Beispiel also 10.000 Euro, einzahlen. Und bei

Erwerb eines Dauerwohnrechts zahlen die Frauen 100 Prozent der Erstellungskosten ein. Die Wohnung gehört aber ihnen nicht persönlich, sondern der Genossenschaft. Wenn eine Frau jedoch auszieht oder stirbt, bekommen sie oder die Erben den Wert der Wohnung ausgezahlt, aber die Wohnung selbst bleibt in den Händen der Genossenschaft.

Du sprichst vom »Dauerwohnrecht«. Haben Frauen, dir nur 20 Prozent Anteil der Erstellungskosten eingezahlt haben, kein Dauerwohnrecht?
▸ Doch, das haben sie. In einer Genossenschaft ist ein Dauerwohnrecht üblich. Bei diesen Wohnungen von »Dauerwohnrecht« zu sprechen, ist nicht wirklich korrekt. Korrekt ist, dass es Eigentumswohnungen nach dem Genossenschaftsrecht sind.

Müssen diejenigen, die die gesamten Erstellungskosten der Wohnung in die Genossenschaft eingezahlt haben, monatlich noch etwas zahlen?
▸ Natürlich zahlen sie keine Miete, aber sie zahlen die monatlichen Betriebskosten, das sind Nebenkosten und Umlagen.

Wer hat für euch die juristische Form für die verschiedenen Wohnformen ausgetüftelt?
▸ Für Baugenossenschaften sind die beiden ersten Wohnformen üblich, also geförderte und frei finanzierte Wohnungen. Die Idee zur dritten Form, der eigentumsähnlichen Variante, ist bei uns ganz am Anfang von der Projektgruppe als Konzept entwickelt worden. Dadurch konnten wir viel Eigenkapital einsetzen. Der Beginenhof ist ein Fünfmillionenprojekt, und wir haben durch die Dauerwohnrechtsform über zwei Millionen Euro Eigenkapital generieren können. Aber sie ist bislang nicht üblich in Genossenschaften, und daher mussten wir das Modell selbst erarbeiten und der NRW Bank vermitteln, damit sie uns die Fördergelder auszahlen konnte.

Wer hat diese ganzen Bankgeschäfte abgewickelt?
▸ Die Vorstandsfrauen mit der Projektbegleiterin. Kürzlich standen wir wieder vor der Situation, dass uns eine Bank eine Umschuldung

angeboten hat, um einen Kredit mit höheren Zinsen abzulösen. Wenn solche Entscheidungen getroffen werden müssen, entscheiden die Vorstandsfrauen im Dialog mit den Aufsichtsrätinnen nach bestem Wissen und Gewissen. Natürlich lassen wir uns kompetent beraten und holen das Votum der Genossenschaftsfrauen ein. Aber noch einmal kurz zurück zur Genossenschaft: Wir haben uns auch deshalb für diese Rechtsform entschieden, weil der Beginenhof ein Projekt von Frauen für Frauen ist. Er soll in Frauenhand bleiben und günstigen Wohnraum für Frauen schaffen. Wenn in 30 Jahren die Kredite abbezahlt sind, haben Frauen hier sehr günstigen Wohnraum. Das ist besonders für die nächste Generation von Frauen interessant. Die Frauen, die in geförderten Wohnungen wohnen, zahlen eine Miete von 5,60 Euro mit dem A-Schein oder 6,70 Euro mit dem B-Schein pro Quadratmeter. Bei den frei finanzierten Wohnungen sind es 10,50 Euro zuzüglich des Betriebskostenanteils, der im Moment bei 2,50 Euro liegt.

Wie lange dauerte die Bauphase?

► Den ersten Spatenstich haben wir im Juli 2012 gemacht. Aber vorher waren wir ja schon in der Planungsphase, das Grundstück wurde uns im Oktober 2010 angeboten, einziehen konnten wir dann ab Dezember 2013. Also mit der Planungsphase hat alles ungefähr vier Jahre gedauert.

War die Bauphase stressig?

► Für mich war sie sehr stressig. Aber wir waren auch immer euphorisch, wir haben uns immer sehr gefreut, wenn zum Beispiel ein Bauabschnitt fertig war. Und wir waren auch stolz, das Haus hier wachsen zu sehen. Für mich persönlich war es auch deshalb stressig, weil ich mit in der Verantwortung war und unheimlich viele Termine wahrnehmen musste. Von Anfang an war ich außerdem für die Öffentlichkeitsarbeit zuständig und auch für neue Interessentinnen. Ich musste also immer gut informiert sein, um alle Zusammenhänge gut vermitteln zu können. Ich dachte, ich bin am besten informiert, wenn ich im Vorstand bin. Eigentlich ist das

Geschäftliche und Bautechnische nicht meine Leidenschaft. Aber ich habe sehr viel gelernt in den letzten Jahren.

Anfangs hast du gesagt, dass du 2008 im Zuge der Bankenkrise Angst bekommen hast, was deine Zukunft angeht; ist diese Angst jetzt weg?
▸ Eines unserer Ziele ist ja, eine gelingende Gemeinschaft hinzubekommen, damit wir uns gegenseitig unterstützen und uns hier sicher und geborgen fühlen können. Und genau so ist es. Ich fühle mich hier zunehmend sicherer und kann optimistisch meine dritte Lebensphase angehen.

Was ist für dich das Besondere an dem Projekt Beginenhof?
▸ Ich glaube, dass die Historie da eine Rolle spielt, denn Köln war ja im Mittelalter eine Hochburg der Beginen. Und ich glaube, dass diese Tradition eine Kraft gibt, die uns stärkt. Es erforderte damals sicher viel Mut, sich mit Frauen zusammenzutun. Bis dahin hatte eine Frau nur die Möglichkeit, als Ehefrau und Mutter oder als Nonne zu leben. Beides war mit großen Abhängigkeiten verbunden. In unserer heutigen Zeit haben Frauen zwar viel mehr Rechte und Möglichkeiten, aber finanzielle Engpässe angesichts der Berufsbiografien von Frauen und Selbstbestimmung sind immer noch wichtige Themen. Allgemeine gesellschaftliche Fragen wie Vereinzelung und Leben im Alter kommen hinzu.
Während der Bauphase hatte ich immer wieder die Gewissheit, dass wir »geführt« werden. Es kamen die richtigen Menschen zum richtigen Zeitpunkt.

Eure spirituelle Ausrichtung ist, so viel ich weiß, sehr unterschiedlich.
▸ Wir sind sehr vielfältig. Das macht es manchmal auch schwierig, aber immer sehr interessant. Wir haben hier ganz viele unterschiedliche Begabungen und so ist es auch mit der Spiritualität. Da gibt es katholische Frauen, evangelische und buddhistische, da gibt es Schamanismus und unterschiedliche Naturreligionen; es ist uns wichtig, alles zu akzeptieren. Ich meine, das alles sind unterschiedliche Formen, um sich mit etwas Übergeordnetem, einer Kraft oder

Intelligenz oder mit Gott, wie immer man es auch nennen will, zu verbinden. Und da gibt es eben unterschiedliche Wege, wie ich in Resonanz kommen kann mit diesem Übergeordneten, der höheren Kraft, mit Gott.

Diese unterschiedlichen spirituellen Ausrichtungen haben ja auch ihre eigenen Rituale. Wie geht ihr damit um?

▸ Manche Frauen gehen regelmäßig in die Kirche, andere wiederum meditieren. Dann gibt es Frauen, denen meditatives Tanzen wichtig ist. Jetzt gibt es auch eine Gruppe, die sich einmal wöchentlich trifft, um gemeinsam spirituelle Lieder zu singen. Alle spirituellen Angebote finden übrigens im Raum der Stille statt.

Ihr habt diesen Raum der Stille und auch einen großen Vereinsraum unten im Erdgeschoss mit einer Küchenzeile und Mobiliar für Veranstaltungen. Wie macht ihr das mit der Finanzierung?

▸ Das ist ein etwas kompliziertes Konstrukt. Es gibt ja den Verein Beginen Köln e.V., der schon seit 20 Jahren existiert. Der Beginenhof ist ein Projekt dieses Vereins. Der Beginenhof ist aber auch ein wirtschaftliches Unternehmen. Das bedeutet, dass die Frauen, die aktiv bei der Realisierung und Verwaltung des Beginenhofs tätig sind, unternehmerisch denken müssen.

Uns war von vornherein klar, dass wir für unsere Vorhaben große Vereinsräume brauchen, und dementsprechend wurden die Wohnungen insgesamt kleiner, womit alle Frauen einverstanden waren. Dann aber haben wir auch entschieden, dass der Verein von der Genossenschaft die großen Räume anteilig mietet. Also die Frauen, die im Haus wohnen, tragen gemeinsam die Hälfte der Miete des Vereinsraums, die andere Hälfte trägt der Verein.

Der Raum der Stille wird privat finanziert. Als uns die Finanzierung dieses Raums zu viel wurde, dachten wir zunächst daran, auf ihn zu verzichten. Da haben sich einige Frauen entschieden, die Kosten zu übernehmen, also die wohnungsbezogenen Pflichtanteile und die Miete für den Raum, weil ihnen der Raum der Stille für unser spirituelles Anliegen zu wichtig erschien, um darauf zu verzichten.

Wie hoch ist der Mietbeitrag, den jede Frau für den Vereinsraum zahlen muss?
▶ Alle Frauen, die hier wohnen, zahlen monatlich 30 Euro. Dafür können sie ihn als Gemeinschaftsraum nutzen. Und damit der Verein seinen Anteil an der Miete ebenfalls zahlen kann, muss er natürlich Einnahmen haben. Und dazu bieten wir Veranstaltungen an. Wir sind dabei, ein vielfältiges Veranstaltungsprogramm »Begegnung und Kultur« zu entwickeln. Zusätzlich vermieten wir den Raum an Gruppen oder etwa für private Feiern.

Ich möchte noch einmal auf die Lage zu sprechen kommen. Hat dich das nicht abgeschreckt, dass es hier zum Beispiel mit der Anbindung und mit öffentlichen Verkehrsmitteln eher schwierig ist?
▶ Alleine wäre ich hier niemals hingezogen. So ging es anderen Frauen auch. Aber ich finde es jetzt auch schön, hier abseits von der Stadt zu wohnen. Wenn du ein Stück gehst, bist du schnell im Grünen und kannst lange Spaziergänge machen. Ich finde es auch gut, den freieren Blick aus dem Fenster und vom Balkon zu haben. Und die Luft ist hier schon besser als in der Innenstadt.

Könnt ihr hier fußläufig einkaufen?
▶ Ja, am Ende der Straße gibt es einen großen Einkaufsbereich mit Supermarkt, Discounter, Drogeriemarkt, Bäcker, Café, einer Sparkasse, einer Apotheke, da kann man gut zu Fuß hingehen. Und wer einen größeren Einkauf machen will, fährt nach Weiden ins Einkaufscenter, das sind vier Kilometer. Einige Frauen hier haben kein Auto. Und manche, die alte Autos haben, wollen sich, wenn die kaputtgehen, kein neues mehr kaufen. Aber wir haben es noch nicht geschafft, ein Carsharing-Unternehmen für den Stadtteil zu interessieren. Untereinander wird aber schon viel geteilt, auch die Autos werden untereinander ausgeliehen. Und wenn Frauen zu einer ungünstigen Zeit beispielsweise zur S-Bahn nach Lövenich müssen, dann bringen wir sie eben hin oder holen sie ab, das ist gar kein Problem.

Wie ist es denn mit Konflikten bei euch? Dass es welche gibt, ist ja klar. Mich interessiert, ob ihr eine bestimmte Strategie habt, damit umzugehen.
▶ Wir haben gesagt, dass jede Frau, die hier einzieht, die Bereitschaft zur Selbstreflexion haben sollte. Aber da gibt es natürlich Unterschiede. Einmal im Monat gibt es eine Supervisionsgruppe. Hier besteht die Möglichkeit, einen Konflikt zu besprechen. Die Supervisorin kommt regelmäßig und wird von den Frauen finanziert, die an der Supervision teilnehmen.

Wie viele sind das?
▶ Zwei Drittel der Bewohnerinnen.

Was macht ihr mit einer Frau, mit der es einen Konflikt gibt, die aber kein Interesse an der Supervisionsgruppe hat?
▶ Wir haben von Anfang an beschlossen, dass wir eine Gruppe von ungefähr 30 Frauen sein wollen. 27 sind es nun geworden. Es ist erforscht worden, dass diese Anzahl um die 30 aus verschiedenen Gründen vorteilhaft und gut ist für solche Gemeinschaftsprojekte. Was nun die Konflikte angeht … Wenn ich einen Konflikt mit einer Frau habe und der ist nicht zu klären, dann kann ich bei 27 Bewohnerinnen dieser Frau aus dem Weg gehen. Bei nur zehn Mitbewohnerinnen wäre das schon schwieriger. Es gibt Frauen, die warten, bis sich das, was konfliktiv ist, von alleine auflöst. Dann gibt es Frauen, die sprechen direkt miteinander und klären das, was stört. Bei der Vielzahl von Frauen gibt es einfach auch ganz viele verschiedene Möglichkeiten, mit Konflikten umzugehen. Viele ziehen sich auch zurück und klären es für sich und kommen danach wieder in die Gruppe zurück. Bisher hat es aber noch keinen derart heftigen Konflikt gegeben, dass die Gemeinschaft sich eingemischt hätte.

Wenn ich dir so zuhöre, dann scheint mir Toleranz ein ganz wichtiges Thema bei euch zu sein.
▶ Ja. Inzwischen würde ich sagen, dass das Bestreben bei allen da ist, jede Frau so zu lassen, wie sie ist, und sie nicht ändern zu wollen.

Würdest du von dir persönlich sagen, deine Toleranz ist hier gewachsen?
▶ Ja. Ich bin manchmal ganz erstaunt, wie anders eine Frau ist als ich und wie anders sie mit einer Sache umgeht, und dann denke ich darüber nach und komme drauf: Ach, so macht sie das! Es wirkt versöhnlich, wenn ich es irgendwie verstehen kann. Ich habe einen ganz anderen Blick auf Konflikte dadurch bekommen, dass ich in den letzten 20 Jahren viel mit der Jung'schen Psychologie zu tun hatte. Die andere ist ein Spiegel für mich. Das, was mich an ihr stört, ist meist ein Teil von mir, den ich nicht mag, nicht haben will und den ich auf sie projiziert habe. Wenn ich so meinen Anteil am Konflikt sehen kann, bin ich beruhigt und das schafft energetisch einen anderen Raum.

Das ist ja eigentlich ein Klärungsprozess, den du mit dir alleine machst.
▶ Ja.

Damit schaffst du dir natürlich auch eine große Unabhängigkeit von der Bereitschaft der anderen Beteiligten.
▶ Das stimmt. Und ich glaube, ganz ähnlich gehen auch andere Frauen hier mit schwierigen Situationen um. Sie ziehen sich zurück, und wenn sie den Konflikt für sich geklärt haben, sind sie wieder da.

Ich halte das für eine reife Art, mit Unstimmigkeiten oder Konflikten umzugehen, irgendwie weise und unserem Alter angemessen, oder?
▶ Ja. Die Frage ist ja: Wie gehst du mit Kränkungen um oder mit Verletzungen. Und nimmst du immer alles persönlich. Aber da du gerade das Alter erwähnst: Es ist schon wichtig zu erwähnen, dass wir kein Altenprojekt sind. Wir finden es gerade wichtig, dass jüngere Frauen einziehen, wenn eine Wohnung frei wird.

Was habt ihr im Moment für einen Altersdurchschnitt?
▶ Die Jüngste ist 54 und wir haben einige, die sind Mitte 70. Der Durchschnitt wird schon über 60 liegen. Wir verstehen uns trotzdem nicht als Altenprojekt. Wohnen im Alter ist ein wichtiges

Thema, aber nicht der eigentliche Beweggrund für das Entstehen unseres Projekts.
Gleichwohl ist es natürlich so gewesen, dass damals, als wir anfingen, Interessentinnen für den Beginenhof zu suchen, vor allem die älteren Frauen kamen. Und es war gut so, denn sie hatten Zeit, weil sie schon Rentnerinnen waren, und viele brachten zudem das Geld mit, mit dem wir die Genossenschaft aufbauen konnten. Das große Engagement, das die Realisierung von solch einem Projekt braucht, kann eher von denen geleistet werden, die nicht mehr berufstätig, aber noch fit sind. Eine Frau, die noch mitten im Berufsleben steht, kann das neben ihrer Arbeit kaum leisten.

Zum Schluss möchte ich nach eurer gesellschaftlichen Positionierung fragen. Was ist euer gesellschaftliches Anliegen?
▶ Wir wollen ein Programm aufbauen für Begegnung und Kultur, weil wir so unseren Beitrag leisten wollen zu Aufklärung und Bewusstheit über Themen der Zeit oder über Spiritualität, Gesundheit, Psyche. Dazu bieten wir Vorträge und Kurse an, die der Bewusstheit und somit der Weiterentwicklung dienen.
Im Sozialen ist es unser Anliegen, Frauen und Kinder zu unterstützen. Beispielsweise organisieren wir Trödelmärkte und die Spenden, die wir darüber bekommen, geben wir an Frauen- oder Kinderprojekte weiter. Außerdem erhält jedes Jahr ein ausgewähltes Kölner Frauenprojekt den Beginenpreis, der mit 5.000 Euro dotiert ist.

Ist es denn so, dass jede Frau, die hier wohnt, sich engagieren muss, oder kann es auch sein, dass eine Frau hier eigentlich nur wohnen will?
▶ Es ist uns schon wichtig, dass sich jede Frau engagiert und in irgendeiner Form mitwirkt, so wie sie es eben kann. Denn viele Arbeiten müssen einfach gemacht werden, zum Beispiel die Gremienarbeit oder die Gartenarbeit. Oft ist es so, dass Frauen das machen, was sie gerne tun, oder auch das, was sie lernen möchten. Wir verstehen uns nicht als reines Wohnprojekt. Mir persönlich ist es wichtig, mich hier in der Gemeinschaft in meiner drit-

ten Lebensphase weiterentwickeln zu können und sinnvoll aktiv zu sein, etwas Neues in die Welt zu bringen, das die Gesellschaft in Zukunft mehr und mehr zu brauchen scheint, nämlich eine Überwindung der Vereinzelung und Isolierung hin zum Gemeinschaftlichen.

Mit »Wir würden gerne« bekommt man kein Grundstück

Marion Volkmar

Vorstand der Wohnungsgenossenschaft Hof der Familie in Köln-Rondorf

■ Ich habe Marion Volkmar 2017 auf einer Veranstaltung der Genossenschaftsinitiative STADTRAUM 5und4 in Köln kennengelernt. Wir saßen nebeneinander und kamen ins Gespräch. Ich erfuhr, dass Marion zu einer Gruppe gehört, die gerade dabei war, in Köln-Rondorf eine Wohnungsgenossenschaft zu gründen. Ich war neugierig und habe sie um ein Interview gebeten. Im Herbst 2017 habe ich sie in Köln-Rondorf besucht. Im Januar 2018 haben wir dieses Interview aktualisiert.

* * *

Um mich auf dieses Gespräch vorzubereiten, habe ich mir eure Internetseite angeschaut. Die ist ja sehr informativ, finde ich.
► Ja, sie zeigt, wie weit wir schon mit der Entwicklung des Projekts sind. Der Kollege, der die Internetseite erstellt hat, kommt aus dem Gewerbe. Er ist auch ein Rondorfer Bürger. Das Ganze ist ja entstanden aus dem »Haus der Familie«, einem Verein, den es seit gut 15 Jahren in Köln-Rondorf gibt.

Das wäre meine erste Frage gewesen, denn ich habe nicht gelesen, dass ihr vom Hof der Familie einen Verein gegründet habt.
► Nein, den Verein gibt es ja, der heißt »Haus der Familie« und unsere Genossenschaft heißt »Hof der Familie«. Auf der Website

der Genossenschaft gibt es eine Verlinkung zur Vereinsseite. Der Verein hat sich vor ungefähr 15 Jahren gegründet. Es waren einige Rondorfer, die damals für ihre Kinder eine Mittagsbetreuung benötigten. Viele der Gründungsmitglieder des Vereins sind jetzt auch Gründungsmitglieder der Genossenschaft.

Hast du damals auch den Verein mitgegründet?

► Mein Mann war zu der Zeit dabei. Damals wurde vom Verein zuerst ein Häuschen angemietet, danach eine Wohnung, in der heute eine Kita eingerichtet ist, die vom Verein organisiert wird. Und vor ungefähr sieben Jahren hat der Verein ein eigenes Haus in Rondorf bezogen. Das »JuNa«, das Jugend- und Nachbarschaftshaus.

Das habt ihr mit dem Verein gebaut?

► Nein, das Haus wurde in Zusammenarbeit mit dem Architekten des Vereins geplant und von der GAG – einer großen städtischen Kölner Immobilien-AG – als Bauträger errichtet. Der Verein hat das Haus nur gemietet. Er finanziert sich aus den Vereinsbeiträgen und aus den Vermietungen der Räume, die sich in dem Haus befinden. Es gibt da einen wunderbaren Saal, eine Küche und eine Theke. Im Haus finden verschiedene Aktivitäten statt. Nachmittags von 16 bis 21 Uhr ist das Haus für die Jugendlichen geöffnet. Außerdem gibt es verschiedene Sportveranstaltungen oder Mitsingkonzerte. Aus einem Jahresthema des Vereins »Unser Veedel« und einem Vortrag des Paritätischen Wohlfahrtsverbands zum Thema »Wohnen im Alter im Veedel« entstand der Gedanke: Es wäre doch toll, wenn wir hier im Alter zusammen wohnen könnten, wenn hier Jung und Alt zusammenkäme und wir ein Mehrgenerationenwohnhaus in Rondorf errichten könnten.

Wann ist diese Idee aufgekommen?

► Das war vor vier oder fünf Jahren. Und vor drei Jahren haben wir überlegt, welche Rechtsform für uns interessant wäre. Und so sind wir auf die Genossenschaft gekommen. Ich habe dann zusammen mit Karl Josef Würth angefangen, eine Satzung zu entwerfen.

Wir haben uns dafür im Wohnprojekt Amaryllis in Bonn Information geholt, auch bei einem Projekt in Köln-Ehrenfeld sowie bei dem Projekt »Gut-in-Widdersdorf«. Wenn man ein bisschen im Internet recherchiert, findet man die Satzung von dem einen oder anderen Projekt. Neben diese haben wir das Genossenschaftsgesetz gelegt ... Das ist ja doch sehr umfangreich, wie wir festgestellt haben.

Ist es dir leicht gefallen, das zu verstehen?
▸ Jein. Ich bin Diplom-Betriebswirtin, Diplom-Verwaltungswirtin. Mit Gesetzestexten kann ich schon umgehen, aber das nachher umzusetzen – das war dann doch etwas schwierig. Das haben erst Karl Josef und ich ...

... was ist er von Beruf?
▸ Er ist auch Betriebswirt und in der Immobilienwirtschaft tätig.

Ich frage deshalb nach, weil eine der Erkenntnisse, die ich durch die Interviews gewonnen habe, die ist, dass Gelingen oder Scheitern von Wohnprojektgruppen stark davon abhängen, welche Kompetenzen in der Gruppe vorhanden sind. Da gibt es zum Beispiel Gruppen, die ein Wohnprojekt machen wollen und deren Mitglieder ausschließlich aus sozial-psychologisch-pädagogischen Berufen kommen. Denen fehlen meistens die technisch-wirtschaftlich-juristischen Kompetenzen, die ihr hier habt. Die müssen so früh wie möglich diese fehlenden Kompetenzen einkaufen, und wenn sie das nicht tun, dann geht es oft nicht weiter.
▸ Wir haben uns auch externe Beratung eingekauft, als wir letztes Jahr mit 17 Mitgliedern die Genossenschaft gegründet haben. Da war jeder von uns bereit, einen gewissen Betrag in die Hand zu nehmen.
Die Genossenschaft hat derzeit noch den Status »in Gründung«; erst wenn alle erforderlichen Unterlagen eingereicht sind, zum Beispiel die Satzung, der Finanzplan, ein Unternehmenskonzept etc. kann die Genossenschaft eingetragen werden.

Die Erstellung des Gründungsgutachtens erfolgt beim Prüfungsverband PkmG Berlin, dem Prüfungsverband der kleinen und mittelständischen Genossenschaften e.V. Der Prüfungsverband prüft später, nach Eintragung der Genossenschaft, unter anderem unseren Jahresabschluss. Der Jahresbeitrag dafür liegt bei mindestens rund 220 Euro. Etwaige Prüfungen werden separat nach Aufwand berechnet.

Des Weiteren haben wir uns beim ZdK in Hamburg angemeldet. Das ist der Zentralverband deutscher Konsumgenossenschaften e.V. Unter anderem bietet der ZdK Seminare im Bereich Genossenschaftsrecht an. Die Mitgliedschaft dort ist beitragsfrei.

Und wir haben einen Berater aus Dortmund engagiert. Wir haben ihn auf dem Wohnprojektetag 2016 in Köln kennengelernt, wo er einen Vortrag gehalten hatte. Amaryllis hatte auch mit ihm zusammengearbeitet, und nachdem wir recherchiert hatten und uns gegenseitig beschnuppert haben, haben wir uns für ihn entschieden. Er hat schon mehrere genossenschaftliche Wohnprojekte erfolgreich auf den Weg gebracht und mit uns einen Satzungsworkshop und später einen Finanzworkshop durchgeführt.

Mit der ganzen Gruppe?

► Ja, mit der ganzen Gruppe. Da sind wir die Satzung Punkt für Punkt, Satz für Satz, durchgegangen. Er hat dann immer schon gesagt, worin er Vorteile und Nachteile sieht, und uns aufgefordert, über diesen und jenen Aspekt noch einmal nachzudenken. Das haben wir dann diskutiert. So haben wir einen Satzungsvorschlag erarbeitet, der unseren Vorstellungen entsprach. Wir haben gemerkt, dass man einen Satzungstext nicht eins zu eins von einem anderen Projekt übernehmen kann. Der Prüfungsverband hat sich diesen Vorschlag dann kritisch angeschaut – so ist unsere Gründungssatzung entstanden.

Ihr habt also schon ein Grundstück?

► Unser Investor hat ein Grundstück reserviert. Wir sind in Kontakt mit der Stadt Köln und auch mit dem Investor, der das Grundstück von der Stadt Köln erworben hat. Einen konkreten Standort innerhalb des vorgesehenen Geländes oder eine konkrete Zusage haben wir noch nicht.

Ich habe mittlerweile gelernt, dass man sich mit einer entsprechenden Satzung die Möglichkeit offenlassen kann, nach dem ersten Projekt auch noch andere zu bauen. Wie habt ihr das gemacht?
▶ Ich glaube, wir haben uns die Möglichkeit offengelassen.

Nach welchen Kriterien habt ihr den Zeitpunkt für die Genossenschaftsgründung festgelegt?
▶ Unser Berater hat uns ermuntert, die Genossenschaft zu gründen, auch wenn wir noch kein Grundstück haben und vielleicht erst in drei oder in fünf Jahren bauen. So wäre das schon erledigt und wir könnten uns dann später auf andere Dinge konzentrieren. Vor allem auch weitere Interessenten für die Genossenschaft werben. Das war uns wichtig. Mit der Genossenschaft in Gründung zeigen wir auch, dass wir es ernst meinen. Und nicht nur dieses: »Ja, wir würden gerne.« Damit kann ein Grundstückseigentümer nichts anfangen. Alle haben einen gewissen Betrag investiert und die Gründung der Genossenschaft in Angriff genommen.

Die 17 Mitglieder, die die Genossenschaft gegründet haben, kommen die alle aus dem Verein?
▶ Ja, alle sind Mitglieder im Verein und es gab auch schon die Diskussion, ob neue Interessenten automatisch die Mitgliedschaft im Verein erwerben sollen. Der Belegungsausschuss hat dazu einen Entwurf erstellt. Ich denke, es ist keine Grundvoraussetzung, Mitglied im Verein zu sein, aber es wird gerne gesehen.

Ist der Verein mit der Genossenschaft irgendwie formal verbunden?
▶ Nein. Wir konnten auch nicht unter dem Verein anfangen, irgendetwas zu initiieren, denn der Verein ist gemeinnützig. Wenn wir da rechtlich oder finanziell irgendwas falsch gemacht hätten, hätte dem Verein die Gemeinnützigkeit aberkannt werden können.

Es gibt aber mehrere Personen, die sowohl im Vorstand des Vereins sind und auch in der Genossenschaft Ämter innehaben – und alles im Ehrenamt.

Das hört sich an, als wäre alles organisch gewachsen.
▶ Ja, das ist wirklich gewachsen. Das habe ich immer mitbekommen, weil mein Mann viele Jahre im Vorstand des Vereins aktiv war.

Was ist mit euren Kindern, wollen die auch mit im Projekt wohnen?
▶ Meine Kinder nicht, aber gegebenenfalls die von anderen Mitgliedern, deren Kinder noch jünger sind. Wir hatten ein erstes Interessiertentreffen im November 2017. Bis jetzt haben wir 25 bis 30 Interessierte.

Ich würde gerne über Geld reden. Was habt ihr bisher investiert?
▶ Bis jetzt hat jedes Mitglied einmalig 25 Euro »Eintrittsgeld« gezahlt und insgesamt 1.000 Euro Geschäftsanteile erworben. Das reicht aber nicht, da müssen wir jetzt nachsteuern. Später kommen die Pflichtanteile dazu. Das ist ein Betrag pro Quadratmeter, der sich unterscheidet je nachdem, ob es eine frei finanzierte Wohnung oder eine öffentlich geförderte Wohnung ist. Den Quadratmeterpreis kennen wir derzeit natürlich noch nicht. Wir hatten mit unserem Berater schon einmal einen Workshop zur Finanzplanung gemacht, und da sind die verschiedenen Dinge, die man berücksichtigen muss, besprochen worden. Wir wissen auch noch nicht, wie viel wir für das Grundstück zahlen müssen und wie hoch letztendlich die Baukosten sind, das ist alles noch offen.

Das alles noch nicht zu wissen, ist aber offensichtlich kein Hinderungsgrund, die Genossenschaft zu gründen.
▶ Nein. Das sind wir umgangen, indem die Mitgliederversammlung die Summen festlegt. Ich zitiere einmal kurz aus der Satzung: »Bei der Aufnahme ist ein Eintrittsgeld zu zahlen. Über die Höhe beschließt die Mitgliederversammlung.« Und hier steht noch etwas

über den Geschäftsanteil: »Der Geschäftsanteil beträgt 100 Euro, und für die Mitgliedschaft ist jedes Mitglied verpflichtet, 10 Anteile zu übernehmen.« Das sind also dann die 1.000 Euro für jedes Mitglied.

Wie ist denn euer Plan? Wie geht es jetzt bei euch weiter?
► Im November fand ein Interessiertentreffen statt, mit dem weitere Mitglieder gewonnen werden sollten. Derzeit arbeiten wir parallel daran, dass wir als Genossenschaft anerkannt werden. Und dann sind wir auf die Aktivitäten der Stadt Köln angewiesen. Das Gelände soll zwar Baugebiet werden, aber da muss jetzt das Prozedere des Aufstellungsverfahrens des Bebauungsplans in Gang gesetzt werden.

Wie heißt das Baugebiet?
► Rondorf-Nordwest.

Weißt du ungefähr, wie groß es ist oder wie viele Häuser geplant sind?
► Es sollen um die 4.000 Menschen dort wohnen und es ist die Rede von 1.200 Wohneinheiten. Einfamilien- und Mehrgeschosswohnungen werden gebaut, eine Grundschule, eine weiterführende Schule, zwei Kindergärten, zwei verschiedene Supermärkte. Es wird ein neuer Sportplatz errichtet, und die Englische Schule bekommt auch einen weiteren Sportplatz.

War es für euch schwierig, von der Stadt die Zusage zu bekommen, dass ihr auf dem Gelände bauen könnt?
► Wir haben nicht direkt von der Stadt den Reservierungsstatus bekommen, sondern von dem Investor. Das ist Amelis, eine gemeinsame Gesellschaft des Immobilienkonzerns Aurelis und der Gebrüder Amand, die in Köln und Düsseldorf ansässig sind und die auch das Neubaugebiet in Köln-Widdersdorf entwickelt haben. Der Investor hat von der Stadt Vorgaben, was da alles gebaut werden muss. Und deswegen sind wir mit Amelis in Kontakt.

Habt ihr Interesse daran, dass noch andere gemeinschaftliche Wohnprojekte auf das Gelände kommen?
▶ Das ist eine gute Frage. Mit der haben wir uns bisher noch nicht auseinandergesetzt.

Steht ihr unter Zeitdruck?
▶ Ich bin in meiner Situation schmerzfrei. Ich möchte fürs Alter auf jeden Fall etwas finden, aber es ist mir egal, ob das jetzt oder in drei, in fünf oder in sieben Jahren ist.

Wie ist bei euch die Altersspanne?
▶ Die Jüngsten sind Ende 40 und die Älteste ist 67 Jahre.

Habt ihr auch schon Architekten an Bord?
▶ Wir haben zwei Architekten unter unseren Gründungsmitgliedern.

Ihr seid ja unglaublich gut aufgestellt. Das hört sich alles so entspannt an …
▶ Viele haben sich ja schon im Verein engagiert und kennen Vereinsarbeit. Es gibt auch Meinungsverschiedenheiten, klar. Aber man weiß, wie es funktionieren muss. Das ist wichtig. Und die Workshops mit unserem Berater waren sehr produktiv.

Wo habt ihr die abgehalten?
▶ Im Vereinshaus oder in der alten Kirche im Büro der Architekten.

Wisst ihr, wie groß ihr bauen wollt?
▶ Mindestens 30 bis 35 Wohnungen, und das Limit, denke ich, dürfte bei 50 liegen. Wir wissen noch nicht, wie groß das Grundstück sein wird, wie viele Geschosse wir errichten dürfen, darauf kommt es dann ja an. Bei 50 Wohneinheiten hat man ja schnell 100 oder 120 Leute zusammen, und je mehr es werden, desto schwieriger wird es vermutlich.

Habt ihr Aufnahmekriterien entwickelt?
▸ Wir haben einen Belegungsausschuss gewählt und dieser Ausschuss hat jetzt einen Vorschlag erarbeitet. Weil wir uns auch gefragt haben, wie wir später die Wohnungen vergeben, welche Interessenten wir haben wollen, wer zu uns passt oder nicht. Das geht ja nicht nur nach Nase, sondern da sind ja auch konkrete Kriterien wichtig, die ausschlaggebend sein werden.

Wie oft trefft ihr euch?
▸ Wir versuchen, mindestens einmal im Monat eine Vorstandssitzung abzuhalten. Bei Bedarf natürlich auch häufiger. Mitgliederversammlungen hatten wir bis jetzt zwei, eine weitere wird demnächst stattfinden.

Wie viele Mitglieder seid ihr im Vorstand?
▸ Vier Mitglieder.

Einen Aufsichtsrat habt ihr noch nicht, oder?
▸ Doch. Das ist eine Voraussetzung, um als Genossenschaft anerkannt zu werden.

Okay, aber der tagt noch nicht …
▸ Doch. Vorstand und Aufsichtsrat haben sich schon zweimal gemeinsam getroffen, denn es muss ein jährliches Treffen stattfinden. Der Aufsichtsrat hat sich auch eine Geschäftsordnung gegeben.

Wie viele Mitglieder hat der Aufsichtsrat?
▸ Der hat ebenfalls vier Mitglieder.

Und die gehören alle zu eurer Genossenschaft oder gibt es auch Aufsichtsratsmitglieder von außen?
▸ Nein, bis jetzt sind alle Mitglieder der Genossenschaft. Der Belegungsausschuss besteht aus fünf Leuten, weil wir hier eine ungerade Zahl haben wollten. Insgesamt haben also 13 der 17 Leute eine Funktion und eine bestimmte Aufgabe.

Überblickst Du, wie viel Zeit du in die Vorstandsarbeit investierst?
▸ Beim Aufstellen der Satzung war pro Woche schon mindestens ein Arbeitstag weg. Im Moment geht es.

Habt ihr auch die Idee, etwas für die Umgebung eures Wohnprojekts anzubieten?
▸ Es gibt natürlich einen Gemeinschaftsraum und eventuell auch einen Gastraum, der öffentlich ist. Im JuNa gibt es freitags ein Begegnungscafé, das ist von 12 bis 16 Uhr geöffnet, da kann jeder hinkommen. So etwas können wir uns auch vorstellen. In unserer Gruppe sind viele engagierte Leute, die zum Teil auch in anderen Initiativen hier in Rondorf aktiv sind.

Ihr seid aber keine gebürtigen Rondorfer, oder?
▸ Wir sind alle Zugezogene. Die meisten sind hierhin gezogen, als die Kinder im Kindergarten waren und in die Grundschule kamen. Und viele waren berufstätig und so entstand damals die Idee, den Verein zu gründen. Das war der Ursprung.

Zum Schluss interessiert mich noch ein Punkt. Du sagst ja, das Gelände ist riesig. In Köln gibt es derzeit um die 13 Wohnprojektgruppen, die sich regelmäßig treffen, manche schon seit Jahren, und die ein Grundstück suchen. Ihr seid ja, so sehe ich es jedenfalls, eine sehr solide Projektgruppe und ihr könntet überlegen, ob ihr euch dafür einsetzen wollt, dass noch andere Gruppen nach Rondorf auf das Gelände kommen.
▸ Also mit anderen kooperieren oder wie meinst du das?

Ich denke noch nicht mal an Kooperation, sondern einfach daran, andere mitzunehmen-
▸ Du meinst vielleicht, dass es unser Haus gibt, daneben einen großen Garten und dann das nächste Haus?

Zum Beispiel.
▸ Wir hatten schon Kontakt mit einer Gruppe, aber denen war Rondorf viel zu weit draußen.

Ehrenamtliche Planung und professionelle Bewirtschaftung

Sascha Gajewski

Mitinitiator der Genossenschaftsinitiative und Vorstand des Vereins STADTRAUM 5und4 in Köln

■ Ich habe Sascha Gajewski bei einer Veranstaltung von STADTRAUM 5und4 im Sommer 2016 zum ersten Mal gehört. Er trug seine Vision vor, von der ich mich sehr angesprochen fühlte. Von Anfang 2017 bis zum Sommer 2018 habe ich bei STADTRAUM 5und4 aktiv in der Marketing AG mitgemacht. Als die Idee zu diesem Buch konkreter wurde, habe ich Sascha gefragt, ob er Lust auf ein Interview habe. Am 18. Mai 2017 haben wir uns in Köln getroffen.

* * *

Wie sieht die kürzeste Beschreibung von STADTRAUM 5und4 aus, die du geben kannst?

▶ Wir haben eine Plattform geschaffen, die das Ziel hat, den gemeinnützigen – man sollte besser sagen: den am Gemeinwohl orientierten – Wohnungsbau wieder zu beleben und gleichzeitig auf die nächste Ebene zu bringen.

Der gemeinnützige Wohnungsbau war ja eher als Versorgungswohnungsbau gedacht, aber ansonsten nicht besonders werteorientiert. Wir wollen die Stadt zu einem Ort des Lebens in Vielfalt machen und bringen bei STADTRAUM 5und4 auch Aspekte der Inklusion, sowohl im kulturellen als auch im ökologischen Sinne, ins Konzept ein.

Und wer ist »Wir«?
► »Wir« ist im Idealfall ein möglichst großer Teil der Stadtgesellschaft, den wir mit einem offenen Prozess und möglichst breiter Ansprache zu adressieren versuchen. Das heißt, wir wollen eine Idee in den Raum stellen und schauen, bei welchen Menschen sie auf fruchtbaren Boden fällt, sodass sie sagen: »Das ist etwas, wofür ich mich engagieren will.«

Wenn ich dich richtig verstehe, ist das »Wir« noch klein, kann und soll im Lauf der Zeit aber groß werden.
► Genau. Es soll groß werden im Sinne des Unterstützerkreises und einer breiten gesellschaftlichen Absicherung. Klassischerweise werden ja Genossenschaftsbewegungen oder andere gemeinwohlorientierte Projekte gern in eine bestimmte politische Ecke gedrängt. Aber das widerspricht letztendlich dem Begriff »Gemeinwohl«. Die These ist, dass das, was wir wollen, für die Gesamtgesellschaft gut ist; auch für Menschen, die vielleicht durch Begrifflichkeiten, die besetzt sind, erst einmal eine falsche Assoziation haben. Aber der Sache nach dient ja die »gesunde Stadt« dem Wohlhabenden genauso wie dem Nichtwohlhabenden.

Ich würde gern ganz konkret nachfragen: Wie groß ist das »Wir« zum jetzigen Zeitpunkt?
► Wir haben vor einigen Wochen den Verein mit rund 30 Mitgliedern gegründet. Wir haben einen Unterstützerkreis von circa 100 Menschen, die klar bekundet haben, dass sie mitarbeiten wollen, das aber aus unterschiedlichen Gründen im Moment nicht können. Sonst haben wir nur noch das Maß der ideellen Unterstützer und wenn man die Petition, die wir jetzt lanciert haben, als Maßstab nimmt, sind es derzeit um die 1.000.

Hat es für dein Engagement so etwas wie eine Initialzündung gegeben?
► Generell gibt es ja die Idee, dass Menschen ihre wesentlichen Charaktermerkmale schon mit 16 Jahren entwickelt haben. Ich würde sagen, das trifft auch auf mich zu. Eine Veranlagung, so

etwas zu machen, gab es bei mir eigentlich schon immer. Die war nur je nach Lebensphase unterschiedlich ausgeprägt: in der Jugend Protest, dann politisches Engagement, dann der Versuch, das Erwerbsleben mit ideellen Inhalten zu kombinieren. Deswegen war ich zwei Jahrzehnte in der Fotovoltaikindustrie tätig. Das Thema »Genossenschaft« hat mich schon im Solarbereich ein Jahrzehnt lang begleitet, weil ich bei einer niederländischen Genossenschaft gearbeitet habe. Mir gefiel immer die Idee, einen Teil meiner Energie für das Gemeinwohl einzusetzen. Gleichzeitig liebe ich es aber auch, nach professionellen Maßstäben zu arbeiten.

Du steckst sehr viel Zeit und Kraft in die Arbeit an STADTRAUM 5und4. Manchmal sieht es aus, als wäre es ein Fulltime-Job, den du da machst.
► Es sieht vielleicht nach mehr aus, als es ist, aber es ist deutlich mehr als jemand, der voll erwerbstätig ist, normalerweise leisten kann. Da ich Freiberufler bin, habe ich Gestaltungsspielraum, aber tatsächlich habe ich 22 Berufsjahre relativ intensiv gearbeitet und bin von den in den Rahmenbedingungen gegebenen Möglichkeiten, Berufliches mit Ideellem zu verbinden, ein bisschen ernüchtert. Da habe ich natürlich Lehrgeld bezahlt. Wenn mich jetzt jemand fragt, sage ich immer. dass ich gerade eine Art aktives Sabbatical mache. Mit dem, was ich mir an Freiheit erarbeitet habe, kann ich mich entweder eine Zeit lang auf die faule Haut legen und Urlaub in der Sonne machen oder es vergemeinschaften und gesellschaftlich wertvoll nutzen. Und ich sehe mehr Sinn darin und dementsprechend macht es mir auch mehr Freude, Letzteres zu tun.

Hast du mit dir selbst einen Zeitpunkt vereinbart, bis zu dem das Projekt klappen muss, und wenn es dann nicht erfolgreich ist, lässt du es wieder bleiben?
► Ich weiß, dass es einen langen Atem braucht. Als ich anfing, mich mit dem Thema zu beschäftigen, habe ich mir auch darüber Gedanken gemacht, dass es kein Projekt ist, bei dem ich selbst als Projektentwickler die volle Kontrolle über den Prozess habe. Wenn

ich das partizipativ öffne, habe ich die ganze Gruppendynamik und die Vielfalt, die Vielfalt, die ich auch will. Ich weiß aber auch, dass die bremsend ist. Aber da ich keine Referenz dafür habe und so etwas zum ersten Mal mache und letztendlich jede Gruppensituation anders ist, habe ich von vornherein eine gewisse Langsamkeit einkalkuliert. Ich habe mir fest vorgenommen, dass ich mir drei Jahre gebe, um zu entscheiden, ob es funktionieren kann. Und ich habe von Beginn an immer klar kommuniziert, dass jeder, der mitmacht, so eine Zahl wie sieben Jahre im Kopf haben sollte, bis es zur Realisierung eines Projekts kommen wird.

Und wie viel dieser drei Jahre ist schon vergangen?
▸ Da ist die Tür offen für einen gewissen Selbstbetrug. Denn ich habe wirklich bei null angefangen. Ich komme zwar aus Köln, habe hier aber kaum ein Netzwerk, deshalb würde ich das erste Dreivierteljahr nicht zählen, denn ich musste zunächst einmal die Voraussetzung schaffen, um überhaupt tätig zu werden. Insofern ist jetzt mehr als ein Jahr vergangen, seitdem ich die ersten Mitstreiter gewonnen habe und die Idee einigermaßen klar umschrieben war.

Der Verein befindet sich in der Gründungsphase, aber es sind jetzt schon relativ viele Menschen an Bord, die Idee verbreitet sich und es wird immer bekannter, was STADTRAUM 5und4 ist. Bist du zufrieden damit oder gibt es einen Punkt, wo es dir zu langsam geht?
▸ Da ich ein Morgenmuffel bin, geht es mir morgens zu langsam und abends bin ich wieder zufrieden …

Ich glaube, das ist ein wunderbarer Ansatz, um gut mit partizipativen Prozessen leben zu können.
▸ Natürlich ist es auch ein Lernprozess. Ich habe ja schon gesagt, dass ich damit keine Erfahrung habe. Ich habe zwar immer wieder partizipativ gearbeitet, aber ohne so ein klares Projektziel, das dahintersteht. Natürlich haben wir den klaren Anspruch, für die Idee als solche zu werben, aber sie soll sich ja auch aus wohlüberlegten Gründen im Konkreten manifestieren, weil wir sonst dar-

über reden, was andere Leute tun sollen, und wir auch kein Verhandlungspartner für – zum Beispiel – die Kommunen wären. Es geht eben darum, unsere Idee nicht nur als Forderung in den Raum zu stellen, sondern uns auch als Gesprächspartner gegenüber der Stadt zu positionieren, sodass sie die Rahmenbedingungen schaffen kann, um solche Projekte zu ermöglichen.

Wir haben ja schon viel erreicht in dem Sinne, dass wir viele Aktive gewonnen hatten. Aber wie in jedem Gruppenprozess kommt eine Konsolidierungsphase, in der einige Leute feststellen, dass sie zwar rational erfasst haben, dass es lange dauert, aber dass diese Dauer doch zu viel persönliche Hingabe erfordert, auch was das Aushalten von Gruppenprozessen angeht. Ich weiß nicht, ob ich dem gerecht werde, aber ich versuche so ein bisschen der kontinuierliche Faktor zu sein, der sich von nichts umwerfen lässt und Orientierung gibt. Da ist mein Komfort: Am Anfang war es eine vage Idee und ich bin im Wesentlichen auf dem Weg immer nur bestätigt worden. Es gab konkrete Startpunkte und eine Vision. Und diese Vision kann ich jetzt immer detaillierter ausmalen und sie wird immer besser dadurch.

Könntest du diese Vision einmal beschreiben?

► Die Vision ist, dass wir Menschen, wir Bürger – vorausgesetzt, dass man den richtigen Rahmen schafft – in einer fröhlichen Art und Weise unter gleichzeitiger Achtung anderer Menschen und der Umwelt leben können, eben nachhaltig. Die Vision ist, dass man die schöpferische Quelle der Menschen aktiviert, wenn man einen Ort der Gemeinschaft und der Sicherheit schafft, in dem man ständig ein bisschen tun muss, aber nicht nur das Subjekt von Wirtschaftsinteressen ist.

Und diese Vision lautet für mich »Stadt«, denn bei aller gerechtfertigten Kritik an technischen und gesellschaftlichen Entwicklungen: Die Menschheit wird in Zukunft in Städten leben und dort wird sich entscheiden, wie sie das tut. Der Blick geht nach vorne, von der Stadt aus mischen sich Bürger in die Politik ein, sie bestimmen die Regeln der Partizipation und werden von passiven Finanzierern und Leistungsempfängern des Staates zum echten Souverän. Es ist eine lebensfrohe, demokratische Vision, die den Menschen mit seinen Potenzialen und seinen Schwächen ernst nimmt.

Ich denke, dass die Phase, in der STADTRAUM 5und4 sich derzeit befindet, möglicherweise die schwierigste ist, weil noch nichts Konkretes da ist. In dem Moment, in dem es ein Grundstück und Baupläne gibt, kommen ganz andere Leute, nämlich die, die wohnen wollen. Und die braucht das Projekt dann auch. Damit ergeben sich andere Dynamiken, die gleichzeitig das Projekt stabilisieren können.

▸ Ich würde dem entgegenhalten, dass in dem Moment, in dem ein konkretes Projekt da ist, die ideelle Logik sehr leicht in Gefahr zu bringen ist, also das, was wir eigentlich erreichen wollen, weil dann die konkreten persönlichen Wohnbedürfnisse die Diskussionen zu dominieren beginnen. Ich glaube, dass wir noch Zeit brauchen, um unsere Wertebasis zu definieren, zu formulieren und abzurunden. Es geht ja nicht darum, eine schöne Verkaufsstory zu entwickeln, um an ein Grundstück zu kommen, und hinterher etwas anderes zu machen. Auch dafür stehe ich als Garant. Ich habe das initiiert, das darf man so sagen, der Urimpuls stammt von mir, dann sind Leute mitgekommen und wir haben eine Wertebasis, also Grundsätze, entwickelt. Ich bin auf dem Weg sogar etwas dogmatischer geworden. Am Anfang wäre ich noch zufrieden gewesen, wenn wir einfach »gute« Wohnprojekte hervorgebracht hätten. Aber das Bild hat sich vervollständigt, ich habe es sozusagen für mich ausgemalt. Damit unser Projekt wirklich gesellschaftlich relevant und zukunftsfähig ist, muss es auch noch andere Bedingungen erfüllen. Das ist keine Sichtweise à la Sascha, sondern das ist eine Sichtweise, die sich durch die Publikationen derer durchzieht, die sich mit der zukunftsfähigen Stadt und der zukunftsfähigen Welt beschäftigen.

Was ist dir dabei das Wichtigste?

▸ Das Wichtigste ist mir echte Nachhaltigkeit. Und Nachhaltigkeit ist mehrdimensional. Insofern gibt es nicht »das Wichtigste«, es geht vielmehr um die Balance zwischen den Aspekten. Es geht darum, dass nicht unser Egoismus darüber siegt, die Dinge in Balance zu halten, und wir, nur weil das Grundbedürfnis unserer Mitglieder so stark drängt, unsere Ideale über Bord werfen.

Ich möchte noch mal auf einen Begriff zurückkommen, den du vorhin erwähnt hast: »gesunde Stadt«. Was meinst du damit?

► Ich bin ja von der Herkunft kein Stadtplaner, aber es gibt ein europäisches Stadtideal, das sich historisch entwickelt hat, und das ist die polyzentrische Stadt, die als Grundlage keine Funktionsteilung hat, sondern Quartiere, die im Wesentlichen selbstsuffizient sind. Mobilität war damals noch gar nicht gegeben, so wie das heute der Fall ist. Dann hat man das in einem akademischen und die Umwelt nicht berücksichtigenden Ideal der 1920er-Jahre, das wohl von Corbusier ausgegangen ist, über den Haufen geworfen und Industrie, Gewerbe, Wohnen und Freizeit räumlich und logisch voneinander getrennt. Das war ein Ideal damals, dass man Städte am Reißbrett entwarf …

Hat das nicht auch damit zu tun, dass die Produktionsstätten damals sehr laut und schmutzig waren und man sie in jedem Fall weit weg haben wollte von den Wohngebieten?

► Auch das. Ein Grund war sicherlich auch, dass man so besser planen konnte. Man konnte perfekte Wohngebäude und perfekte Industriesiedlungen entwerfen. Damals gab es natürlich auch noch kein Bewusstsein für die ökologische Frage. Da wusste noch keiner etwas von der Begrenztheit der Verfügbarkeit der Ressourcen und der Begrenztheit der Belastbarkeit der Atmosphäre, was uns insbesondere mit der Frage nach dem Verkehr konfrontiert. Denn dieses Konzept getrennter Funktionsbereiche einer Stadt ist nur mit extrem viel Verkehr zu haben. Mittlerweile haben wir verstanden, dass das nicht durchzuhalten ist. Auch andere Motive sind weggefallen, weil eben moderne Industrien größtenteils nicht mehr so belastend sind wie früher das Handwerksgewerbe. Keiner wollte in der Nähe einer Bleiche wohnen. Heute kann man die im Prinzip in ein Wohngebiet stellen. Deswegen hat die Politik neue Mischgebiete entwickelt, weil auch viele klassische Handwerksbetriebe durch moderne Maschinen bei Weitem nicht mehr so viel Lärm erzeugen.

Gehört demnach zur »gesunden Stadt« auch die Durchmischung von Wohnen und Arbeiten?

► Genau. Das ist sozusagen die technische Perspektive. Die soziale Perspektive ist die – wie wir das ja an allen Ecken und Enden sehen –, dass wir Spannungen in der Gesellschaft haben, die aus Ungleichheit entstehen, aber auch daraus, dass die Menschen sich nicht mehr begegnen, es keinen Austausch mehr gibt. Das heißt, wir leben letztendlich in gut isolierten Subkosmen, die sich nicht mehr bewegen. Da brauche ich nur mein eigenes Wohnumfeld betrachten: alles Akademiker, höhere Bildungsschicht, entweder in guten Anstellungen oder verbeamtet. Bei den Superreichen wird das noch extremer, die sind völlig isoliert, leben in ihren Compounds und begegnen dem Menschen gar nicht mehr, dem sie durch die Arbeitsbedingungen, die sie ihm aufdrücken, ein Leben zumuten, das sie selber nicht führen wollen. Ich begegne dem frustrierten Bürger, der sich von der Gesellschaft abgehängt oder überfordert fühlt und darüber zum AfD-Wähler wird, im Alltag nicht und muss ihn aufsuchen, um mit ihm zu diskutieren. Ich habe mit den Lebensrealitäten von alleinerziehenden Müttern wenig zu tun, denn die können sich meine jetzige Wohnumgebung selten leisten.

Wäre denn für dich »gesunde Stadt«, dass du neben dem frustrierten Bürger, der AfD wählt, stehst, um morgens Brötchen zu kaufen?

► Ganz klar. Denn wenn ich ihm nicht begegne, zwinge ich ihn ja sozusagen in die Isolation und mache es ihm auch unnötig leicht, sich seine soziale Gruppe zu definieren. Das ist ja das, was wir in den sozialen Netzwerken beobachten: Man redet einfach nur mit den Leuten, die ohnehin dieselbe Meinung haben. Man bestätigt sich ständig selbst und hält das dann für Wahrheit.

Das heißt dann aber, dass du nicht zu den Leuten gehörst, die ein schönes gemütliches Leben suchen.

▸ Genau. Man kann – sozusagen im physischen Sinne – Couch-Potato sein und sein Leben vor dem Fernseher verbringen, man kann es aber auch im sozialen Sinne sein. Ich glaube, wir wachsen an Konflikten. Die Vorstellung ist ja nicht die, dass ich jeden Tag mit jemandem die Weltverhältnisse oder die Politik diskutiere. Aber das Gegenteil, mich nur mit den Leuten zu treffen, die sowieso die gleiche Meinung haben, um mich über andere zu beklagen, ermöglicht mir kein Wachstum. Menschen, die andere Lebensumstände und andere Sichtweisen haben, bereichern uns.

Ich würde jetzt gerne auf die Petition zu sprechen kommen, die du erwähnt hast. Ich habe sie auch unterschrieben. Worum geht es darin und wie bist du darauf gekommen?

▸ Generell sind wir bei STADTRAUM 5und4 einfach noch auf der experimentellen Suche nach Wegen, wie wir unsere Ideen verbreiten können. Es gibt ja Menschen, die widmen sich relativ konkreten Projekten, wie wir, und andere, die Motivation und Infrastruktur zur Verfügung stellen, damit andere ihre Ideen verwirklichen können. Das wäre auf lokaler Ebene »Köln Mitgestalten« ein Verein, der es sich zum Ziel gesetzt hat, aktiven Bürgern eine Möglichkeit zu geben, sich politisch einzumischen. Oder eben Campact, die eine Plattform anbieten, auf der Leute, die politische Ideen vermarkten wollen, Mitstreiter finden können. Da gibt es eine Subplattform, die sich speziell um Petitionen bemüht, das ist WeAct, und die haben eingeladen, im Kontext der Landtagswahlen in Nordrhein-Westfalen Petitionen zu formulieren. Da ich einen gewissen Marketinghintergrund habe, dachte ich, dass das eigentlich ein sehr elegantes Instrument ist, um einmal ein paar zentrale politische Forderungen auf den Punkt zu bringen und in unserer Community anzutesten, sie damit auch herauszufordern und sich damit auseinanderzusetzen, ob diese Sichtweise geteilt wird. Wir sind ja noch in unserem Findungsprozess: Was sind denn die gemeinsamen Werte, für die wir einstehen?

Ein großes Problem ist die Grundstücksfrage, auf der basiert ein großer Teil der Wohnungsknappheit. Es sind nicht nur die Städte gewesen, generell hat der Staat in einer wirtschaftsliberalen Phase sein Tafelsilber, sprich: seine Grundstücke und seine Sozialwohnungen, veräußert und sich damit selbst entmachtet. Er hat sich der Möglichkeit begeben, gestalterisch in den Markt einzugreifen. Das Mindeste, was man tun müsste, wäre, das umgehend zu beenden.

Was meinst du mit: »Der Staat hat sich selbst entmachtet«?

► Der Staat hat sich insofern entmachtet, als er sich selbst der Instrumente beraubt hat, um den Wohnungsmarkt zu beeinflussen. Seit Mitte der 1980er-Jahre ging man davon aus, dass die Wohnungsversorgung vom Markt geregelt werden kann. Es gab keine Unterversorgung mehr und für Angebot und Nachfrage war ausreichend verfügbare Fläche vorhanden – das entsprach dem Ideal eines ausgeglichenen Wohnungsmarkts. Daraufhin ist die Wohnungsgemeinnützigkeit um 1990 unter Wirtschaftsminister Stoltenberg abgeschafft worden, um 110 Millionen Mark an Fördergeldern pro Jahr zu sparen. Seit dieser Zeit ist der Anteil an Sozialwohnungen ständig rückläufig, mit dem Ergebnis, dass die Städte ihre sozialen Probleme nicht mehr lösen können. Köln ist als Beispiel relativ anschaulich: 50 Prozent – schätzt man – hätten Anspruch auf einen Wohnberechtigungsschein. Es gibt aber nur sechs Prozent Sozialwohnungen. Das heißt zwar nicht, dass 44 Prozent auf der Straße sitzen, das heißt aber, dass ein großer Teil der Haushalte stärker mit Miete belastet ist, als wir in der sozialen Marktwirtschaft als tragfähig oder als sinnvoll erachten.

Die Leute zahlen, im Verhältnis zu dem, was sie verdienen, viel zu viel an Miete.

► Genau. Sie leben zwar nicht auf der Straße, aber die Idee ist eigentlich die, dass die Menschen nur 20 Prozent ihres Einkommens für Miete ausgeben sollten, um genug verfügbares Einkommen zu haben, um an der Gesellschaft teilhaben zu können. Wo die Grenze liegt, die Partizipation erschwert, ist nicht genau zu sagen, aber da mittlerweile viele Haushalte mehr als 40 Prozent ihres verfügbaren Nettoeinkommens für die Miete einsetzen müssen, kann man davon ausgehen, dass viele dieser Haushalte keine gesellschaftliche Teilhabe realisieren können.

Übertragen auf STADTRAUM 5und4: Die Initiative will ja keine Sozialwohnungen bauen, sie ist kein Sozialwohnungsunternehmen.

► Es gibt auch im Sozialwohnungsbau unterschiedliche Qualitäten. Es gibt da den großvolumigen Sozialwohnungsbau der 1950er- bis 1970er-Jahre, in denen man regelrechte Gettos gebaut hat. Dann hat auch die Stadtplanung erkannt, dass das sinnlos ist. Trotzdem ist das Baurecht so gestrickt, dass Sozialwohnungen in der Realität meistens nicht in den guten Gegenden gebaut werden, sondern eher in schwierigen und in Randlagen, sodass es de facto doch wieder zu einer Gettoisierung kommt. Die will man zwar gerne verhindern, aber dafür hat man die Instrumente nicht. Letztendlich haben die Städte für sozialen Wohnungsbau wenig Geld, also baut man billig, und billig ist es da, wo das Grundstück günstig ist, denn davon werden die Baukosten am stärksten beeinflusst. Die Gegenthese ist: Wir verwirklichen von vornherein einen auf Durchmischung angelegten Wohnungsbau und haben die ganzen anderen positiven Nebeneffekte, über die wir schon gesprochen haben.

Lass uns noch einmal zur Petition zurückkommen. Was denkst du, welche Wirkung sie hat?

► Aufgrund des Tempos, das uns da aufgenötigt war, ist es keine perfekt formulierte Petition. Es ist eher ein Statement unserer Unterstützerbasis. Nicht nur die städtischen, sondern alle Flächen, die in Köln bekannt sind, reichen nicht aus, um auch nur die Hälfte des Bedarfs an neuen Wohnungen zu decken. So wie bisher die Grundstücksbewirtschaftung in Köln gemacht wird, wird die Stadt immer noch ein Großteil der eigenen Flächen nicht für gemeinwohlorientierten Wohnungsbau einsetzen, sondern vielleicht nur ein Drittel davon. Also von dem kleinen Anteil, den die Stadt überhaupt noch unter Kontrolle hat, würden maximal, und das wäre der Idealverlauf, 30 Prozent für »sozialen« Wohnungsbau eingesetzt. Wenn man das in Relation setzt zu denen, die einen Anspruch haben auf einen Wohnberechtigungsschein, sieht man ganz deutlich, dass der geringe Spielraum, den die Stadt ohnehin nur hat, voll genutzt werden muss. Das ist der Inhalt der Petition: Wir möchten ein komplettes Ende des Versuchs der Städte, ihr Tafelsilber zu verscherbeln, weil sie damit nichts anderes machen, als den schon eh überhitzten Markt weiter anzuheizen.

Wie viele Unterschriften wurden mittlerweile unter die Petition gesetzt?
▸ Bis heute Morgen 867. Gemessen an den theoretisch denkbaren Größen ist das noch bescheiden und gemessen daran, dass wir mit unserem Verteiler 100 Empfänger erreichen, ist das eine gute Anerkennung. Würde ich das jetzt noch weiterspinnen und an diese 867 einen erneuten Aufruf starten, ließe sich das möglicherweise noch auf einige Tausend erweitern. Natürlich werden wir die Petition auch ausdrucken und überreichen. Aber ich werde alle, die unterschrieben haben, nochmals anschreiben und auffordern, sich zu überlegen, ob sie nicht den Newsletter von STADTRAUM 5und4 beziehen wollen, sodass wir eine größere Verteilerbasis haben. Das verpflichtet die Menschen zu nichts, aber sie haben bereits den Kontakt zu uns und der Idee gefunden und dann soll der Kontakt auch erhalten bleiben.

Wir haben noch nicht darüber gesprochen, wie STADTRAUM 5und4 im Moment organisiert ist. Kannst du dazu etwas sagen?
▸ Relativ geradlinig. Da wir einen Verein gegründet haben, brauchen wir einen Vorstand. Der Vorstand soll aber nur der rechtlichen Integrität des Vereins dienen und nicht der Vorstand im Sinne eines ausführenden Organs sein, das über Wohl und Wehe des Vereins bestimmt. Der soll vielmehr auf breiter Basis stehen. Die Aktiven sind auf Arbeitsgruppen verteilt, weil wir in einer Phase sprunghaft von sechs Aktiven auf 30 Aktive angeschwollen sind.

Wann war das?

▸ Im August 2016. Da mussten wir eine Organisationsform finden, in der wir nicht zu einem Schwätzclub werden, sondern sinnvoll an einzelnen Themen arbeiten können. Ganz pragmatisch haben wir beschlossen: Jede AG entsendet zwei Sprecher in die Steuerungsgruppe, die keine Häuptlingsfunktionen innerhalb der AG haben, sondern reine Koordinationsfunktionen.

Würdest du diese Arbeitsgruppen bitte einmal benennen?

▸ Wir haben eine Quartiers-AG, die sich ursprünglich primär mit der Frage beschäftigen sollte, welche Wirkung und welche Wechselwirkung unsere Projekte nach außen entfalten würden, welche Qualitäten wir uns vorstellen, was wir uns da zutrauen. Ihre Mitglieder sind dann aber darauf gekommen, dass man sich das Außen nicht ohne das Innen anschauen kann, weswegen die AG sich auch mit der Frage der internen sozialen Beziehungen beschäftigt. Dann haben wir die AG, die wir mal »Architektur« genannt haben, die mittlerweile »Wohnraum« heißt, weil eben Architektur kein explizites Ziel ist. Nach dem Ansatz »form follows function« haben wir ästhetische Ansprüche, weil Ästhetik auch Qualität ist, aber primär geht es darum, dass Menschen miteinander leben wollen, und darum, das in der Architektur abzubilden. Es geht um die räumliche Ausprägung der Wohnansprüche. Das sind sozusagen die beiden inhaltlichen AGs. Dann haben wir die AG »Kommunikation, Lobbying und Marketing«, die sich unter anderem mit der Frage beschäftigt, wie wir unsere Kommunikation nach außen und nach innen entwickeln. Die AG »Recht und Finanzen«, die sich mit dem juristischen und finanziellen Unterbau beschäftigt – ein Thema, das extrem wichtig ist, für das es aber sehr spezielle Qualifikation und Menschen braucht, weil es eine hohe Präzision und relativ viel Wissen erfordert; viele fühlen sich in diesem Bereich nicht kompetent.

Auf der Website von STADTRAUM 5und4 habe ich etwas gesehen, was ich so noch nirgendwo anders formuliert gefunden habe. Da steht:

»Planen im Ehrenamt und Bewirtschaften professionell«. War diese Unterscheidung von Anfang an in deinem Kopf?

▸ Ich habe einen hohen organisatorischen und professionellen Anspruch. Professionalität heißt auch, die richtigen Sachen mit den richtigen Strukturen zu tun. Sprich: Ich kann nicht partizipativ eine Haustechnik planen, das ist nicht hilfreich. Aber alles, was sozial ist, muss bis zu einem gewissen Grad partizipativ ausgehandelt werden. Das ist es, was wir hier mit Planen im Ehrenamt meinen: die konzeptionelle Planung. Aber um – zum Beispiel – den Gemeinwohlanspruch einzulösen und die Größe zu erreichen, die wir für erforderlich halten, um die sozialen Funktionen erreichen zu können, kommen wir in Investitionsvolumina, die Banken nicht finanzieren würden, wenn wir da nicht professionell aufträten. Das müssen beide Seiten verstehen. Also die professionelle Seite muss die Qualität und den Mehrwert des Ehrenamtes verstehen, damit der ideelle Anspruch und das Getragenwerden durch die Stadtgesellschaft überhaupt möglich sind; und die Ehrenamtler müssen verstehen, dass es professionelle Strukturen braucht, weil wir nicht im isolierten Kosmos des Antiautoritären und außerhalb der Marktwirtschaft leben. Wir wollen ja eine enge Verbindung mit der Gesellschaft wahren, und dafür brauchen wir einfach professionelle Strukturen. Das war mir einfach immer klar.

Die Frage wird sein, wie das gehen wird. Glaubst du nicht, dass es bestimmte Strukturen braucht, die von allen erlernt werden müssen, damit dieses Zusammenspiel funktionieren kann?

▸ Unbedingt. Das fängt damit an, wie die Aufsichtsgremien der Genossenschaft besetzt werden. Da muss sozusagen die Stadtgesellschaft repräsentiert sein, die die ideellen Aspekte hochhält. Da muss die Genossenschaft, also der Wirtschaftsbetrieb, repräsentiert sein und in gleichem Umfang müssen dort Dritte repräsentiert sein, die sich das aus einer Metaperspektive anschauen können. Das ist alles noch nicht im Detail ausformuliert. Der Verein, den wir jetzt gegründet haben und der jetzt erst einmal ein Vehikel ist, im Prinzip ein Bildungsverein, der die Idee verbreitet, der soll in einer späteren Phase im Idealfall die gesellschaftliche Repräsentation organisieren und die ideelle Absicherung mit gewährleisten.

Und aus diesem Verein käme auch jemand in den Aufsichtsrat?

▶ Im Idealfall ja. Streng genommen könnte sich die Genossenschaft auf der Hauptversammlung auch entscheiden, den Verein nicht reinzunehmen. Das unterliegt ja einer zukünftigen Dynamik. Es könnten sich andere Repräsentationsstrukturen in der Stadtgesellschaft herausbilden, die vielleicht noch attraktiver sind, weil sie noch viel mutiger agieren, auch das ist nicht auszuschließen. Aber generell wollen wir im Rahmen dessen, was wir selber konzipieren, dafür sorgen, dass es eine gute Balance zwischen dem professionellen Anspruch in der Bewirtschaftung und dem Bau gibt, dass die Stadtgesellschaft repräsentiert ist und dass wir eine übergeordnete Perspektive haben, kompetente Dritte von außen, die den ideellen Anspruch verstehen, aber mit einer professionellen Distanz uns auch die Leviten lesen, wenn wir es brauchen.

Wollen wir noch über Geld reden?

▶ Reden wir über Geld! Wir betreiben ja keine Fundamentalkritik an dem Wirtschaftssystem, auch wenn es da viele Punkte gäbe. De facto reden wir von einem Solidarprinzip. Solidarität erfordert Vertrauen. Vertrauen kann auf persönlichem Vertrauen oder auf Informationen gründen. Deswegen muss man in einer Genossenschaft immer auch über Geld reden. Wenn man mal von dem ultimativen Ziel eines Bauprojektes ausgeht oder von vielen Bauprojekten, denn wir wollen ja nicht nur eines, sondern viele, und wir wollen soziale Durchmischung: Die Baukosten sind aber immer so hoch, dass wir nicht sagen können, dass alle mitmachen können. Wir werden reale Baupreise sehen und einen gewissen Binnentransfer organisieren müssen, damit wir diese soziale Durchmischung hinbekommen. Das wird zwar teilweise durch Fördermittel des Landes und des Bundes gestützt, die aber aller Voraussicht nach nicht ausreichen werden, um die Vielfalt zu erreichen, die wir uns vorstellen. Wobei auch das noch verhandelt wird, was wir uns da

so vorstellen. Deswegen wird man über Geld reden müssen. Ich halte das für eine Qualität, ich halte das auch für eine gesellschaftliche Qualität.
Mir erschließt es sich eigentlich nicht, warum wir als Deutsche da so restriktiv sind. In Schweden zum Beispiel kann jeder, der eine Steuernummer hat, die Steuererklärung von anderen einsehen. Natürlich haben kleine Staaten immer ein anderes Gefühl der Verbundenheit. Aber warum handhaben wir es denn nicht ähnlich? Wir haben immer das Gefühl, dass es uns nichts angeht, was andere verdienen, aber sie verdienen das ja innerhalb eines durch staatliche Regeln gesetzten Wirtschaftssystems. In der Genossenschaft kann ich nicht sagen: »Ich wünsche mir, dass du Solidarität übst, aber ich gebe dir keinen Hinweis darauf, wo ich eigentlich stehe.« Da entsteht leicht die Gefahr, dass man Solidarität nicht übt, weil man denkt, der andere habe genauso viel, wie man selbst. Also muss ich irgendeine Form von Vertrauen schaffen. Das kann durch objektive Information, das kann durch abstrahierte Information stattfinden. Gleichzeitig kommt hinzu, dass wahnsinnig viel Geld in der Gesellschaft da ist, das angelegt werden möchte, und dass ein immer größer werdender Anteil davon sozial investiert werden soll. Das zeigt der Zulauf bei der GLS oder Umwelt-Bank, die soziale und ökologische Zielsetzungen verfolgen und die sich letztendlich nicht retten können vor Geld; die finden gar nicht genug Projekte. Wenn man betrachtet, dass die meisten Menschen viel lieber in konkrete soziale Dinge investieren als in abstrakte, darf man einfach mal unterstellen, dass, wenn man ein entsprechendes Angebot macht – und wir machen ja ein sehr konkretes und sehr verständliches Angebot mit der Qualität, die wir erreichen wollen –, es sehr viele Leute geben wird, die sagen: »Wenn das Risiko überschaubar ist, dann bin ich bereit, mein Geld zu einem relativ niedrigen Zinssatz in ein solches Projekt zu geben, um es zu befördern. Das setzt aber auch voraus, dass wir genug Transparenz erzeugen, dass es förderwürdig ist. Leute haben keine Lust, langfristig Geld zu niedrigen Zinsen mit Haftung in ein Projekt zu geben, um einer gehobenen Mittelschicht »Schöner Wohnen in Köln« zu finanzieren.

Auch da wird man über Geld reden müssen. Und das wird noch plausibler, wenn die Bau- und Wohngruppe, die in der Genossenschaft ist, Vorbild ist. Es ist schwierig, einen externen Investor davon zu überzeugen, dass es sinnvoll ist, Geld solidarisch zu einer niedrigen Verzinsung reinzugeben, wenn wir intern nicht in der Lage sind, eine gewisse Binnensolidarität zu organisieren.

Ist das Konsens bei STATDTRAUM 5und4?

► Ich kann nicht sagen, ob es Konsens ist. Wir haben bisher noch nicht erfolgreich über Geld geredet. Wir haben erste Gehversuche in dieser Richtung unternommen, die mich tendenziell optimistisch stimmen, aber wir haben es noch nicht so zugespitzt, dass sich die Geister geschieden hätten. Natürlich ist das Ziel, Wohnraum zu schaffen, aber das ist ja eine Inspiration, die wir aus Zürich mitgenommen haben, wo wir die Genossenschaft Kalkbreite besucht haben: Alle Teilnehmer wachsen in dem Prozess auch persönlich. Wir werden immer Menschen haben, die an einem gewissen Punkt gehen werden, weil sie feststellen, dass sie damit überfordert sind oder sie sich nicht mehr wohlfühlen. Aber das macht nichts, es ist lebendig. In dem Sinne sind wir tatsächlich auch ein Bildungsprojekt, ein Projekt zur Selbsterkenntnis, zur Persönlichkeitsentwicklung, sowohl im Ökonomischen wie im Sozialen. Ich betrachte das als einen inhärenten Mehrwert des Projekts, unabhängig davon, ob von den jetzigen Unterstützern am Ende nur wenige oder alle in das Projekt einziehen.

* * *

Im Sommer 2018 habe ich Sascha Gajewski per E-Mail gefragt, was sich seit unserem Interview bei STADTRAUM 5und4 getan hat und wie der aktuelle Stand der Dinge ist. Folgende Antwort hat mich erreicht:

► STADTRAUM 5und4 hat sich seit dem Interview grundlegend entwickelt, aber noch nicht schnell. Warum sage ich das? Wir stecken in einer Phase des Umbruchs, der Häutung. Die Idee hat sich im letzten Jahr kaum verändert, sie ist etwas gereift, aber die Menschen, die sich zusammengefunden haben, haben erst einmal viel über sich und andere gelernt. Wir können, wie keine Gruppe, die auch ein Team sein will, nicht die vier Entwicklungsphasen »Forming, Storming, Norming, Performing« überspringen und so steckten wir im Frühjahr 2018 gerade irgendwo zwischen »Forming« und »Norming«; ich hoffe, nahe an »Norming«.

Man kann kein soziales Projekt ohne soziale Prozesse erschaffen, grundsätzlich nicht und hier schon gar nicht. Aber bei uns haben sie recht früh angefangen, sich neben den konstruktiven auch in destruktiven Formen einzuschleichen, die überraschend stark waren. Dabei sind wir an Grenzen gekommen, die eine Veränderung erzwungen haben. Das Bestreben, einen effektiven Kompromiss zwischen »klassischer« Vereinsführung – die ist auch demokratisch, aber nicht so grundlegend – und intensiver Partizipation zu finden, hat uns als Gesamtheit überfordert und Stagnation verursacht. Es brauchte seine Zeit, bis sich Gruppen formiert haben, die klar formulieren konnten, wo ihre Grenzen und gemeinsamen Vorstellungen sind, erst dann wurde Handeln möglich. Ein wenig überrascht hat, wie persönlich das werden kann, und ich denke, es wird Abstand brauchen, bis ich weiß, was auch im Rückblick als unangemessenes Verhalten Einzelner hängen bleibt und was als unausweichliche emotionale Dynamik. Danach war es zunächst schwierig, Mitstreiterinnen und Mitstreiter zum Handeln zu motivieren, doch nach einigen Wochen entstand durch konkrete Chancen und neue Mitglieder eine neue Dynamik. Der Abschied von einigen Mitgliedern war wohl unausweichlich, vielleicht sogar notwendig.

Am Anfang hatten wir, die erste Generation, primär eine Idee entwickelt und diese erklärt. Dann luden wir alle ein, die sich mit dieser Vision identifizieren konnten und anpacken wollten. Wir haben einigermaßen bewusst einiges offen gelassen, gerade zum Wie, und das erschien auch richtig, weil wir glaubten, dass die Idee und die formulierten Grundsätze für genügend Ausrichtung sorgen würden und diese Offenheit uns bereichere. Nun haben sich für mich zwei Punkte erwiesen: Zum einen tragen nicht alle, die sich angesprochen fühlten, eine ausreichend ähnliche Vision im Herzen. Zum anderen gibt es viele Projektionen auf das, was STADTRAUM 5und4 sein sollte und was irgendwer tun müsste, die mir eher wie eigene Projekte und nicht wie Hilfsmittel zur Zielerreichung vorkommen. Das betrifft insbesondere die Partizipationsformen. Das ist alles völlig in Ordnung, aber eine Überforderung aller, und die fand gerade ihr Ende.

Dieses Ringen wird bald vergessen sein, wenn alle wohlwollend und tolerant auf die Ereignisse schauen. Es gibt einen großen Kern von Menschen, die in ausreichendem Maße das Gleiche wollen; die annehmen, dass die ursprünglichen Ideen eher Realisierung als Modifikation brauchen und über die verbleibenden offenen Fragen konstruktiv streiten können. Anpassungen werden nun als begleitender Prozess und nicht als Teilnahmevoraussetzung begriffen.

Das vielerseits positive Feedback zu unserer Idee wird viele gefestigt haben und der Fahrtwind der Bewegung wird frische Luft und auch neue Mitstreiterinnen und Mitstreiter bringen. Die Herausforderungen, für die wir eine positive, lebensbejahende Lösung anbieten, kommen zunehmend in der Breite der Gesellschaft an. Die Zusammenhänge zwischen Umwelt, Arbeitswelt und globaler Gerechtigkeit, die zu eben solchen Konzepten wie dem unseren führen, verlassen die Nischen der Utopisten. Leider ist hier die Politik noch nicht so weit wie die Gesellschaft; sie sucht die Antworten immer wieder zu nah am Bestehenden. So ist unsere Arbeit im Moment viel auf Politisches ausgerichtet, denn auf diesem Feld wird entschieden, was in unserem Sinne möglich wird.

Gerade weil SR54 eine Bewegung ist und kein Wohnprojekt, sollten wir die Lösung nicht für das einzelne Projekt suchen, sondern zu einem erheblichen Teil auch in den Rahmenbedingungen.

In Köln fehlen einstweilen nicht nur ein starkes Interesse und Verständnis für den Beitrag, den wir leisten wollen, obwohl viele vorgeben, sich mit dem Thema beschäftigt zu haben, sondern auch Führung und Stringenz innerhalb der Verwaltung und in der Abstimmung mit der Politik. Ein schwieriges Umfeld. Es bleibt also nichts anderes, als mit »allen« zu reden, und so touren wir durch die Ausschüsse und Ämter und sind auf so vielen Veranstaltungen wie möglich präsent, um die Stadtvertreter vor den Augen des Publikums anzusprechen. Wir sind ein Kooperationsangebot, wenn auch ein energisches.

Die Probleme liegen natürlich nicht nur in der Stadt und es gibt auch Wechselwirkungen, etwa beim Verkauf von Landesliegenschaften. Daher sind Gespräche mit Landtags- und Bundestagsabgeordneten ein wichtiger Teil unserer Arbeit geworden. Das Land steckt die Förderbedingungen für Wohnungsfragen und das Haushaltsrecht der Kommunen ab, und diese müssen weiterentwickelt werden, um gemeinwohlorientiertes Wohnen zu fördern. Es ist beklagenswert, dass das Land sich aus dem Liegenschaftsmanagement zurückziehen will, aber das letzte Wort scheint noch nicht gesprochen und wir liefern Argumente. Wir stoßen dabei durchaus auf offene Ohren, auch bei einer Regierung, die erst einmal für eine Politik steht, die mehr auf die sogenannten Leistungsträger setzt als auf die Breite der Gesellschaft. Doch auch Staatssekretäre der Mehrheitsfraktion lassen sich durchaus für unsere Argumente gewinnen und machen Angebote zur Vertiefung des Dialoges. Wir sind weit vom Ziel entfernt, aber gute Anfänge sind gemacht.

Wir leben in einer Transformationsgesellschaft, wer will das noch bestreiten? STADTRAUM 5und4 bietet einen wichtigen Beitrag auf wohnungsmarktpolitischer Ebene, einen New Deal, der weit in andere Themenfelder hineinreicht und in dem Bürgerinnen und Bürger Verantwortung übernehmen – eben als Souverän des Staates, ganz praktisch.

Gemeinschaft ist ein dauerhafter Prozess

Kathleen Battke und Thomas Bebiolka

ZukunftsPioniere GbR, Amaryllis eG in Bonn

■ 2014 hatte ich Kathleen Battke zu einem Interview im Mehrgenerationenwohnprojekt Amaryllis in Bonn getroffen. Dabei haben wir jedoch mehr über ihr Buch gesprochen, in dem es um Kriegskinder und Kriegsenkel geht, als über das Wohnprojekt, in dem sie zusammen mit ihrem Mann Thomas Bebiolka lebt. 2018 traf ich beide bei einem Workshop in Köln wieder. Kathleen leitete den Workshop. In der Pause ergab sich ein Gespräch über Gemeinschaftserfahrungen und darüber, wie unterschiedlich Gemeinschaft definiert wird. Ich fand das Gespräch inspirierend und wollte mich ausführlicher mit ihnen über das Thema unterhalten. Am 12. April 2018 haben wir uns in Bonn im Wohnprojekt Amaryllis getroffen.

* * *

Ihr beschäftigt euch nicht nur forschend und beratend mit dem Thema Kommunikation und Gemeinschaft, sondern ihr lebt hier bei Amaryllis ja auch in einem gemeinschaftlichen Wohnprojekt. Daher möchte ich dich fragen, Thomas: Weißt du, wie Gemeinschaft geht?

► T. B.: Ich glaube schon, dass ich weiß, wie Gemeinschaft geht. Aber in erster Linie nicht aufgrund meiner Erfahrung in einem Wohnprojekt, in dem ich nun seit neun Jahren lebe, sondern aufgrund meiner spirituellen Erfahrung, die ich hierhin schon mitgebracht habe. Darüber wissen hier nur ganz wenige Leute etwas.

Ich treffe hier auf so viele unterschiedliche Interessen, Bedürfnisse und Haltungen, dass ich sehe, was es bedeutet, Unterschiedlichkeit unter einem Begriff zu versammeln. Oft habe ich das Gefühl, dass wir immer wieder bei null anfangen. Hat man einen bestimmten Punkt erreicht, dann passiert wieder irgendwas, was uns zurückfallen lässt, oder es kommen neue Mitbewohnerinnen und Mitbewohner dazu. Auf diese Art und Weise, die ich zum Teil etwas ermüdend finde, entsteht trotzdem eine Qualität, für die ich Wertschätzung aufbringe – auch wenn ich mir das anders gewünscht habe.

Kathleen, weißt du wie Gemeinschaft geht?

▶ K. B.: Ich weiß immer wieder nicht, wie Gemeinschaft geht. Aber ich meine zu wissen, wie sie gehen könnte. Einerseits schließe ich mich dem an, was Thomas gesagt hat, weil wir da einen Hintergrund haben, der sich berührt und vor dem wir unsere Gemeinschaftsbilder und auch unsere Erfahrungen entwickeln. Für mich ist Gemeinschaft kein Produkt, kein Ergebnis, sondern ein dauerhafter Prozess. Es ist sozusagen ein Verb – »gemeinschaften« hieße das vielleicht oder eben »Gemeinschaft-bilden«. Gemeinschaft verstehe ich als etwas, das wir immer wieder neu herstellen können und müssen. Deswegen habe ich eine Ahnung davon und auch Erfahrung damit gesammelt, wie so ein Prozess laufen könnte, um immer mehr in eine Gemeinschaftswahrnehmung und ein Wir-Empfinden hineinzuwachsen. Ich würde niemals sagen, dass ich weiß, wie es geht im Sinne von: So muss man es machen.

Wir sitzen hier in einem der Gemeinschaftsräume von Amaryllis. Könnt ihr etwas dazu sagen, was Amaryllis ausmacht und seit wann ihr hier lebt?

▶ K. B.: Ja, Amaryllis ist eine Mehrgenerationenwohngenossenschaft, eines der Pionierprojekte der Wohnszene in Bonn. Wir sind dieses Jahr im elften Wohnjahr bei Amaryllis. Thomas und ich sind vor neun Jahren hier als Ehepaar eingezogen. Wir versuchen mit knapp 50 Erwachsenen und 15 Kindern eine gute Nachbarschaft und manche von uns auch eine Gemeinschaft zu leben.

Klappt das?

▶ K. B.: Die gute Nachbarschaft klappt. Wir achten aufeinander, man hilft sich. Wir organisieren uns selbst als Genossenschaft. Wir sind in der Lage, unsere Gebäude zu verwalten und in Schuss zu halten. Und wenn wir uns gegenseitig in Notlagen antreffen, versuchen wir, uns zu unterstützen und zu helfen. Die Wünsche und Bedürfnisse nach Nähe, Kontakt und Verbindlichkeit sind sehr unterschiedlich. Je stärker diese Sehnsüchte möglicherweise ausgeprägt sind, umso weniger werden sie erfüllt.

Thomas, ich habe auf der Website von Amaryllis gelesen, dass du im Aufsichtsrat der Genossenschaft bist. Was ist das für ein Job, den du da machst?

▶ T. B.: Rein formal gesehen ist der Aufsichtsrat ein Gremium, das die Arbeit des Vorstands kontrolliert. Das ist aber ein Verständnis, an dem ich meine Arbeit nicht ausschließlich ausrichten will. Sondern ich sitze in diesem Gremium, um zu versuchen, das große Ganze im Auge zu behalten, während sich der Vorstand den oft kleinteiligen Aufgaben des genossenschaftlichen Alltags widmet. Das Wohl der Mitglieder, die Menschenfreundlichkeit der Strukturen, notwendige Entwicklungen auf längere Sicht – darum sollte sich der Aufsichtsrat genauso kümmern. Ende April wird es wieder eine Gremienwahl geben und mit jeder Person, die neu dazukommt, ändert sich auch ein bisschen die Art, die Kultur und wie man kommuniziert.

Was werdet ihr wählen?

▶ T. B.: Wir wählen Vorstand und Aufsichtsrat.

Wirst du kandidieren?

▶ T. B.: Ich stehe nicht zur Wahl, denn von den drei Jahren, die man in den Aufsichtsrat gewählt wird, habe ich erst zwei Jahre hinter mir. Eine andere Person, deren Amtszeit jetzt abläuft, wird diesmal ersetzt.

Machst du die Arbeit im Aufsichtsrat gerne?

► T. B.: Das wechselt. Ich finde es wichtig, und ich mache es auch gerne, aber ich habe andere Vorstellungen davon, wie die Kommunikation und die Zusammenarbeit laufen könnte.

Kathleen, hast du hier in der Struktur von Amaryllis auch eine Funktion?

► K. B.: Ich war von 2012 bis 2014 Aufsichtsrätin, habe mich dann nicht wieder zur Wahl gestellt, um ab 2015 die Projektkoordination für unser mögliches Erweiterungsvorhaben AmaryllisPLuS zu übernehmen. Jetzt bin ich noch in einer AG. Wir haben ja eine ziemlich ausgefeilte Arbeitsgruppenstruktur. Ich war von Anfang an in der AG Öffentlichkeitsarbeit dabei und mache im Garten mit. Ansonsten kümmere ich mich ohne Funktion immer wieder um die Fragen: Wie geht es mit der Gemeinschaft weiter? In welcher Phase unseres Projekts befinden wir uns gerade als Menschengruppe? Wie viel Energie ist gerade da – sind wir gerade in einer tatkräftigen Phase oder eher in einer reflektierenden? In einer müden oder einer munteren Phase? Es geht darum, darauf zu achten und gemeinsam mit anderen entsprechende Initiativen zu ergreifen, um entweder die Energie zu erhöhen oder vorhandene Power auch für neue Projekte zu nutzen. Damit beschäftige ich mich durchgehend.

Das finde ich spannend. Diese Energieschwankungen in Projektgruppen im freiwilligen Engagement sind etwas ganz Wesentliches. Wie nennst du das, was du machst?

► K. B.: Ich würde mich als »auftraglose Feinstofflichkeitsbeauftragte« bezeichnen. Ich betreibe so etwas wie »Energiemanagement der feinstofflichen Art«.

2011 habe ich mit zwei anderen eine Arbeitsgruppe ins Leben gerufen – die erste, die nach der ganzen Gründungs- und Bauphase neu entstanden ist –, um uns um diese Themen zu kümmern. Wir haben sie »GemeinschaftsZeit« genannt. Diese AG kümmert sich mittlerweile vor allem um Feste, die Begrüßung neuer Mitglieder oder die Verabschiedung von Gremienmitgliedern aus dem Amt. Ich bin schon seit einer guten Weile nicht mehr Mitglied, weil mir zum einen die wirkliche Gemeinschaftsbildung am Herzen liegt, die ja nun einmal auch Arbeit ist, und damit ist den meisten hier bei Amaryllis nicht so wohl. Und auch das tiefere Diskutieren von Themen, die uns selbst, aber auch die Welt betreffen, hatte ich dort als Schwerpunkt, und auch das finden viele meiner Mitwohnenden oft zu anstrengend. Da ich für »Gemeinschaft light« nicht so zu haben bin, andererseits aber auch niemanden zu etwas nötigen will, habe ich Platz gemacht und kümmere mich nun eben »freischwebend« um das, was mir wichtig ist.

Ich stelle auch immer wieder fest, wenn der Begriff »Gemeinschaft« ins Spiel kommt, meinen die meisten, es ginge darum, zusammen ein Bier trinken zu gehen oder zusammen zu wandern oder sonstige Freizeitaktivitäten miteinander zu unternehmen. Ihr beiden habt ja das Unternehmen ZukunftsPioniere GbR gegründet. Beschreibt ihr bitte einmal, was ihr da macht?

▸ T. B.: Kathleen und ich kennen uns mittlerweile über 25 Jahre und kommen aus geisteswissenschaftlichen Richtungen und Traditionen mit viel Erfahrung in der Zivilgesellschaft und mit Bewusstseinsarbeit. 2009 kristallisierte sich der Kern unseres gemeinsamen Potenzials deutlich heraus und es wurde klar: Wir gründen jetzt ein Unternehmen, mit dem wir eine inspirierende Laborsituation schaffen, in der Menschen mit Wandelabsichten oder Organisationen beziehungsweise Teams mit Change-Projekten unter unserer Begleitung herausfinden können, wie sie ihre Anliegen am besten umsetzen können. Dafür stellen wir Methoden, uns selbst als Prozessbegleiter und unser Fachwissen zur Verfügung. »Labor für Morgen« nennen wir diesen Schwerpunkt unseres Angebots. Der Gründungsimpuls zielte also auf die Lebendigkeit und auch die Energie, die es braucht, um einen Rahmen zu schaffen, damit Veränderung, damit Bewusstseinsarbeit geschehen kann. Hier fügte sich zusammen, was wir bis dahin einzeln gemacht hatten: Coaching, Mediation, mein philosophischer Hintergrund, Kathleens Schreibkunst. Eine der Methoden, für die wir immer wieder angefragt werden, ist das Systemische Konsensieren. Das ist eine spezielle Form, mit der eine Gruppe einen Willensbildungsprozess durchschreiten kann, an dessen Ende ein Konsens, eine tragfähige Entscheidung steht. Vor acht Jahren habe ich es hier bei uns in der Genossenschaft vorgestellt und wir arbeiten seither immer wieder damit. Es scheint speziell für Wohnprojekte eine gute Form zu sein, eignet sich aber auch für Unternehmen.

Konkret gefragt: Macht ihr Workshops, bietet ihr Beratungen an, geht ihr irgendwohin, ist das ein Business?

► T. B.: Klar ist das ein Geschäft; es ist unser Beruf! Wir machen Workshops, konzipieren Seminarreihen und Trainingsprogramme, halten Vorträge, geben Einzelberatungen, schreiben und publizieren. Mediation, zum Beispiel, ist ein ganz konkretes Business. Es kommt ein Kunde oder ein Unternehmen in einer Konfliktsituation. Wenn es zu einer Beauftragung kommt, schaue ich mir an, um was es geht, dann schlage ich entsprechende Interventionen vor und schließlich entsteht ein gemeinsamer Prozess.
Unser inhaltlicher Schwerpunkte ist seit einiger Zeit Resilienz. »Resilienz« beziehen wir dabei sowohl auf die seelische Robustheit Einzelner als auch auf die Zukunftstauglichkeit von Gemeinschaften. Dabei geht es beispielsweise um würdevolles Altern für Menschen mit belastenden Lebenserfahrungen und den Umgang mit transgenerativen Traumata – auch solchen der ganzen Gesellschaft. Unsere Motivation und Herangehensweise spiegeln sich in unserem Slogan »Zusammenhänge verstehen – Verbindung schaffen – Sinn stiften«.

Macht ihr diese Arbeit zusammen?

► K. B.: Zum Teil. Wir haben unsere eigenen Schwerpunkte, aber es macht uns zunehmend Freude und erweist sich auch in gemischten Gruppen als sehr hilfreich, als Paar zu arbeiten. Wir haben bestimmte Qualitäten, Räume zu gestalten und zu halten. Räume im übertragenen Sinne: Settings, Felder, Situationen herzustellen und Vertrauen zu bilden, sodass Menschen sich darin öffnen, eine Transformation durchlaufen, sich bestimmte Fragen stellen und in guter Begleitung auf die Suche nach Antworten für sich gehen können. Es kommen neuerdings zunehmend Vortragsanfragen. Und wir gehen da ran mit der Überlegung: Wie können wir Vorträge bieten, die interaktiv sind, sodass es eine Gemeinschaftsproduktion wird zwischen mir als Vortragender und einem sonst nur passiv zuhörenden Publikum? Es kommen auch vermehrt Anfragen auf der Metaebene: Wie können wir bestimmte Methoden wie World Café oder das Systemische Konsensieren in Firmen oder in Teams erklären? Es zeigt sich der Bedarf, inhouse Moderatorinnen und Moderatoren zu schulen, Supervision zu Methoden und Prozessen zu machen.

Wir verstehen uns als Entrepreneure auch selber als Teil des Experiments. Das heißt, wir wollen selber »ZukunftsPioniere« sein, insofern, als dass wir bestimmte neue Lebensformen ausprobieren und dies zur Ermutigung anderer sichtbar machen. Da sind wir dann wieder beim Wohnprojekt oder anderen Formen der Sharing-Kultur. Wir haben unseren privaten Lebensraum stark reduziert, von 140 auf 53 Quadratmeter, um zu sehen, was wir dann brauchen. Und wie gestalten wir die Berührungsflächen zu anderen Menschen, zu anderen Ressourcen, zu Materie, zu Geld? Wie sieht heilsamer Wandel in unserem eigenen Leben aus? Darüber sprechen und berichten wir, lassen andere Anteil nehmen. Wir geben unsere Erfahrungen in aufbereiteter und mit Wissen untermauerter Form weiter.

Werdet ihr auch von gemeinschaftlichen Wohnprojekten angefragt?

► T. B.: Ja. In den letzten Jahren verstärkt – überwiegend aufgrund von schwierigen Situationen in der Entscheidungsfindung, in denen Wohnprojekte nach neuen Wegen suchen. Es hat sich wohl bewährt, von denen zu lernen, die einen Schritt weiter sind. Das Systemische Konsensieren finde ich spannend, weil es die Menschen so stark mit sich selber konfrontiert. Da musst du es einfach aushalten, wenn dir ein anderer mit seiner Position auf den Geist geht. Und du erlebst es, weil du die Situation ja nicht verlässt; jeder bleibt im Raum und kriegt mit, wie die scheinbar so festgefahrenen Positionen sich durch das Offenlegen, durch den Austausch verändern. Das ist kein Hexenwerk, sondern etwas, das in Präsenz und in gegenseitiger Aufmerksamkeit und manchmal sogar in gegenseitiger Achtsamkeit geschieht, wenn Menschen verstanden haben, was es bedeutet, in eine systemische Haltung einzutreten. Was das ist, das erkläre ich natürlich immer ausführlich.

Ich bin mittlerweile davon abgekommen, kurze Einheiten anzubieten. Bei mir muss eine Einführung mindesten zwei Tage dauern, denn den ersten Tag verbringen wir fast ausschließlich damit, über die Grundlagen zu reden. Was heißt eigentlich Vertrauen? Was bedeutet es, systemisch, also in Zusammenhängen und für das Ganze zu denken? Was bedeutet Herzensbildung? Wie arbeitet man mit Emotionen und Affekten? Das läuft natürlich sehr konkret und praktisch, damit die Menschen sofort eine Selbstwirksamkeitserfahrung machen und merken, dass sie das gemeinsam können, auch wenn die Grundlagen der Methode noch nicht hundertprozentig beherrscht werden. Am zweiten Tag arbeite ich mit der Gruppe, die vor mir sitzt, das momentan drängendste Problem heraus, das wir dann – wenn eben möglich – vollständig durcharbeiten.

Auf eurer Website habe ich gelesen, dass du, Kathleen, bei den ZenPeacemakern bist. Was ist das und was hat es mit gemeinschaftlichen Wohnprojekten zu tun – oder was könnte es damit zu tun haben?

► K. B.: Das ist ja zunächst ein Praxisweg, den ich gewählt habe, unabhängig von meiner Wohnform. Die ZenPeacemaker sind eine weltweite Bewegung, die sich auf der Basis von Meditation und Achtsamkeit ganz praktisch für soziale Gerechtigkeit, Frieden und gesellschaftlichen Wandel einsetzt. Bekannt geworden sind sie durch ihre Zeugnis-ablegen-Retreats in Konzentrationslagern, Krisengebieten und unter Obdachlosen. Die Bewegung wird oft auch zum engagierten Buddhismus gezählt.

Das lässt sich natürlich auch mit Wohnprojekten in Verbindung bringen. Ein Beispiel: Im November 2017 war ich zu einem Symposium auf Schloss Tempelhof in Süddeutschland eingeladen, einem gemeinschaftlichen Wohnprojekt. Das Symposium hatte das Thema »Spiritualität und Gemeinschaft«. Die Menschen dort stellen sich als Gemeinschaft nach einer langen Phase, in der Materie geschaffen, der Boden beackert, die Landwirtschaft in Gang gesetzt und Häuser renoviert wurden, die Frage: Wie ist es eigentlich mit unserem Innenleben und mit unserem Bezug zum Größeren? Mit unserer Zartheit, mit der feinstofflichen Ebene? Wie geht es uns miteinander, wie reden wir miteinander, wie nah fühlen wir uns einander? Was hat das mit der Erde und dem Himmel zu tun? Und da sie sich in diesen spirituellen Fragen auch als politisch aktives, sozial engagiertes Projekt verstehen, schien es gut zu passen, mich als Vertreterin der ZenPeacemaker einzuladen – weil ich selber in einem Wohnprojekt lebe und weil ich einen sozial engagierten spirituellen Weg gehe. Die ZenPeacemaker ziehen sich eben nicht aus dem nervigen Alltag und aus der Welt zurück, sondern fragen: Wie kommen wir nah heran an das, was Leben ist, in dem die Menschen wirklich ringen, auch Schmerzen verspüren? Wie können wir uns wirklich berühren lassen und aus dieser tiefen Verbindung mit dem, was ist, aktiv werden und Sinnvolles tun? Das war der Aspekt, unter dem ich nach Tempelhof eingeladen worden war. Auch für diese Art »Energiearbeit« erhalte ich zunehmend Anfragen.

Wie geht ihr mit dieser Sensibilität für das Zwischenmenschliche um? Wie lebt ihr damit?

▸ T. B.: Ich kann dazu nur sagen, wer so einen Weg geht, wie wir ihn gehen, muss eine einigermaßen starke Persönlichkeit sein. Man muss in der Lage sein, Isolation auszuhalten und darin immer noch etwas Gutes zu sehen. Wie ein weiser Mensch einmal sagte: »Ich gebe meine Einsamkeit nicht kampflos auf.« Es ist gut, wenn man eine transformative Praxis hat, um sich quasi immer wieder, so wie Münchhausen, am eigenen Schopf aus dem Sumpf zu ziehen. Damit habe ich viel Erfahrung, und wir haben auch gemeinsam Erfahrung damit. Man gerät automatisch in schwierige Lebenslagen, und diese sind gleichzeitig der Nährboden dafür, das zu tun,

was wir tun. Das ist Teil der Resilienz und auch Teil des Resilienztrainings, das wir anbieten. Das heißt, es ist nicht nur ein Tool oder eine Methode, sondern es ist das Mit-Teilen des eigenen Lebens. Und ich wüsste nicht, was authentischer sein sollte als das.
Es ist manchmal schwer zu ertragen, um deine Frage noch präziser zu beantworten, mit dem Gefühl zu leben, dass die Ignoranz des Umfelds zunimmt, während auf der anderen Seite zaghaft das Bewusstseinspflänzchen wächst. Und an manchen Tagen weiß ich nicht, ob das noch in der Balance ist.

Wie ist es für dich Kathleen, einen Überblick über gewisse Prozesse zu haben?
▸ K. B.: Du sprichst die Metaperspektive an, die Fähigkeit, Zusammenhänge zu sehen und auch unter der Oberfläche Strömungen und Muster zu erkennen. Ich stimme dem zu, was Thomas gesagt hat, gerade was die herausfordernde Seite angeht. Sie hält uns unter Spannung und dadurch lebendig und in Bewegung. Aus meiner Sicht ist Stillstand eines der Todeskriterien für Gemeinschaften. Und deswegen ist es für uns elementar, durch unsere Art des Sehens und Betrachtens in Bewegung gehalten zu werden. Ich schreibe auch darüber. Ich bin mit Publikationen beschäftigt, für die dieser Überblick nützlich ist und mithilfe derer ich meine Reflexionen der Gemeinschaftsszene zur Verfügung stellen möchte. So habe ich ja auch meine Arbeit im Landesbüro für innovative Wohnformen NRW verstanden. Das heißt, ich bin für diese Stelle angenommen worden, weil ich die Erfahrung mit Amaryllis und als Zukunfts-Pionierin habe. So lässt sich diese Metaebene zum Wohle vieler aktivieren: Ich kann Informationen kondensieren und sie so aufbereiten, dass sie für einzelne Projekte beziehungsweise die ganze Bewegung wieder nutzbar werden. Ich kann mit Vorträgen und auf Podien ermutigen, indem ich sage, es gibt so und so viele Projekte im Land und die und die Fördermöglichkeiten gibt es, diese Probleme und jene Lösungen – all diese Überblicksinformationen, die in konkreten Situationen für Suchende sehr nützlich sind.

Wie viele Projekte gibt es denn im Land?

▸ K. B.: In Nordrhein-Westfalen zum Beispiel haben wir rund 100 Wohnprojekte aufgeführt und ungefähr 60 weitere sind im Entstehen begriffen. Und das sind nur die Projekte, von denen wir erfahren – wir gehen von einer hohen positiven »Dunkelziffer« aus. NRW ist natürlich ein großes Bundesland und ziemlich aktiv in dieser Frage, dennoch kann man von dieser Zahl aus für ganz Deutschland hochrechnen.

Was denkt ihr, woran es liegt, dass sich die bestehenden Wohnprojekte nicht zusammenschließen? Sie kennen sich, sie reden übereinander, aber ich sehe nicht, dass sie sich zusammentun. Mein Denkansatz ist: Gemeinschaftliche Wohnprojekte sind eine soziale Bewegung, die sich selbst aber noch nicht als Bewegung erkannt hat. Sie könnte durchaus Kraft entwickeln, auch politisch gesehen, aber dazu müssten sich die Aktiven zusammentun.

▸ T. B.: In meiner Fantasie gibt es das längst, weil ich vom Unternehmerischen her denke. Angefangen habe ich noch nicht damit, weil ich noch keine gute Idee hatte, wie das zu finanzieren wäre. Mir ist auch noch nicht klar, was der wirkliche Mehrwert davon sein könnte. Das ist ein großer Organisationsaufwand, und wir sehen ja, wo wir hier stehen. Die Zeit, die in das Projekt fließt, dazu Familie, Privatleben und ein Unternehmen – bislang fehlt mir der starke Grund, auch noch Zeit in eine intensive Vernetzung der Wohnprojekte zu investieren. Ich sehe die Notwendigkeit vielleicht am Horizont. Aber was wäre das konkrete Ziel?

Kathleen, wie siehst du das?

▸ K. B.: Mir fielen bei deiner Frage mehrere Punkte ein. Zunächst stimme ich Thomas zu. Das wäre für mich genau der kritische Punkt: das Ehrenamt, die extreme Selbstausbeutung, die sowieso schon in Wohnprojekten der Fall ist. Außerdem gibt es bereits Foren der Vernetzung, regionale Strukturen: das Bonner Wohnprojekte-Forum, den Wohnbund, der zum Beispiel die Wohnprojektetage NRW ausruft, auf Bundesebene das Forum Gemeinschaftliches Wohnen, das ein Wohnprojekte-Portal vorhält. Ich verstehe trotzdem, was du meinst, was fehlt. Aber da ist tatsächlich die Frage auch aus meiner Sicht: Was wäre der große Gewinn für jeden Einzelnen dabei? Ich bin schon einige Jahre in der bundesweiten Arbeitsgruppe Junge Wohngenossenschaften des Wohnbundes aktiv. Wir treffen uns zwei Mal im Jahr für vier Stunden, also acht Stunden im Jahr. Das ist wenig – aber dadurch, dass dort eine intensive Arbeitsatmosphäre herrscht und man sich kennt, werden Informationen ausgetauscht, die sehr nützlich sind. Und wir sind auch zwischen diesen Treffen füreinander ansprechbar mit konkreten Fragen. Das hat also einen echten Nutzen.

Wie viele seid ihr in der Arbeitsgruppe der Jungen Genossenschaften?
▶ K. B.: Da sind rund 20 Projekte organisiert, und bei den Treffen sind meist zwischen 10 und 15 Leute.
Warum also tun sich die Projekte nicht zusammen? Es gibt dort auch so etwas wie einen Markt: Größere Organisationen sind daran interessiert, einzelne Projekte an sich zu binden, ihnen Veranstaltungen anzubieten, Publikationen ... Es gibt also durchaus bereits ein Ringen um Aufmerksamkeit und »Marktanteile«. Ein zweiter Aspekt ist das eben schon angesprochene Thema der Selbstausbeutung; viele haben einfach keine Kraft mehr, über das Engagement im eigenen Projekt hinaus die Vernetzung mit anderen voranzubringen. Der dritte Grund, den ich sehe, wieso sich Wohnprojekte nicht so leicht zusammentun, ist die Kulturdifferenz, die aus meiner Sicht mitten durch die Szene geht: Es gibt die intentionalen Gemeinschaften, die sich oft in Ökodörfern, in spirituellen Gemeinschaften formieren, und es gibt – ich habe noch keinen besseren Begriff dafür gefunden – die bürgerlichen Nachbarschaftsprojekte, wie Amaryllis eines ist: aus einem bürgerlichen Sicherheitsimpuls heraus, aber auch natürlich mit einer mehr oder weniger diffusen Sehnsucht nach Nähe und Gemeinschaftlichkeit gegründete Wohnprojekte. Aber das sind wirklich unterschiedliche Kulturen. Das sind ganz andere Leute, die kann ich mir überhaupt nicht in derselben Organisationsform vorstellen. Die Ökodörfer und inten-

tionalen Gemeinschaften organisieren sich schon, zum Beispiel im Global Ecovillages Network. Das kenne ich seit Jahrzehnten, die sind ja auch schon viel älter, mit Findhorn in Schottland als Mutterprojekt. Was von da ausging, ist gut organisiert, und bei uns »Bürgerlichen«, da läuft es halt ein bisschen anders. Da gibt es eben immerhin diese Wohnprojektetage …

▸ T. B.: Wir müssen und können uns hier nicht mit intentionalen Gemeinschaften wie Schloss Tempelhof vergleichen. Da gibt es eine ganz andere Kulturpraxis mit viel mehr Dialog, viel mehr »Wir«, viel mehr Schattenarbeit; das findet hier ja gar nicht statt. Gemeinsame Wirtschaft, gemeinsame Ökonomie – davon können wir hier nur träumen. Aber unsere Arbeit als ZukunftsPioniere, mit einem neuen Schwerpunkt auf Resilienz von Gemeinschaften, zeigt uns und anderen, wohin es in Zukunft gehen kann.

Konkrete Projekte mit konkreten Menschen!

Elisabeth Hollerbach

Gründerin der Wohnbaugenossenschaft wagnis eG in München und langjähriger geschäftsführender Vorstand

■ Als ich im Januar 2017 anfing, ein Buch über gemeinschaftliche Wohnprojekte zu planen, in dem die Akteurinnen und Akteure selbst zu Wort kommen sollten, habe ich zuerst bei wagnis in München angefragt. Ich hatte den Trailer des Films »Wer wagt, beginnt« von Ulrike Bez gesehen und war begeistert, wie sie mit der Kamera eine Gruppe beim Planen, Bauen und Wohnen begleitet hatte. Der Film zeigte auch Elisabeth Hollerbach in ihrer Rolle als Projektleiterin. Am 25. Januar 2017 trafen wir uns in den Gemeinschaftsräumen von wagnis4 in München, um über ihre Erfahrungen mit gemeinschaftlichen Wohnprojekten zu sprechen.

* * *

Du sagst, ihr seid keine Dachgenossenschaft. Gleichwohl habt ihr schon mehrere Häuser gebaut.

▸ Da müssten wir erst einmal klären, was eine Dachgenossenschaft tatsächlich ist. Für jede Genossenschaft, die sich neu gründet, ist es wichtig zu überlegen, was der Rahmen ist, den sie sich geben will. Hamburg hat mit Dachgenossenschaften angefangen mit und über die Schanze eG und Stattbau, das ist eine öffentlich geförderte Beratungsgesellschaft. Man wollte kleinen Initiativen die Möglichkeit geben, in einem großen Dachverband bauen zu können oder

ihre Ideen zu verwirklichen, ohne jedes Mal eine neue Genossenschaft gründen zu müssen. Das sind ganz unterschiedliche Initiativen, die unter diesem Dach arbeiten.
Wir sind als wagnis aber immer unter einer Fahne unterwegs. »wagnis« steht für »Wohnen und Arbeiten in Gemeinschaft, nachbarschaftlich, innovativ und selbstbestimmt«. Das heißt, dass die sozialpolitischen Aspekte Inhalt jedes einzelnen Projekts sind, das wir realisieren. Unser Alleinstellungsmerkmal ist es, dass sich jedes einzelne Projekt, jede Wohnanlage, einen eigenen Schwerpunkt gibt. Wer bei uns mitmacht, sucht verbindliche Nachbarschaft und will miteinander leben und nicht nur ein Haus bewohnen.

Bei den Begriffen, mit denen du eben wagnis beschrieben hast, kommt der Aspekt Mehrgenerationenwohnen ja nicht vor. Ergibt sich die Mischung der Leute automatisch?
▶ Wir haben unsere »Werte und Ziele«, die jeder Genosse und jede Genossin unterschreibt, wenn er oder sie Mitglied wird. Darin sind dann auch das Mehrgenerationenwohnen und der ökologische Aspekt enthalten. Auch der ökologische Aspekt kommt in dem Begriff »wagnis« zwar nicht vor, ist aber natürlich auch ein wesentliches Ziel unserer Genossenschaft.
Wir haben etwa acht Jahre an der Vorbereitung gearbeitet und lange nach Begriffen gesucht, die auch Menschen anziehen, die ohne große Ideologie nach Geborgenheit und nach Gestaltungsmöglichkeiten suchen. Beides fehlt ja vielen in unserer Gesellschaft.

Kannst du dich an die Initialzündung der Initiative erinnern, warst du dabei?
▶ wagnis ist aus vier Initiativen entstanden. Und eine davon war auch meine Initiative.

Wann war das?
▶ Das weiß ich gar nicht mehr. Es kann 1991 oder 1992 oder vielleicht auch 1994 gewesen sein. Aber meine Initialzündung liegt noch weiter zurück. Die war Anfang der 1980er-Jahre. Da wollte

ich mit meinem Mann und anderen ein Dorf gründen, in der Nähe von Fürth. Wir waren schon so weit, ein Grundstück zu erwerben. Das war die Landbewegung, die uns damals gelockt hat, das Autarke, das Unabhängige. Es sind dann aber viele aus unserer Gruppe abgesprungen, weil sie Angst davor hatten, ihren Beruf nicht weiter ausüben zu können, denn die meisten waren Akademiker und konnten sich nicht vorstellen, nur noch Land zu bestellen oder Bäcker zu werden oder sich in der Umgebung eine Arbeit zu suchen.

Und was passierte dann Anfang der 1990er-Jahre, als sich diese vier Initiativen trafen?

► In München gibt es den Verein Urbanes Wohnen, der sich schon seit über 40 Jahren um die Verbesserung des Wohnens in der Stadt kümmert. Dieser Verein hat sich zunächst gegründet, um hier eine Bürgervilla zu schützen. Er ist nach wie vor sehr klein, aber er gab uns eine Plattform und einen rechtlichen Rahmen. Wir sind damals alle Mitglied geworden. Dem Verein geht es immer und immer wieder um Themen wie Hinterhofbegrünung oder grüne Wege in der Stadt etc. Das ist ein besonderes Anliegen eines der Urväter des Vereins.

Wir haben damals, Anfang der 1990er-Jahre, mit regelmäßigen Treffen der Initiativen begonnen und das Netzwerk Wohnprojekte mit ungefähr 20 Initiativen aus München und dem Umland aufgebaut. Gemeinsam-älter-werden, Frauen-Wohnen und zwei weitere Initiativen haben sich dann zu den Schwabinger Wohnprojekten zusammengetan.

Ganz viele der anderen Initiativen kamen mit der Zeit nicht mehr zu den regelmäßigen Treffen. Der Austausch war gut und wichtig, weil viele Ideen in allen Initiativen vorhanden waren, aber die Menschen ganz unterschiedliche Vorstellungen von Finanzierung und Rechtsform hatten. Mit den Schwabinger Wohnprojekten konnten wir Kräfte bündeln, und damit haben wir auch etwas mehr Gehör gefunden. Doch das Klinkenputzen und Werben für die Idee war sehr kräftezehrend. Deshalb war es unser Anliegen, mein Anliegen von Anfang an, dass es zum Beispiel eine Anlaufstelle in der Stadt gibt, die Wege weisen oder zumindest koordinieren kann. Ich halte es für ganz wichtig, solche Beratungsstellen einzurichten, damit die Endloswege, die am Anfang einer Bewegung jede Initiative gehen musste, vermieden werden. In Nordrhein-Westfalen und anderswo gibt es inzwischen Beratungs- und Koordinierungsstellen, auch in München. 1995 veranstalteten wir den ersten Wohnprojektetag. Es kamen über 1.000 Besucher. Das war unglaublich. Dieses große Interesse hat uns damals dazu gebracht, unser Engagement konsequent weiterzuverfolgen.

Viele Wohnprojektgruppen treffen sich über eine lange Zeit hinweg, manchmal über Jahre, ohne ein konkretes Objekt oder Grundstück zu haben. Wie denkst du darüber?

▸ Ich habe alle fünf Projekte von wagnis aufgebaut und geleitet. Meine Erfahrung sagt: konkrete Projekte mit konkreten Menschen! Wirklich planen kann man erst, wenn es ein Grundstück gibt, wenn man die Rahmenbedingungen kennt und wenn die konkreten Menschen für das Projekt kommen.

Was wäre dein Rat, wie es Gruppen ohne konkretes Objekt vermeiden können, sich aufzureiben?

▸ Ich glaube man kann nicht verallgemeinern. Die Gruppen sind ja sehr unterschiedlich. Es gibt Gruppen, in denen irgendein Alphatier drin ist und oft auch gut moderieren kann. Da ist es wahrscheinlich gut, den Ratschlägen dieses Alphatiers zu folgen. Es gibt Gruppen, die nur eine vage Idee haben, und da ist es sicher gut, sich Beratung zu holen. Ich denke, unser Vorteil ist es, dass wir unsere Satzung und die »Werte und Ziele« vorgeben. Auf dieser Grundlage kann dann zielgerichtet konkretisiert werden.

Welche Erfahrungen hast du mit der Presse gemacht, was eure Projekte angeht?

▸ Die Presse war immer heiß auf die wagnis-Projekte. Nicht nur die lokale Presse, auch die ZEIT oder die taz haben darüber berich-

tet. Was ich ungut finde, ist, dass es dabei häufig nur um den Aspekt des knappen Wohnraums geht und um die Möglichkeiten, sicheres und kostengünstiges Wohnen zu realisieren. Es geht jedoch nicht immer nur ums Geld. Es geht auch um die Frage, wie wir in Zukunft bauen und wohnen wollen.
Die Menschen haben Sehnsüchte. Diese entstehen auch aus Einsamkeit, Vereinzelung und den Defiziten, die sie tagtäglich spüren. Die Defizite müssen aufgefangen werden, wenn sie an ihrem Leben etwas ändern wollen. Die meisten erschlagen diese Defizite mit Konsum oder mit Stress und Arbeit. Und einige wenige wollen tatsächlich etwas verändern und gestalten. Das Selbstgestalten, selber Hand anzulegen, ist in unserer Gesellschaft verloren gegangen. Und je nachdem, welche Menschen in einer Gruppe sind, kann das Leben in der Gemeinschaft so oder so gestaltet werden.

Was hast du früher beruflich gemacht?

▶ Ich war unter anderem selbstständige Buchhändlerin. Ich werde das immer wieder gefragt, auch weil ich mir sehr viel Wissen angeeignet habe, was die Frage angeht, was Architektur dazu beitragen kann, eine Vision umzusetzen. Die Vision halte ich im übrigen für das Wichtigste, sie muss am Anfang da sein. Zumindest einige Menschen müssen die Vision spüren und sie realisieren wollen. Sie müssen wirklich etwas verändern wollen, und dieser Wunsch muss aus ihnen selbst kommen und nicht irgendetwas Aufgesetztes sein.

Wenn ich Mitglied bei wagnis werden möchte, um dann später in einem wagnis-Projekt wohnen zu können – was muss ich machen, wie gehe ich da vor?

▶ Wir haben bestimmte Strukturen für die Aufnahme, die von Projekt zu Projekt manchmal etwas unterschiedlich sind. Aber im Prinzip besuchst du zuerst eine Informationsveranstaltung von wagnis.

Wie oft bietet ihr die an?
▶ Monatlich. Doch es gibt dazu unterschiedliche Auffassungen. Der neue Vorstand meint, man muss die Infoveranstaltungen nicht mehr so oft machen, weil wir sowieso genügend Mitglieder haben, die noch gar nicht alle in Projekten wohnen.

Wie viele Mitglieder habt ihr?
▶ Derzeit haben wir um die 1.400 Mitglieder, und diese unterscheiden sich in diejenigen, die wohnen, und in diejenigen, die nicht wohnen. Diejenigen, die nicht wohnen, sind nicht alles Fördermitglieder. Für manche hat vielleicht bisher der Ort noch nicht gepasst oder es ging um die Quote der geförderten Wohnungen, die wir mit der Stadt ausgehandelt haben. Mit der Stadt haben wir – gerade für die städtebaulichen Entwicklungsgebiete – vereinbart, welche Quote die Stadt tatsächlich bekommen muss. Es ist also festgelegt, wie viele geförderte Wohnungen es gibt, in welchem Modell die jeweiligen Wohnungen gefördert werden und wie viele frei finanzierte Wohnungen auf dem jeweiligen Grundstück anteilig erstellt werden müssen. Danach richtet sich der Grundstückspreis.

Handelt ihr diese Quoten für jedes einzelne Projekt immer wieder neu mit der Stadt aus?
▶ Heute sind wir und andere Akteure mit in den Gremien, in denen die Mischung schon vor Ausschreibung der Grundstücke besprochen wird. Die Stadt sagt dort, wie viel Geld sie benötigt, um das Gebiet entwickeln zu können, und teilt die Fläche zum Beispiel auf in 50 Prozent geförderte und 50 Prozent frei finanzierte Wohnungen. An welcher Stelle es mehr geförderte oder mehr frei finanzierte Wohnungen geben soll, wird ebenfalls verhandelt. Unser Ziel war es von Anfang an, geförderte und frei finanzierte Wohnungen zu mischen, um der Gettoisierung in der Stadt etwas entgegenzusetzen. Das sind politische Ziele. In unseren Projekten wird niemand feststellen können, welches eine geförderte und welches eine frei finanzierte Wohnung ist. Wenn jemand Mitglied wird, muss er alle Rahmenbedingungen kennen und außerdem für sich klären:

Lasse ich mich darauf ein und bin ich bereit, mich den anderen auszusetzen? Bin ich bereit, an mir zu arbeiten? Denn aussetzen heißt, ich muss kompromissbereit sein, ich muss mich auch öffnen wollen, wenn ich etwas gemeinsam auf die Beine stellen will.

Und wie führt ihr das Gespräch mit den Einzelnen? Habt ihr etwas verschriftlicht, das ich dann mit nach Hause nehmen und womit ich mich beschäftigen kann?

▸ Unser letztes großes Projekt – wagnisART – hat ein Motivationsschreiben eingeführt. Ich habe früher immer begeistert dargestellt, was die Genossenschaft ist und was wir alles Tolles wollen und was wir alles Tolles machen. Aber seit wagnis3 denke ich gewissermaßen andersherum und frage immer: »Was bringst du in die Genossenschaft ein?«

Das finde ich interessant. Wie ist es zu diesem Dreh im Denken gekommen?

▸ Das Konsumdenken und die Erwartungshaltung sind in unserer Gesellschaft so verbreitet, dass bei aller Idealisierung, mit der die meisten ja kommen, gar nicht auffällt, dass das alles Wünsche sind. Aber der Schritt vom Wunsch zur Tat, der ist eben für viele sehr groß.

Das ist genau der Punkt, mit dem ich mich gerade auch beschäftige. Ich stelle in den Gruppen, mit denen ich zu tun habe, fest, dass es viele Wünsche gibt, viel Hoffnung und auch viel Erwartung.

▸ Und deshalb ist die wichtigste Frage: Bin ich bereit, mich auf die Idee, anders wohnen zu wollen, tatsächlich einzulassen? Das muss jeder für sich spüren. Seit wagnisART führen wir Individualgespräche unter dem Aspekt »Nachbarn suchen Nachbarn«. Und wir bewerten diese Gespräche. Wir haben einen Belegungsausschuss gehabt, in dem ich als Vorstand mit dabei war. Häufig mussten wir feststellen, dass diese oder jene Person sich ganz entgegen ihren eigenen Aussagen verhalten hat. Man kann nicht in die Menschen reingucken. Deshalb gebe ich viel mehr darauf, dieses auf

Ehrlichkeit basierende Gespräch zu führen und das gegenseitige Vertrauen in den Vordergrund zu stellen. Wir wollen etwas Gemeinsames! Dazu muss man sich bekennen und kennenlernen. Dafür muss ich keine Arbeitsgruppen bilden, da kann ich auch gemeinsam in die Berge fahren oder spazieren gehen oder mich an den See legen. Arbeitsgruppen sind wichtig, wenn etwas Konkretes zu tun ist. Wichtig ist, dass man spürt, was den und die anderen bewegt, und feststellt, ob man sich im Gleichklang befindet. Ich will ja auch leben. Ich habe oft in den Gruppen gesagt: »Nehmt die Bilder aus euren Köpfen, lasst euch nicht ein auf die Wohnungen, die ihr schon kennt, erdenkt etwas Neues.« Wenn die Menschen beweglich sind, kann so ein Projekt gelingen. Aber das ist natürlich eine große Herausforderung.

Wenn ich dir so zuhöre, wird mir klar, wie wichtig die richtigen Fragen zum richtigen Zeitpunkt sind. Wollen tun ja viele und Sehnsucht ist auch da, vor allem bei vielen älteren alleinstehenden Frauen. In den Mehrgenerationenprojekten finden Frauen über 65 oft keinen Platz mehr, weil das Kontingent dieser Altersgruppe schon voll ist. Das ist in Köln ein Problem. Habt ihr das hier auch?

▸ Als wir angefangen haben, war das Gleichgewicht der Generationen noch größer. Doch schon mit wagnis2, das 2006 fertiggestellt wurde, habe ich bei den Informationsveranstaltungen und Führungen festgestellt, dass immer mehr ältere Leute kommen. Ich habe damals schon gesagt, man könnte viele Häuser füllen nur mit Älteren, doch das würde dem Ziel von Allgenerationenwohnen widersprechen. Viele der Älteren sind sehr festgefahren. Frauen in unserem Alter sind oft überhaupt nicht bereit, ihr Leben tatsächlich zu verändern und auf bestimmte Lebensgewohnheiten zu verzichten, sich auf Neues einzulassen. Da kamen und kommen nach wir vor viele Forderungen.

Die Generation, die nach dem Krieg geboren wurde und diesen unglaublichen Leistungsdruck hatte, in Kleinfamilien aufgewachsen ist und dann oft alleinstehend war, die hat unglaubliche Ansprüche entwickelt. Die meisten wollen sich gut versorgt sehen.

Bei älteren Frauen sind oft die Sorge um ihre Zukunft und ein gewisser Versorgungsanspruch die treibende Kraft, in ein Gemeinschaftsprojekt zu gehen. Und die meisten von ihnen wünschen sich, mit Jüngeren zusammenzuwohnen.

▶ Wir bieten in unseren Projekten für das Mehrgenerationenwohnen eine Mischung aus großen und kleinen Wohnungen an. Alleinstehende wünschen dann sehr oft größere Wohnungen mit entsprechend großer Küche etc. Bei wagnis4 war das so und das war für mich der Anlass, nach neuen Wohnformen zu suchen, auch um diesem Verkonsumieren etwas anderes, einen anderen Wertekatalog entgegenzusetzen. Ich habe dann zum Beispiel Cluster-Wohnungen angeboten. Ich denke, wir müssen versuchen, anders zu leben, um andere Erfahrungen zu machen, um daraus wieder anderes entstehen zu lassen.

Sind die Cluster-Wohnungen angenommen worden?

▶ Nein. Hier nicht. Aber in wagnisART haben wir die Cluster in den Zielekatalog aufgenommen. Ich hatte das von Anfang an mit den Architekten besprochen und auch die Gruppe selber war aufgeschlossener und hatte aufgrund der längeren Vorbereitungszeit genügend Möglichkeiten, sich mit den neuen Wohnvorstellungen auseinanderzusetzen. Wir haben Exkursionen zu Orten gemacht, wo Cluster-Wohnungen schon bestanden, in Zürich und Wien, wo mehr politischer Wille zur Veränderung dahintersteht. Einige waren danach sehr begeistert und diese Begeisterungsträger haben dann wiederum andere begeistern können.

Wie viele Cluster-Wohnungen habt ihr?

▶ Wir haben neun Cluster für fünf bis neun Parteien.

Was ist denn eine Cluster-Wohnung überhaupt?

▶ Ich nenne es inzwischen eine »Großfamilienwohnung«: Die einzelnen Mitglieder haben Apartments in unterschiedlicher Größe, mit unterschiedlichen Förderungs- und Finanzierungsmodellen. Eine Cluster-Wohnung hat einen gemeinsamen großen Wohn-

und Kochbereich als Gemeinschaftsfläche, um die herum sich die Apartments gruppieren. Die einzelnen Apartments sind unterschiedlich groß. Sie werden von einer, zwei, drei und in einem Fall sogar von vier Personen bewohnt und entsprechend groß ist ihr Wohnungsbereich. Jedes Apartment hat eine Nasszelle und die Möglichkeit, eine kleine Küche einzubauen, Anschlüsse sind überall vorhanden. Die Bewohner nehmen die Möglichkeiten ganz unterschiedlich wahr. Es gibt sehr gut funktionierende Gruppen, aber es gibt auch schon die ersten Konflikte.
Ich wollte aber noch etwas anderes sagen: Es sind nicht nur die Älteren und Alten, die bestimmte Vorstellungen und Ansprüche äußern, es sind genauso die jungen Familien und die alleinstehenden Mittelalten, die diese Anspruchshaltung haben. Es ist die Anspruchsgesellschaft, die mich irritiert und mich immer wieder veranlasst, neue Wege zu suchen. Daher auch mein Satz: »Keine Selbstverwirklichung in der Steckdose.«

Was hat es mit diesem Satz auf sich? Was meinst du damit?
▸ Jeder ist auf sich orientiert und jeder denkt an seine Wünsche und nicht daran, was uns allen guttut. Das ist ja auch in der Nachhaltigkeitsdiskussion ein Thema. Aber wenn wir sagen, wir wollen »Wohnen und Arbeiten in der Gemeinschaft«, müssen wir doch auch an die Gemeinschaft denken und nicht nur an uns selbst; zumindest müssen wir es versuchen.
Es ist dabei unsere Aufgabe zu fragen, was uns alle angeht. Wir haben bei wagnis1 diesbezüglich unglaublich viele Fehler gemacht. Es wurde beim Planen und beim Bauen zum Beispiel allen erlaubt, selber zu entscheiden, wo die Steckdosen angebracht werden. Hinterher gab es großen Ärger, weil die eine Steckdose zwei Zentimeter zu weit rechts und die andere zwei Zentimeter zu weit links angebracht war; weil das gewünschte Glasauge in der Wand nicht passte; weil das Parkett nicht stimmte; weil der Bodenbelag nicht so war, wie man ihn sich vorgestellt hatte. Jeder will in Gemeinschaft leben und wohnen, kümmert sich aber nur um seine eigenen Angelegenheiten und um all die Dinge, die ihm unglaublich

wichtig erscheinen. Den Fehler machen ganz viele in Wohnprojektgruppen, dass sie sich sehr an den einzelnen Wünschen orientieren statt gemeinsam eine gute Grundausstattung festzulegen und daraus etwas individuell zu entwickeln. Das ist ein Lernprozess. Wir können nicht von fertigen Lösungen ausgehen. Selbstverwirklichung ist ja wichtig, doch wenn wir überleben wollen auf unserer Erde, müssen wir unseren Blick wieder heben. Ich setze auf Lernprozesse, auch bei den Älteren. Dafür gibt es etliche gute Beispiele.

Machst du deine Arbeit ehrenamtlich oder bekommst du Geld dafür?
▸ Ich bin nicht mehr tätig. Seit zwei Monaten nicht mehr. Ich war Initiatorin und 15 Jahre geschäftsführender Vorstand bei wagnis und habe seit 2003 für meine Tätigkeit Geld bekommen. Das war übrigens auch ein Lernprozess für mich: Ich wollte nicht bezahlt werden, ich wollte die Tätigkeit ehrenamtlich ausführen, weil ich die Entwicklung ja auch für mich selbst wollte. Aber in unserer geldigen Welt wird Arbeit, die nicht bezahlt wird, auch nicht geschätzt. Und deshalb habe ich dann mit dem Aufsichtsrat einen Anstellungsvertrag abgeschlossen.

Warst du die Einzige, die für ihre Tätigkeit bezahlt wurde?
▸ Ja, lange Jahre. Allerdings hatten wir auch noch zwei bezahlte Halbtagskräfte im Büro.

Und wie sieht das jetzt mit dem neuen Vorstand aus?
▸ Der schaltet ganz um, das Personal wird verstärkt und alle werden bezahlt. Ich bin der Meinung, für mehr als zehn Stunden Arbeit in der Woche für die Genossenschaft muss man bezahlt werden.

Wie viele Häuser habt ihr mittlerweile?
▸ Wir haben fünf Projekte, aber wie viele Häuser, da müsste ich erst einmal nachzählen Ich glaube, es sind 18 Häuser.

Und wie viele Wohnungen habt ihr insgesamt?

▶ Über 400 Wohnungen. Unsere Projekte sind immer im Quartier verankert und spielen eine Rolle in der Quartiersvernetzung. Das war uns von Anfang an wichtig, und das merkt man zum Beispiel auch hier am Ackermannbogen sehr gut. Wir hatten anfangs ja auch noch einen Quartiersverein gegründet, der ins Viertel hinausstrahlt. Es gibt da inzwischen keinen Unterschied mehr zwischen wagnis-Bewohnern und anderen Bewohnern. Wir haben immer versucht, ein Konzept zu realisieren, das mehr bietet als nur Wohnungen. Es gibt deshalb nicht nur Gemeinschaftsräume für uns, sondern immer einige Einrichtungen, die das Quartier mit einbeziehen. In wagnis1 zum Beispiel bauten wir ein Nachbarschaftscafé, das lange Zeit die einzige Einrichtung für Quartiersvernetzung war, verbunden mit einer Nachbarschaftsbörse, also einer Beratungsstelle mit Raumangebot für Gruppen aus dem Quartier. Das haben wir in wagnis3 dann wiederholt. In unserem fünften Projekt, in wagnisART, haben wir alles Bisherige getoppt: Hier wurden ein großer Veranstaltungssaal und natürlich auch das Café realisiert, es gibt Werkstätten, Praxen, Musikübungsräume und andere Infrastruktureinrichtungen, sodass da von Anfang an städtisches Leben passierte.

Hier in wagnis4 gibt es einen Kiosk und eine Betreuungsstelle fürs Älterwerden im Quartier. Das ist eine halb private und halb öffentliche Angelegenheit, für die wir mit der Diakonie und einer städtischen Wohnbaugesellschaft zusammenarbeiten. So hat ein jedes Projekt immer etwas Besonderes und eine Relevanz auch fürs Quartier.

Baut ihr immer mit denselben Architekten oder sucht ihr für jedes Projekt andere?

▶ Mich selber hat es sehr interessiert, wie Partizipation, auch durch die Architekten, in der Wiederholung funktioniert. Wir haben für wagnis4 die Architekten beauftragt, die wagnis1 gebaut haben, natürlich in Absprache mit der Gruppe, der die Architekten vorgestellt wurden. Und in wagnisART wurden wieder die Architekten zu einem Wettbewerb eingeladen, die für wagnis3 verantwortlich waren. Zentral ist dabei immer die Frage, wie weit sie sich auf die Bewohner einlassen können. Allein nur Laubengänge oder irgendwelche Gemeinschaftsräume zu planen und zu bauen, reicht nicht aus. Man muss auch ein Stück weit gesellschaftspolitisch denken, um städtebauliche und gemeinschaftsorientierte Ziele formulieren zu können.

Wie unsere Städte in Zukunft aussehen sollen, liegt auch in unserer Hand. Und da sehe ich wagnis mit seinen Leuchtturmprojekten stärker noch als viele kleine Gruppen in der Verantwortung und auch in der Verpflichtung, wohnungspolitisch auf die Stadt und die entsprechenden Behörden einzuwirken. Wichtig ist der Anstoß, sind die Samenkörnchen, die wir streuen.

Wie kommt ihr eigentlich an die Grundstücke? Habt ihr einen besonders guten Kontakt zur Stadt?

► Nein und ja. Die Stadt hat gelernt und wir haben auch gelernt. Das war ein Aufeinanderzubewegen, denke ich. Die Stadt schreibt inzwischen Grundstücke konzeptionell aus. Es gibt in städtebaulichen Entwicklungsgebieten entsprechende Ausschreibungskriterien, die gemeinschaftlich formuliert werden. Inzwischen agieren im Wohnbauumfeld auch andere Genossenschaften und Einzelplayer, die das Gemeinschaftliche schon in der Entwicklung von Baugebieten suchen und Konsortien gründen. Ich bin der Überzeugung, dass die Akteure im Wohnbauumfeld viel früher in die Entwicklung von Quartieren einbezogen werden sollten. Auf dem Domagk-Gelände, auf dem wagnisART entstanden ist, gründeten wir zum Beispiel frühzeitig ein Konsortium – mit mittlerem Erfolg. Mittlerer Erfolg heißt: Es wurde zwar von allen eine Charta unterschrieben, auch von den Baugemeinschaften, die dort auftraten, mit dem Ziel, dass sich alle um Infrastruktur und Gemeinschaftsräume und deren Vernetzung kümmern, dass sie ökologisch und nachhaltig bauen und so weiter. Aber noch fehlt es zum Teil an Inhalten, noch muss die Vernetzung umgesetzt werden.

Wem gegenüber verpflichten sich die Akteurinnen und Akteure mit dieser Charta?

► Den anderen Beteiligten gegenüber. Alle Player, oder fast alle, die sich dort um Baufelder bemühen wollten oder beworben haben, sind vorher diesem Konsortium beigetreten durch Unterschrift unter die Charta. Auch städtische Bauunternehmen und andere Bauträger haben das Konsortium unterstützt. Das ist sicher beispielgebend. Es reicht aber nicht, nur Gemeinschaftsräume zu bauen, man muss sie mit Leben füllen, und die Menschen dahinter müssen Ideen mit in die Gemeinschaft tragen. Baugemeinschaften, die im Erdgeschoss ihren 40 Quadratmeter großen Gemeinschaftsraum unterbringen, müssen offen dafür sein, dass dort dann auch etwas passiert. In den Baugemeinschaften sind die Menschen oft so stark mit sich selbst beschäftigt, dass sie sich häufig nicht im Quartier engagieren. Nicht die Baugemeinschaften, sondern die Genossenschaften tragen zu mehr Gemeinschaftsleben im Quartier bei, denn sie haben ein viel größeres Interesse daran. Allein schon von ihrer Satzung her sind sie ganz anders gemeinschaftlich ausgerichtet.

Anarchie, die aus dem Lebendigen selbst kommt

Ulrike Bez

Filmemacherin, wagnis4, München

■ Der Film von Ulrike Bez »Wer wagt, beginnt« ist eine Dokumentation über den Prozess einer Gruppe, die zusammen ein Wohnprojekt plant, baut und schließlich in ihr gemeinsames Haus einzieht. Es handelt sich dabei um das Projekt »wagnis4« der Münchener wagnis eG. Der Film ist gleichermaßen berührend wie informativ. Ich wollte Ulrike Bez gern kennenlernen und sie zu ihrem Film und zu ihren Erfahrungen im Wohnprojekt befragen Wir haben uns am 25. Januar 2017 in den Gemeinschaftsräumen von wagnis4 in München getroffen.

* * *

»Wer wagt, beginnt« ist der Titel des Dokumentarfilms, den du über das Wohnprojekt wagnis4 gemacht hast, in dem du jetzt wohnst. Wie kam es dazu?

► Ich bin 2009 in die wagnis-Genossenschaft eingetreten, nachdem ich eine Informationsveranstaltung besucht hatte. Damals habe ich eine Alternative zu meiner Eigentumswohnung gesucht, weil ich im Alter nicht mehr isoliert wohnen wollte. Kurz darauf ist die Projektidee zu diesem Haus hier in Schwabing entstanden. Das hat mir absolut entsprochen, dass ich in meinem angestammten Viertel bleiben konnte. Ich habe mich dann dieser Baugruppe angeschlossen und mit dem Wissen, dass ich ein solches Projekt

nur ein Mal im Leben mache, hat es mich als Filmemacherin unheimlich gereizt, diesen Prozess zu begleiten. Auch für die Baugruppe, die filmisch begleitet wird, war es ein vertrauensförderndes Angebot, sich auf eine Filmemacherin einzulassen, die später selber einzieht. Da ist das Vertrauensverhältnis ein ganz anderes. Und ich ahnte natürlich, dass ich einen besonders tiefen Einblick in die Gruppenprozesse haben würde, die ich dann wiederum im Film vermitteln könnte.
Und so habe ich der Projektleiterin Elisabeth Hollerbach von der wagnis eG meine Idee vorgestellt und als sie dann ihr Okay gegeben hat, habe ich 2010 dem Plenum mein Filmkonzept vorgestellt. Darüber wurde abgestimmt und bereits im Herbst 2010, bei unserem ersten Workshop, waren wir mit der Kamera dabei. Das war zu einem Zeitpunkt, als wir das Grundstück noch gar nicht gekauft hatten. Mein Team und ich haben also die Gruppe von Anfang an mit der Kamera begleitet, über die ganzen vier Jahre – natürlich in größeren zeitlichen Abständen. Dadurch, dass ich nah an der Gruppe dran war, konnte ich relativ kurzfristig reagieren, wenn etwas anstand.

Wart ihr damals als Gruppe schon komplett?
▸ Nein, überhaupt nicht. Es gab eine Kerngruppe, die am Anfang des Films zu sehen ist. Diese Kerngruppe ist im Wesentlichen erhalten geblieben. Aber es haben sich dann doch unvorhergesehen und kurzfristig Änderungen innerhalb der Gesamtgruppe ergeben. Anfang 2011 waren wir als Baugruppe eigentlich komplett und auch die Wohnungsbelegung war abgeschlossen. Die Architekten hatten die Wohnungsgrößen nach unseren Anforderungen geplant. Zu diesem Zeitpunkt kam von der wagnis eG die Aufforderung an uns, eine verbindliche Absichtserklärung abzugeben, die besagt, dass wir definitiv beim Projekt dabeibleiben. Wer nach Unterzeichnung dieser verbindlichen Erklärung wieder aussteigen wollte, sollte dann eine Ausstiegsgebühr zahlen. Vonseiten der Genossenschaft war das verständlich, denn man kann nicht mit einer Gruppe planen und Gruppenbildungsprozesse vorantreiben, die auf Nach-

haltigkeit ausgerichtet sind, solange man befürchten muss, dass die Leute wieder abspringen.

In welchem Moment war das? Hattet ihr da das Grundstück schon gekauft? Und waren die Architekten schon an Bord?

▸ Die Architekten waren schon an Bord, als wir das Grundstück noch nicht gekauft hatten. Die Stadt München hatte der wagnis eG ein Grundstück in diesem großen Neubauquartier am Ackermannbogen in Aussicht gestellt. Aber ob wir nun genau dieses Grundstück oder ein anderes bekommen würden, das war noch nicht klar. Der erste Workshop, bei dem die Architekten uns die Erschließung des Grundstücks mithilfe von Schuhschachteln nahebrachten, fand Ende 2010 statt. Da waren zwar die Architekten schon da, aber wir wussten noch nicht sicher, ob wir das Grundstück bekommen würden.

Kurze Zeit später hat die wagnis eG dann den Zuschlag bekommen, und dann kam die verbindliche Absichtserklärung. Das hat gruppendynamisch enorm viel verändert. Es sind die Leute ausgeschieden, die sich nicht entscheiden konnten und es sich gerne noch länger offen gehalten hätten. Das war auf der einen Seite schwierig, auf der anderen Seite war es gut, weil es eine Dynamik von Aus- und Einstieg in Gang gesetzt hat. Kurze Zeit später war die Gruppe dann komplett. Das war die Gruppe, die dann hier auch eingezogen ist.

Wie war das für dich persönlich? War es für dich oder für andere in der Gruppe emotional schwierig, dass manche gegangen sind?

▸ Auf jeden Fall. Man hatte sich ja auf die Leute eingelassen und eine gemeinsame Perspektive entwickelt. Es sind auch zarte Freundschaften entstanden oder man wusste zumindest aus Gesprächen, dass man Übereinstimmungen hatte. Das ist dann schon schwierig, wenn jemand aus so einer Gruppe weggeht. Ich bin eine treue Seele, die gleich an langfristige Verbindlichkeit denkt.

War es leicht für dich, die Gruppe von deinem Filmprojekt zu überzeugen? Gab es auch Leute, die gesagt haben, ich will in gar keinem Fall darin vorkommen?

▶ Als ich das Konzept im Plenum präsentiert habe, waren alle sehr angetan. Denn dass jemand ein Bauprojekt über einen derart langen Zeitraum begleiten wollte, das hatte es bisher noch nicht gegeben. Alle haben zugestimmt. Das hing aber natürlich – wie bei vielen Entscheidungen, die wir getroffen haben – auch von der Überzeugungskraft von Elisabeth Hollerbach ab. Denn sie war der Schlüssel für mein Projekt und für viele andere Initiativen. Mein Filmprojekt war sehr partizipativ angelegt. Jeden Schritt, den ich gemacht habe, habe ich per E-Mail an die Gruppe kommuniziert: Jetzt drehen wir da und dort. Natürlich war jedem freigestellt, ob er sich vor der Kamera zeigen will oder nicht. Es gab tatsächlich einige, die keine Großaufnahmen von sich wollten oder nur im Hintergrund auftauchen. Manche konnte ich im Lauf der Dreharbeiten noch überzeugen, sie haben durch das Beobachten meiner Arbeit Vertrauen gefasst und sich dann doch aufnehmen lassen. Die besten Szenen, die wir gedreht hatten, habe ich regelmäßig zusammengeschnitten und auf einen geschützten Youtube-Kanal gestellt mit der Bitte, sich das anzugucken und sich zu fragen, ob es einen gewissen Charme hat und ich es nehmen darf. Das ist mir in der Regel gelungen.

Du hattest dadurch ja eine ganz besondere Rolle in der Gruppe.

▶ In der Rolle der Filmemacherin habe ich viele Gespräche geführt und Kontakte geknüpft, die andere nicht in dieser Intensität hatten. Viele haben mir auch inhaltlich zugearbeitet und mir zugetragen: »Dieses und jenes findet statt, willst du da nicht mit deinem Kamerateam kommen?«

Wie hast du es gemacht? Immer mit Kamera und Ton, also mit zwei Leuten?

▶ Bei kleineren Sachen habe ich den Ton selber gemacht. Das bewährt sich aber grundsätzlich nicht, denn für die Regie muss man den Kopf frei haben. Es bedeutete Qualitätseinbußen, wenn ich neben der Regie noch den Ton selber gemacht habe. Das ist immer zu Lasten des Tons gegangen. Ideal für diese Art Dokumentarfilm ist ein Dreierteam mit Regie, Kamera und Ton.

Und wie hast du den Film finanziert?

▶ Auch in dieser Hinsicht hat mir Elisabeth Hollerbach sehr geholfen. Es gibt einen wagnis-nahen Verein namens Nachbarschaftswerk wagnis e. V. Mit Unterstützung dieses Vereins konnte ich Spenden für den Film sammeln. Da es ein so außergewöhnliches Projekt ist, haben viele wagnis-Mitglieder oder auch künftige Mitbewohner größere oder kleinere Beträge gespendet. Zudem habe ich etwas Geld von einer Stiftung und von der wagnis eG bekommen. Ich habe aber sehr viel eigenes Geld investiert, das kann ich ganz offen sagen, es sind 30.000 Euro, die ich da reingesteckt habe. Diese Summe muss ich in den nächsten Jahren wieder erwirtschaften. Machbar ist der Film für mich dadurch geworden, dass ich ihn selber schneiden konnte – ich bin ja gelernte Cutterin. Eine externe Postproduktion hätte ich nie bezahlen können. Es hat ebenfalls sehr geholfen, dass ich alle Fähigkeiten, die wir hier im Haus haben, zur Verfügung gestellt bekam. Die Untertitel zum Beispiel hat eine junge Frau aus dem Haus gemacht. Sie ist Broadcast-Designerin und hat kostenlos, also ehrenamtlich, am Film mitgearbeitet. Eine andere Nachbarin, Grafikerin, hat die Postkarten und die Plakate gestaltet. Das sind alles junge Frauen um die 35. Ein Nachbar hat die Homepage gemacht, ein anderer die Fotos. Ein großer Glücksfall war Martin Prötzel, der Musiker. Er hat die Filmmusik komponiert und die hauseigene Band mit einigen Externen zusammengestellt. Die Musikgruppe ist in der Schlussszene des Films zu sehen, in der sie einen Walzer spielt und alle dazu tanzen.

Ich finde die Musik toll.

▶ Das freut mich – mir gefällt sie auch! Die Musik gibt dem Film das gewisse Etwas. Sie hilft auch, Zeitsprünge zu überbrücken und eine gewisse Leichtigkeit rüberzubringen. Bei der Begehung der

Baugrube zum Beispiel geht der Mann mit der Posaune voran und alle folgen ihm mit Rasseln, Trommeln und Tröten. Das ist eine hinreißende Szene. Das kenne ich übrigens auch von anderen Filmprojekten: Wenn es gelingt, den Spieltrieb der Protagonisten zu wecken, machen die Dreharbeiten allen großen Spaß.
Ich habe, lange bevor der Film überhaupt fertig war, von jedem Abschnitt, den wir gedreht hatten, Sequenzen geschnitten und kleine Vorführungen für die Gruppe gemacht und dabei Fragebögen verteilt: Was findest du gut, was findest du nicht gut, gibt es irgendwas, was du total bescheuert findest? Ich habe die Protagonisten sehr stark einbezogen, sozusagen das partizipative Baumodell der wagnis eG auf die Filmarbeit übertragen.
Es gab dann eine öffentliche Vorpremiere, ein Jahr vor Veröffentlichung des Films, für alle Bewohner und ihre Freunde und Bekannten. So haben alle einen kleinen Vorgeschmack davon bekommen, wie es sich anfühlt, wenn man über die große Leinwand flimmert. Nach dieser Vorpremiere habe ich sehr viele positive Rückmeldungen zum Film bekommen.

Ich spüre, dass dir das Filmprojekt Freude gemacht hat und immer noch Freude macht.

► Auf jeden Fall! Das war eine wirklich schöne Arbeit. Natürlich kostet es Kraft und viel Zeit. Bei allem, was man in der Vorbereitungsphase und in der Umzugsphase sonst noch so bewältigen muss, war der Film zeitweise etwas, das das Fass beinahe zum Überlaufen gebracht hat. Diese Mehrfachbelastung! Man hat jeden Monat ein Plenum, man hat mehrere Arbeitsgruppen und dann noch die Filmtermine. Ich bin froh, dass der Film jetzt fertig ist. Wir hatten eine tolle Premiere in der Seidlvilla, zwei Premierenvorstellungen mit je 100 Leuten.

Wann war das?

► Das war im Juli 2016. Danach hatten wir zwei Kinovorführungen, die auch brechend voll waren. Im Anschluss gab es noch sieben oder acht Einladungen von verschiedenen Initiativen, bei denen ich den Film zeigen konnte. Ich hoffe, dass er nach und nach auf diese Art bekannt wird und sein Publikum findet.

Wenn wir diesen Film in einem Kino in Köln zeigen wollten – wie müsste ich da vorgehen?

► Zuerst könntest du das Kino fragen, ob es interessiert ist. Wenn du das Publikum bringst und dem Kino sagst, ich möchte diesen Film an dem und dem Tag zeigen und bringe das Publikum, dann kann das Kino den Film bei mir leihen.

Kann man auch dich dazu einladen?

► Ja klar, das geht. Du kannst mich und den Film buchen. Ich würde gerne nach Köln kommen!

Du hast ja auch den Film »Töchter des Aufbruchs« gemacht.

► Mit »Töchter des Aufbruchs« bin ich seit sechs Jahren im deutschsprachigen Raum auf Tournee. Es gab über 400 Vorstellungen in großen und kleinen Zusammenhängen. Mit der Kurzfassung des Films für Schulen habe ich jetzt eine Kooperation mit der Friedrich-Ebert-Stiftung begonnen. Es hat lange gedauert, bis der Film sich durchgesetzt hat. Die Art der Filme, die ich mache, ist nicht auf den ersten Blick gefällig und nicht leicht konsumierbar. In meinen Filmen ist viel Subtext drin, da schwingt viel Feingesponnenes mit, das nicht ausgesprochen wird. Das Format des klassischen Dokumentarfilms ohne journalistischen Kommentar ist sehr selten geworden. Es gibt nur noch eine Handvoll Leute, die das so machen wie ich.

Kommen wir wieder zum Haus zurück. Wie klappt denn euer Zusammenleben so?

► Da gab es natürlich die Anfangseuphorie, in der wir jedes Wochenende Feste gefeiert haben und ständig zusammengegluckt sind. Es gab und gibt viele nette kleine Situationen: Man leiht sich was, man übernimmt Erledigungen füreinander, man trifft sich nach Feierabend auf einen Absacker … Was mich begeistert, sind

die vielen Ressourcen, die eine solche Nachbarschaft und Hausgemeinschaft bietet. Egal, was man anfragt, irgendjemand weiß immer eine Lösung – das ist fantastisch!
Aber es gab und gibt natürlich auch die Schwierigkeiten. Wir sind ja keine gewachsene Gemeinschaft wie eine Dorfgesellschaft, die schon lange zusammenlebt. Das Prinzip »Nachbarschaft« in diesem großen Umfang müssen wir alle ganz neu lernen. Die Anforderungen in Bezug auf Selbstverwaltung und Selbstorganisation sind sehr anspruchsvoll. Es braucht Zeit, sich aufeinander einzulassen und jede und jeden so zu nehmen, wie er oder sie ist. Ich denke, die Früchte werden die Familien ernten, in fünf oder zehn Jahren.

Du glaubst, dass es so lange brauchen wird?
► Ja. Und ich glaube auch, dass bestimmte Hürden mit der Zeit einfach wegfallen werden. Nicht integrierbare Strömungen werden aussterben, weil sie keine Grundlage mehr haben werden. Das ist eine ganz subtile Entwicklung. Manche Konflikte werden einfach deswegen nicht mehr stattfinden, weil sich niemand mehr dafür interessiert. Ich hoffe zumindest, dass Gespräche über sogenannten »Kinderlärm« irgendwann mal obsolet werden, weil niemand sie mehr pflegt. Die guten Leute gehen dahin, wo das Leben ist, wo Leichtigkeit ist und wo man auch miteinander Quatsch machen kann. Hier gibt es – zum Glück – nur wenige Leute, mit denen man keine Kontroverse führen kann, weil sie dann nicht mehr mit einem sprechen. Die können gar nicht unterscheiden, ob es eine inhaltliche oder eine persönliche Differenz gibt. Wenn ich jemandem sage, dass ich etwas anders sehe, und dann davon ausgehen muss, dass diese Person daraufhin eingeschnappt ist und mich drei Wochen lang schneidet, dann ist das einfach unproduktiv. Ich suche Leute, mit denen ich auch ausprobieren kann, ob mein Argument standhält. Ich suche Leute, mit denen ich produktiv streiten kann. Ich sage ja nicht: »Du bist doof.« Ich sage: »Ich sehe das anders.« Ich bleibe ja bei mir. Das sind die Grundlagen der gewaltfreien Kommunikation. Wenn mein Gegenüber dann sein Argument plausibel

macht, mir darlegt, warum es ebenfalls ein gewichtiges ist, kann ich mit ihm weitermachen. Dann weiß ich, ich muss dieses und jenes gegeneinander abwägen. Das sind ja auch eigene Prozesse. Niemand ist ein abgeschlossenes Universum. Wir sind doch alle Lernende in einem riesigen Lernfeld, das sehr anspruchsvoll ist. Zum Glück sind viele gute Leute in unserem Wohnprojekt, und es gibt keinen, mit dem es dauerhaften Stress gibt. Das sind sehr gute Voraussetzungen. Die wahren Helden unserer Gemeinschaft sind für mich übrigens die Familien. Ihre Fähigkeit, zu kooperieren und große oder kleine Events auf die Beine zu stellen, begeistert mich immer wieder aufs Neue. Der ganz große Genuss ist für mich, die Kinder groß werden zu sehen. Die Kinder, die beim ersten Grundstücksfest ein Jahr alt waren, sind jetzt sieben – ich finde es einfach großartig, sie heranwachsen zu sehen!

Seit wann wohnt ihr jetzt hier?

▸ Wir sind 2014 in drei Stufen eingezogen. Ich bin im Mai mit dem ersten Schwung von ungefähr zwölf Parteien eingezogen, die nächsten kamen im September und die letzten dann im November 2014.

Dann seid ihr jetzt seit zweieinhalb Jahren im Haus. Wie pflegt ihr eure Gemeinschaft? Welche Regeln habt ihr euch gegeben?

▸ Wir haben eine ganz kleine Hausordnung. Die besagt eigentlich nur: Wir gehen respektvoll miteinander um, wir trennen den Müll und wir grüßen uns unter allen Umständen. Wir wollten es möglichst minimalistisch, weil wir nicht diese spießigen Hausregeln aufstellen wollten. Natürlich gibt es die üblichen Ruhezeiten, die haben wir aber extra nicht in unsere Hausordnung geschrieben. Zwischen 12 und 14 Uhr ist Mittagsruhe. Ich finde es schon sehr sympathisch, dass wir uns so wenige Regeln auferlegt haben.

Wie oft habt ihr Plenum?

▸ Wir treffen uns alle vier Wochen im Plenum.

Ist es Pflicht, daran teilzunehmen?

▶ Nein, aber es ist natürlich erwünscht, und wenn man mitbestimmen will, sollte man hingehen. Wir haben vier Haussprecher. Jeder Sprecher und jede Sprecherin ist für einen bestimmten Bereich zuständig: Hausbewirtschaftung, Finanzen, Kommunikation und Gemeinschaftsräume. Sie bereiten die Plenen vor. Wir haben ungefähr sechs Hausgruppen für unterschiedliche Bereiche. Die Beschlussvorlagen für die Plenen entstehen in den Hausgruppen. Eine große Gruppe beschäftigt sich mit der Hauskommunikation. Sie bespricht Konflikte und sucht Lösungsmöglichkeiten, sie bespricht die Kommunikation mit den Grundstücksnachbarn, aber auch die Qualität der Kommunikation an sich, und sie organisiert Workshops, zum Beispiel zum Thema gewaltfreie Kommunikation. Dann haben wir eine große Hausgruppe »Außenraum«. Das sind ungefähr 20 Leute, die sich mit der Bewirtschaftung der Wiese und des Dachgartens und all dem Grün beschäftigen. Dann haben wir die Hausgruppe »Barrierefrei«. Die legt den Finger in die Wunde, wenn zum Beispiel die Laubengänge vereist sind. Denn das ist für Leute, die nicht gut gehen können, eine Behinderung. Diese Gruppe hat erst neulich einen Aktionstag veranstaltet. Da konnte man einen Altersanzug anziehen und verschiedene Gehhilfen ausprobieren, und gerade die Jüngeren konnten entdecken, wie es sich anfühlt, sich als alter Mensch zu bewegen. Das war ziemlich gelungen und spektakulär. Dann haben wir eine Hausgruppe, die sich mit unseren Gemeinschaftsräumen beschäftigt, und eine weitere, die Feste organisiert. Wenn eine Gruppe einen Beschluss braucht, formuliert diese Hausgruppe den Beschluss und legt ihn dem zuständigen Haussprecher vor; er wird dann im Plenum kurz besprochen und abgestimmt.

Und wie wird abgestimmt? Nach dem Mehrheitsprinzip?

▶ Das ist unterschiedlich. Manche Sachen stimmen wir mit Mehrheit ab. Aber bei Beschlüssen, bei denen es um elementare Dinge des Zusammenlebens geht, haben wir die Möglichkeit, eine Konsensentscheidung zu suchen. Dann stimmen wir nach dem Konsensprinzip ab. Es gibt dann entweder einen »Konsens A«, das heißt, dass alle es wollen, oder einen »Konsens B«, das heißt, dass diejenigen, die es nicht wollen, die Entscheidung mittragen können. Für Konsensabstimmungen haben wir auch das Format der Hausgespräche. Ein Teil der Hausgruppe »Kommunikation« hat sich als Mediatoren spezialisiert. Zu einem Hausgespräch werden alle eingeladen, die zum Thema etwas sagen wollen. Dort wird viel mit Kärtchen gearbeitet, jedes Argument kriegt seinen Platz, und dann schaut man, ob man zu dem Thema ein weiteres Hausgespräch braucht. Man redet in der Regel so lange miteinander, bis das Thema zur allseitigen Zufriedenheit erledigt ist.

Und das macht ihr mit internen Moderationen.
▸ Genau.

Und das funktioniert?
▸ Das läuft zum Teil sehr gut, manchmal ist es jedoch ein zäher Prozess. Ich will mal ein Beispiel nennen: Am Anfang, als wir eingezogen sind, sind viele Leute von der Straße, die nicht im Haus wohnten, einfach mit dem Aufzug auf unser Dach gefahren. Da die Aufzüge von außen zugänglich sind, konnten sie einfach hochfahren und sich unseren Dachgarten anschauen. Da kam natürlich die Frage auf, wer überhaupt auf unser Dach darf und unter welchen Bedingungen externe Leute aufs Dach dürfen und so weiter. Dazu gab es zwei Hausgespräche und auch eine Empfehlung für eine Abstimmung im Plenum: Wir brauchen Schilder, die darauf hinweisen, dass es sich hier um privaten Grund handelt; sonst wissen die Leute ja gar nicht, dass sie eine Grenzüberschreitung begehen. Als die Beschlussvorlage nach vier Monaten ins Plenum kam wurde sie dort allerdings zurückgewiesen.
Die Hausgruppe »Kommunikation« war da natürlich ein bisschen baff. Aber das ist wie in der Politik auch: Es muss sehr sauber und sorgfältig kommuniziert werden, was man eigentlich will. An dem Tag waren viele aus der Gruppe nicht im Plenum oder nur einer, der dann in dem Moment nicht schaltet und sich zu Wort meldet

und sagt: »Hört mal Leute, wir arbeiten jetzt seit drei Monaten an diesem Thema, das muss jetzt umgesetzt werden.« Aber so funktioniert Demokratie, so funktioniert Selbstverwaltung. Das müssen wir alle lernen. Wir machen unsere Erfahrungen. Da helfen Humor und ein bisschen Subversion, eine Anarchie, die aus dem Lebendigen selbst kommt.

Hier ist der ganze Kiez barrierefrei

Frank Nitzsche
Vorstand Möckernkiez eG, Berlin

■ Kaum ein Projekt ist in der Szene so bekannt wie die Möckernkiez-Genossenschaft in Berlin. 2014 war eine Zeit lang unklar, ob das Projekt zu Ende geführt und die angefangenen Gebäude fertiggestellt werden können. Im Jahr 2015 wurde ein neuer Vorstand eingesetzt, der die Umsetzung sichergestellt hat. Um die Geschichte der Möckernkiez eG erzählen zu können, habe ich mich Anfang 2018 an den Vorstand gewandt und um ein Interview gebeten. Frank Nitzsche hat sich für ein Gespräch Zeit genommen und wir haben uns am 29. März 2018 in Berlin getroffen.

* * *

Auf der Internetseite der Möckernkiez-Genossenschaft habe ich im 1. Abschnitt der Satzung gelesen, dass diese seit der Gründung im Jahr 2010 bis 2017 sechsmal geändert wurde. Was ist da passiert?

▶ Die Satzung ist der Gesellschaftsvertrag einer Genossenschaft. Es ist ein ganz normaler Prozess, dass die gelegentlich angepasst wird. Beim letzten Mal haben wir die Satzung angepasst, weil wir eine Gruppe älterer Menschen hatten, die bei uns zwei Spezialwohnungen anmieten wollte, allerdings in Form einer Gesellschaft bürgerlichen Rechts, einer GbR. Das hat etwas damit zu tun, dass man in dem Alter Angst hat, dass der eine oder die andere die Gruppe verlässt und dann unter Umständen der Mietvertrag hinfällig wird. Deshalb ist der Mietvertragspartner nicht der einzelne Gesellschaf-

ter, sondern die GbR. In unserer Satzung steht, dass man zwar als Stiftung Mitglied der Genossenschaft werden kann oder als GmbH, aber eine GbR war, aus welchen Gründen auch immer, ursprünglich nicht vorgesehen.
Davor hatten wir im Jahr 2015 eine Änderung dahingehend, dass der Vorstand der Genossenschaft nicht mehr von der Mitgliederversammlung gewählt wird, sondern vom Aufsichtsrat, so wie es gemeinhin üblich ist. Das hört sich zwar wie eine Einschränkung der Basisdemokratie an, aber es gibt einfach einzelne Dinge, die nur ein kleiner Kreis und nicht ein großer beraten kann. Der Aufsichtsrat wird sich die Meinung der Mitglieder in einer Mitgliederversammlung anhören, aber die Entscheidung muss letztlich er treffen.

War das schwierig, diese Änderung bezüglich der Frage, wer den Vorstand wählt, durchzubringen?

▶ Über die Änderung der Statuten in der Satzung bestimmt ja immer die Mitgliederversammlung. Und das war dort schon eine größere Diskussion, weil das einzelne Mitglied sich natürlich in seinen Rechten und seinen Möglichkeiten der Einflussnahme beeinträchtigt fühlte. Aber Sie können nicht den Arbeitsvertrag eines Vorstands mit 1.800 Leuten beraten. Das funktioniert nicht. Und wenn ein Vorstand nicht so läuft oder nicht so spurt wie die Gemeinschaft, der Aufsichtsrat und die Mitgliederversammlung es sich vorstellen, dann ist es natürlich schwierig, erst eine Mitgliederversammlung einzuberufen, um diesen Vorstand abzuberufen. Ein Gremium aber, das von den Mitgliedern bestellt worden ist, das ist ja der Aufsichtsrat, kann im Interesse der Genossenschaft schnell handeln.

Ihre Argumentation verstehe ich. Aber die Bewegungsgenossenschaften, die sich »von unten« gründen, sehen das anders. Zumindest zu Beginn, bevor der Verwaltungsapparat in Gang kommt. Und hier im Möckernkiez hat das doch wahrscheinlich 2010 auch anders angefangen.

▶ Natürlich. Damals hatte die Genossenschaft auch nicht, so wie heute, 1.850 Mitglieder, sondern einige Hundert.

Waren Sie damals schon dabei?
▶ Nein. Ich bin erst Ende 2014 dazugestoßen.

Gehören Sie zu denen, die das Projekt sozusagen gerettet haben?
▶ Man sagt das so, ja.

Ich habe den Eindruck, es fällt Ihnen schwer, sich als Retter bezeichnen zu lassen.
▶ Das müssen andere beurteilen. Sicherlich, ich verrate nicht zu viel, dass zu diesem Zeitpunkt – ich bin seit Anfang 2015 als Vorstand dabei – das Projekt kurz vor dem Aus gestanden hat. Und wie es heute aussieht – das hat sicherlich auch etwas mit den seit 2015 handelnden Personen zu tun. Das heißt nicht, dass das, was davor gewesen ist, alles falsch war: Die Idee, aufzubauen und zu entwickeln, wurde ausgearbeitet, Mitglieder wurden angeworben. Als ich Ende 2014 hier dazugekommen bin, hatte ich die Mitgliedsnummer 1.600, das heißt also, vor mir gab es 1.599 Mitglieder. Die kommen nicht von alleine, da muss man schon Werbung machen, man muss von der Idee überzeugen, und das haben die Initiatoren, der erste Vorstand, mit Sicherheit hervorragend gemacht.

Was war damals Ihre Motivation, hier dazuzukommen?
▶ Ich war beruflich frei, weil ich meine vorherige Stelle gekündigt hatte und ein Sabbatjahr machen wollte. Da kam die Anfrage vom Möckernkiez, ob ich die Genossenschaft unterstützen könne, weil man den Karren doch sehr im Dreck sah. Und man wusste, dass ich in solchen Sachen nicht ganz unerfahren bin.

Was sind Sie von Beruf?
▶ Ich habe Betriebswirtschaftslehre an der TU in Berlin studiert, bin Diplomkaufmann und seit 1984 in der Wohnungswirtschaft tätig.

Sie sind zunächst ein ganz normales Mitglied der Genossenschaft geworden?

► Die Satzung schreibt vor, dass Vorstandsmitglieder zwingend Mitglieder der Genossenschaft sein müssen. Ich bin im November 2014 Mitglied geworden und zum 1. Januar 2015 als Vorstand bestellt worden. Das ist die Reihenfolge. Ich wäre aber nicht Mitglied geworden, wenn ich nicht Vorstand geworden wäre.

Macht Ihnen die Arbeit Freude?

► Ja, sonst würde ich sie nicht machen. Ich hatte Ihnen ja gesagt, dass ich ein Sabbatjahr machen wollte. Und ich habe sehr lange überlegt, ob ich das hierfür aufgebe. Aber ja, es macht mir Spaß.

Sie hatten ja schon gesagt, dass, bevor Sie dazukamen, hier viel geleistet worden ist. Was ist da aus Ihrer Sicht das Wichtigste?

► Dass aus einer Idee ein Konzept entwickelt wurde und daraus über die Stufen einer Bürgerinitiative, eines Möckernkiez-Vereins eine Möckernkiez-Genossenschaft gegründet wurde mit dem Ziel, ein Grundstück von einer Tochtergesellschaft der Deutschen Bahn zu kaufen; dass die Vision entstehen konnte, dort eine Wohnanlage zu errichten, die nicht den üblichen Standards, nicht den üblichen Ansprüchen entspricht, sondern in der ganz besondere Philosophien aufeinandertreffen sollen; dass die Leute, die Mitglieder, mit ihren Wünschen mitgenommen wurden. Sicherlich, nicht jeder kann sich etwas wünschen; wenn Sie sich die Fassade rot wünschen und ich mir grün, dann kann es nur eine Farbe geben.

Ich habe viele Grautöne gesehen, als ich da vorhin vorbeiging.

► Da sind fünf verschiedene Architekten am Werk gewesen. Auch das spricht für die Vielfalt. Aber allein die Themen: autofrei, barrierefrei, ökologisch … Das sind Schlagwörter, die werden in diesem Lande sehr viel benutzt, aber wenn man hinter die Fassade guckt, dann ist davon nur ein Bruchteil angekommen. Wir können durchaus behaupten, dass unser ganzes Areal, der ganze Möckernkiez, barrierefrei ist. Das heißt also auch, ein Rollstuhlfahrer kann sich auf dem ganzen Grundstück frei bewegen. Er kann mit dem Aufzug in den Keller oder auf die Dachterrasse fahren. Er muss natürlich durch ein, zwei Türen hindurch, die er vielleicht alleine nicht aufkriegt, da braucht er Hilfe, aber er kann sich alleine mit seinem Rollstuhl frei bewegen. Hier ist also der ganze Kiez barrierefrei, und ich denke mal, das sollte richtungsweisend sein.

Kommen wir zu ein paar Daten und Fakten. Wie viele Wohnungen gibt es hier?

▶ 471 Wohnungen mit einem bis sieben Zimmern und mit 28 bis 150 Quadratmetern. Die Mehrzahl hat zwei oder drei Zimmer und zwischen 45 und 70 Quadratmeter. Die Genossenschaft war nicht frei in der Wahl der Zusammensetzung, sie hatte gewisse Spielräume, die vom Bezirk vorgegeben waren. Innerhalb der 471 Wohnungen haben wir auch sechs Spezialwohnungen, sogenannte Studio-WGs. Das sind Wohnungen in der Wohnung, das heißt, wenn Sie aus Ihrer Ein- oder Zweizimmerwohnung herausgehen, sind Sie nicht in einem Treppenhaus, wie üblich, sondern Sie betreten eine Gemeinschaftsfläche, die Sie sich mit drei anderen Parteien teilen. Der Gedanke war ursprünglich, dort themenbezogene Wohngemeinschaften zu errichten. Dieser Plan hat sich leider durch die Bauverzögerung zerschlagen. Wir haben jetzt zum Beispiel zwei dieser Studio-WGs an die bewusste GbR vermietet. Das sind Leute, die alle im Rentenalter sind und eine Gesellschaft bürgerlichen Rechts mit dem Ziel gegründet haben, irgendwie alleine zu leben, aber auch nicht ganz alleine. Sie wollen gemeinschaftlich kochen und gemeinschaftlich leben, aber sie wollen auch die Möglichkeit haben, die Tür hinter sich zuzumachen und ihre eigene Wohnung zu haben.

Waren die Einzelnen schon Mitglieder in der Genossenschaft und haben von innen her die GbR gegründet oder kamen die als fertige GbR zu Ihnen?

▶ Die kamen als fertige GbR zu uns. Die haben nach so einem Projekt gesucht.

Wie viele Leute sind das?
▸ Im Moment sind es sieben Mitglieder.

Sind das Alleinlebende oder …
▸ … das kann ich Ihnen nicht sagen. Also ein Pärchen ist dabei, aber ob die eine Wohnung haben oder zwei, das weiß ich nicht. Wir vermieten denen ja die ganze Einheit und wie die dann die Wohnungen unter sich aufteilen, wissen wir nicht.

Also hat die GbR mit der Genossenschaft einen Mietvertrag?
▸ Ja.

Und wenn eine Wohnung frei wird, suchen die sich einen neuen Mitmieter oder eine neue Mitmieterin?
▸ Ja.

Und wie regeln Sie das? Mit einem Kooperationsvertrag?
▸ Wenn man geschickt ist, kann man das auch im Rahmen eines Dauernutzungsvertrags regeln. So heißen die Mietverträge bei Genossenschaften. Weil eine Genossenschaft – anders als der freie Vermieter – auf ihr Recht zur Kündigung wegen Eigenbedarfs oder wirtschaftlicher Verwertung im Vertrag verzichtet.
Wenn wir mit einer Wohngemeinschaft einen Mietvertrag über eine Wohnung schließen und ein Einzelner möchte raus, geht das nicht. Es können nur entweder alle kündigen oder keiner kann kündigen. Bei der GbR ist das ganz clever gemacht, denn Partner ist die Gesellschaft. Aber wer hinter der Gesellschaft steht, spielt keine Rolle, das kann einer sein, das können drei sein, das können fünf sein. Im Moment sind es, soweit wir wissen, sieben Mitglieder. Und wenn ein Mitglied stürbe, das kann ja passieren, dann würde das den Mietvertrag nicht berühren, denn der Mietvertrag wurde ja mit der GbR geschlossen, und die hat einen Gesellschafter weniger und hätte dann die Möglichkeit, entweder zu sechst weiterzumachen oder sich ein neues Mitglied zu suchen. Ich bin auch nicht sicher, ob nicht noch ein achtes oder neuntes dazukommt.

Müssen die Einzelnen der GbR auch Mitglieder in der Genossenschaft werden?

► Nein. Die GbR ist Mitglied der Genossenschaft. Aber unabhängig davon haben alle derzeitigen sieben Mitglieder gesagt, dass sie ein ganz eindeutiges Signal senden wollen, dass sie zu der Idee vom Möckernkiez stehen, und deshalb sind auch alle Mitglieder der Genossenschaft geworden. Also ist die GbR Mitglied und jeder der sieben Gesellschafter ist außerdem persönlich Mitglied der Genossenschaft.

Wenn man Mitglied in der Genossenschaft wird, was muss man dann zahlen?

► Wenn Sie Mitglied der Genossenschaft werden wollen, müssen Sie beim Möckernkiez, so ist das in der Satzung geregelt, zwei Geschäftsanteile erwerben. Ein Geschäftsanteil kostet 500 Euro. Außerdem müssen Sie einmalig 100 Euro Beitrittsgebühr zahlen. Wenn Sie dann irgendwann mal aus der Genossenschaft ausziehen oder Ihre Geschäftsanteile kündigen, kriegen Sie die 1.000 Euro zurück, die 100 Euro sind verloren.

Diese GbR muss doch auch einen bestimmten Anteil der Erstellungskosten der Wohnungen, die sie mietet, einzahlen.

► Wie jedes andere Mitglied auch. Wir sind ja eine junge Genossenschaft, kein tradiertes Unternehmen, das 100 Jahre alt ist und über notwendige Rücklagen verfügt und über mehrere Wohnanlagen, sodass man quer subventionieren könnte. Wir mussten unser Eigenkapital, das wir in die Baustelle stecken mussten, aus dem Geschäftsguthaben darstellen. Mit anderen Worten: Wenn Sie bei uns eine Wohnung beziehen wollen oder eine Wohnung an Sie vergeben worden ist, mussten Sie Ihr Geschäftsguthaben aufstocken und zwar pro Quadratmeter Wohnfläche um 920 Euro.

Wir machen es mal ganz einfach, am Beispiel einer 100-Quadratmeter-Wohnung. Für die müssten Sie als Mitglied dann 92.000 Euro zeichnen und auch bezahlen, wobei die 1.000 Euro, die Sie über Ihre beiden Pflichtanteile schon eingezahlt haben, natürlich darauf angerechnet werden. Sie müssten dann also noch 91.000 Euro nachlegen.

Sind alle Wohnungen vergeben?

▶ Ja und nein. Wir hatten alle Wohnungen vergeben – auf dem Papier. Und wir hatten auch ein entsprechendes Geschäftsguthaben in der Kasse. Wenn das mit dem Möckernkiez planmäßig verlaufen wäre, hätten die ersten Bezüge ja schon Anfang 2015 stattfinden können, das war die ursprüngliche Planung. Durch diese zeitliche Verschiebung haben sich natürlich auch Lebensläufe geändert. Ein Partner ist gestorben, ein Paar ist auseinandergegangen, da ist ein Kind hinzugekommen, jemand ist nach Frankfurt versetzt worden. Da gibt es ein ganzes Potpourri an Gründen, das Projekt zu verlassen. Der eine oder andere hat relativ frühzeitig gesagt: »Ich steige aus und gebe die Wohnung zurück.« Aber es gibt auch viele, die die Wohnung bis zum letzten Moment gehalten haben. Und jetzt, wo wir die Dauernutzungsverträge den Leuten zur Unterschrift vorlegen, müssen sie Farbe bekennen. Und plötzlich will der eine oder andere doch lieber in seiner alten Wohnung bleiben. Wir haben ein nettes Ehepaar, die sind alte Mitglieder und bei uns auch im Gemeinschaftswesen aktiv, die haben ein Haus mit 180 Quadratmetern und hier hätten sie eine Wohnung mit 75 oder 80 Quadratmetern. Und die haben sich dann doch noch mal Gedanken gemacht und gesagt: »Jetzt müssten wir unser Haus ausräumen …« Die 180 Quadratmeter, auf denen sie wahrscheinlich seit Jahrzehnten wohnen und die wahrscheinlich dementsprechend vollgestellt sind. Davor scheuen sie sich und deshalb haben sie die Wohnung zurückgegeben. Schade …

Bekommen die jetzt ihr Geld zurück?

▶ Nicht ohne Weiteres. Sie müssen entweder ihre Geschäftsanteile kündigen – wir haben eine Kündigungsfrist von 36 Monaten – oder sie übertragen. Wir haben eine durch Mitglieder betriebene Übertrager-Plattform. Wenn jemand Geschäftsanteile hat, die er nicht mehr benötigt, zum Beispiel weil er seine Wohnung zurückgegeben

hat, und Frau Frohn hat sich bei uns um eine Wohnung beworben, hat den Zuschlag dafür bekommen und braucht Geschäftsanteile, dann kann sie über die Plattform die Geschäftsanteile desjenigen, der aussteigen möchte, erhalten.
Diese 36-monatige Kündigungsfrist ist natürlich sehr lang. Wir hatten mal 24 Monate festgesetzt, das ist aber auf Wunsch der Banken verlängert worden, weil es auch eine Frage des Eigenkapitals und der Verfügbarkeit ist. Nehmen wir mal an, sie hätten eine Austrittswelle und dann flösse innerhalb von kurzer Zeit das Geld ab: Das Projekt geriete ins Wanken, denn es gäbe kein Kapital zum Quersubventionieren. In drei Jahren dagegen kann ein Vorstand gegensteuern und sich etwas einfallen lassen.

Funktioniert diese Übertrager-Plattform?
► Die funktioniert. Wir haben im letzten Jahr über diese Plattform ungefähr 1,5 Millionen Euro hin und her geschoben.

Und wenn man das Projekt unterstützen, aber nicht selbst im Möckernkiez wohnen will, kann man dann Geld in die Genossenschaft geben und kriegt man etwas dafür?
► Sie können Mitglied werden. Wir haben weit mehr Mitglieder als Wohnungen. Aber im Moment befinden wir uns in der Projektphase, das heißt, wir haben außer einigen kleinen Werbeeinnahmen keine Einkünfte. Aber wir haben natürlich Ausgaben. Wir haben eine Geschäftsstelle, wir haben Mitarbeiter, das heißt, wir haben einen Verlustvortrag im siebenstelligen Bereich geplant, ganz normal, auch von den Banken akzeptiert und durchkalkuliert. Deshalb können Sie im Moment nur an den genossenschaftlichen Aktivitäten teilnehmen, aber Sie haben keinen materiellen Vorteil in Form einer Verzinsung. Und daran wird sich auch bis Mitte des nächsten Jahrzehnts, also bis 2025/26 nichts ändern. Ob es danach eine Verzinsung gibt, da bin ich mir nicht so sicher; ich bin dann mit Sicherheit altersbedingt nicht mehr dabei. Aber ich würde in so einer Situation den Mitgliedern raten, das Geld, das da übrig ist, lieber zu nehmen und Darlehen zu tilgen, als irgendwelche

Ausschüttungen von einem oder zwei Prozent zu tätigen. Das ist natürlich schön, aber es ist ein Tropfen auf den heißen Stein. Wenn man hingegen dieses Geld nimmt und Sondertilgungen vornimmt, die wir vereinbart haben, um schneller aus den Klauen der Banken zu kommen, dann ist das unter wirtschaftlichen Gesichtspunkten sicherlich die deutlich bessere Anlage. Der Vorstand würde dann einen Vorschlag in der Mitgliederversammlung machen und die Mitglieder müssten dann darüber abstimmen. Sie sind frei, sie können auch einen anderen Beschluss fassen.

Ich komme ja aus Nordrhein-Westfalen, aus Köln, wir haben da Wohnberechtigungsscheine. Gibt es die in Berlin auch?
▶ Es gibt hier in Berlin Wohnberechtigungsscheine, die einkommensbezogen sind.

Und haben Sie hier im Möckernkiez auch Wohnungen für Leute mit Wohnberechtigungsschein?
▶ Nein, solche Wohnungen haben wir hier nicht.

Warum nicht?
▶ Die haben wir nicht, weil die Förderungsbedingungen des Landes Berlin einfach zu schlecht waren. Ich halte persönlich von dieser Förderung nicht allzu viel, weil der Bauherr den Anteil an Sozialbauwohnungen mit niedrigen Mieten – in Berlin ist das eine Einstiegsmiete von 6,50 Euro pro Quadratmeter – über andere Sachen querfinanzierten darf. Wenn ich also einen Teil der Wohnungen für 6,50 Euro vermiete, die Baukosten aber zehn Euro betragen, dann muss ich die anderen Wohnungen für elf, zwölf oder dreizehn Euro vermieten, um keinen Verlust zu machen. Was heißt das für den Busfahrer und die Krankenschwester? 6,50 Euro Miete bekommen die nicht, dafür ist ihr Einkommen zu hoch; aber zwölf Euro können sie auch nicht bezahlen. Dieses gesellschaftliche Mittelfeld ist eigentlich der Gelackmeierte bei diesem Modell.

Vorhin haben Sie den Begriff »Gemeinschaftswesen« erwähnt. Was meinen Sie damit, auf dieses Projekt bezogen?

▶ Wenn Sie aus dem Fenster sehen, sehen Sie dort drüben 14 verschiedene Gebäude. Das erkennt man nicht auf den ersten Blick. Die Häuser sind architektonisch miteinander verbunden, aber sie sind räumlich getrennt. In jedem dieser 14 Gebäude gibt es eine Hausgruppe. Die haben sich nicht erst gestern und vorgestern getroffen, die gibt es schon seit Ende 2014. Seitdem treffen die sich regelmäßig in einem Rhythmus von vier bis sechs Wochen. Jede Hausgruppe hat einen Hausgruppensprecher und einen Stellvertreter. Der jeweilige Hausgruppensprecher hat seinen Platz in einem Beirat. Der Beirat ist auch in unserer Satzung aufgeführt. Er ist ein beratendes Gremium und soll die Distanz zwischen der Basis – den Mitgliedern – auf der einen Seite und dem Aufsichtsrat und dem Vorstand auf der anderen Seite verkürzen. Das heißt, da holen wir uns als Vorstand und Aufsichtsrat das Meinungsbild der Genossenschaftsmitglieder ab.

Viele Probleme werden in den Hausgruppen besprochen und dann über die Hausgruppensprecher in den Beirat eingebracht und dort weiterdiskutiert. Seit wir die Satzung geändert haben und der Vorstand nicht mehr von der Mitgliederversammlung, sondern vom Aufsichtsrat bestellt wird, machen wir es so, dass wir die Diskussionen über bestimmte Dinge innerhalb der Genossenschaft gar nicht mehr in der Mitgliederversammlung führen. Zu einer Mitgliederversammlung kommen bei uns ungefähr 350 bis 400 Leute. Vor meiner Zeit waren das Versammlungen, die haben sechs oder sieben Stunden gedauert. Ich bin damals auf eine Versammlung bestellt worden, die hat acht Stunden gedauert.

Da haben Sie wahrscheinlich gesagt: »Das mache ich nie wieder!«

▶ Richtig. Nach acht Stunden wissen Sie auch nicht mehr, was Sie gesprochen haben und was Sie beschlossen haben, wenn Sie überhaupt etwas beschlossen haben. Meistens gab es gar keine Beschlüsse, weil die Leute nach sechs, sieben oder acht Stunden einfach nur platt waren. Ganz normal. Deshalb haben wir entschie-

den, dass wir die Themen in den Beirat und in die Hausgruppen verlagern.
Ich gebe Ihnen einmal ein Beispiel. Wir haben im Jahr 2016 die Vergaberichtlinien für die Wohnungen geändert. Das heißt, ich habe als zuständiger Vorstand die Vergaberichtlinien überarbeitet, habe neue geschrieben und habe sie, nachdem ich mir das Okay vom Aufsichtsrat geholt hatte, im Beirat vorgestellt. Der Beirat hat sie genommen und in die Hausgruppen gebracht. Dort wurden sie an der Basis diskutiert, dann kamen die Ergebnisse und Änderungswünsche zurück. Die waren natürlich vielfältig und manche haben sich auch widersprochen. Vorstand, Aufsichtsrat und Beirat haben dann gemeinsam überlegt und besprochen, was wir daraus machen. Dann haben wir ein gemeinsames Papier entwickelt und erst damit sind wir in die Mitgliederversammlung gegangen und haben es vorgestellt. In der Mitgliederversammlung gab es dann eine ganz kurze Diskussion, dann wurde abgestimmt.

Haben Sie das alles hinbekommen, ohne Moderation von außen?
► Ja. Alles ohne Moderation von außen. Es war ein Kraftakt. Aber wir haben auch einen guten Beirat. Und die schwierige Situation, in der sich die Genossenschaft befunden hat, die schwierige Zeit, die wir durchlebt haben, hat die Genossenschaft gestärkt. Die Leute sind näher aneinandergerückt. Mein Part ist der kaufmännische gewesen. Ich habe den Leuten immer gesagt: »Ihr könnt euch alles wünschen, aber ihr müsst immer daran denken, dass es auch einer bezahlen muss. Von außen gibt es kein Geld, wir müssen das selbst aufbringen.« Das eine oder andere an Wünschen und Idealen ist so auf das Machbare und Realistische runtergefahren worden.
Die meisten unserer Genossenschaftsmitglieder zählen, was ihre wirtschaftliche Situation angeht, sicherlich zum guten Bürgertum. Aber wir haben auch Mitglieder, die nicht so gut betucht sind. Und es war immer ein Ziel, bei allen Einschränkungen und auch bei den Mieterhöhungen, die wir im Laufe der Zeit durchboxen mussten, alle so weit wie möglich mitzunehmen. Alle haben wir nicht mitnehmen können, aber die überwiegende Mehrheit schon.

Mich interessieren noch einige Zahlen. Wie groß sind die Hausgemeinschaften?
▸ Zwischen 19 und 48 Bewohnern.

Und aus wie vielen Leuten besteht der Beirat?
▸ Der Beirat besteht aus 14 Hausgruppensprechern sowie dem Sprecher der 15. Gruppe, das sind die Mitglieder ohne Wohnung. Das ist die größte »Hausgruppe«, die müssen ja auch vertreten sein.

Wie groß ist diese Gruppe?
▸ Irgendwas im vierstelligen Bereich, über tausend, aber die sind am schlechtesten strukturiert und auch am schlechtesten organisiert und haben die wenigsten Interessen, weil sie durch die fehlende Wohnungsanbindung nicht diesen Bezug zur Genossenschaft haben. Also 15 Hausgruppensprecher, plus Beiratssprecher und sein Stellvertreter, also 17 Leute.

Wo kommt denn der Beiratssprecher her, wer wählt den?
▸ Der Beiratssprecher und sein Stellvertreter werden vom Beirat gewählt. Das sind Leute, die in der Wohnanlage wohnen, sie sind auch Mitglieder von Hausgruppen, aber keine Hausgruppensprecher. Jeder kann sich zur Wahl stellen. Unser Beiratsvorsitzender war ursprünglich Sprecher seiner Hausgruppe, aber nachdem er Sprecher des Beirats geworden war, hat er gesagt: »Ich kann nur auf einem Stuhl sitzen, ich will Sprecher des Beirats sein, aber nicht Sprecher meiner Hausgruppe, das soll mal jemand anderes machen.«

Wie viele Menschen sind im Raum, wenn sich Beirat und Vorstand und Aufsichtsrat treffen?
▸ Wenn alle da sind, sind es die 17 Sprecher, also die 15 Hausgruppensprecher, die beiden Beiratssprecher, ein Aufsichtsratsmitglied und die beiden Vorstände, das sind insgesamt 20. Und diese Versammlungen sind immer öffentlich. Auch das Protokoll dieser Versammlungen geht an alle Hausgruppen, sodass jeder weiß, was

in der Beiratsversammlung besprochen wurde. Bei so einer Versammlung mit dem Beirat können 50, 60, 70 Leute sitzen.

Und können diejenigen, die dazukommen, auch reden, oder dürfen sie nur zuhören.
▸ Sie dürfen auch reden.

Müssen sie das vorher ankündigen?
▸ Nein.

Und das funktioniert?
▸ Das funktioniert. Unser Beiratssprecher kommt aus dem Gewerkschaftswesen. Er war hier in Berlin jahrzehntelang in der Gewerkschaft aktiv, er ist sehr erfahren und kann auch mal durchgreifen: »Jetzt brauchen wir mal ein Ergebnis!«, »Jetzt nur noch drei Redebeiträge!« Das kann der gut.

Wie war das damals, als Sie zum Vorstand berufen wurden. Wurden Sie da gewählt? Und wer hat Sie gewählt?
▸ Ich bin von 502 Mitgliedern in einer Mitgliederversammlung gewählt worden. Das war damals eine Versammlung, in der aufgeräumt werden sollte, da ging es um das Fortbestehen der Genossenschaft. Das war schon eine sehr haarige Sitzung und deswegen war auch das Interesse der Mitglieder verständlicherweise groß. Das war am 13. Dezember 2014. Wir haben seitdem nie wieder so viele Mitglieder bei einer Versammlung gehabt. 502 waren die Jastimmen. Ich habe auch ein paar Neinstimmen erhalten, das muss ich ehrlicherweise sagen.

Noch eine Frage zu den Aufsichtsratsmitgliedern: Müssen die auch – genau wie der Vorstand – Mitglieder der Genossenschaft sein oder könnte im Aufsichtsrat auch jemand von außen sitzen?
▸ Aufsichtsratsmitglieder müssen Mitglieder der Genossenschaft sein. Das steht in der Satzung.

Finden Sie das gut?

▶ Das kann man sehen, wie man will. Sicherlich haben Sie bei Wohnungsbaugesellschaften, bei denen die Gesellschafter den Aufsichtsrat bestimmen, unter Umständen Mehrfachkompetenz drin. Eine von Bürgern gegründete Genossenschaft rekrutiert sich aus Mitgliedern, die sich engagieren wollen, die müssen nicht immer zwingend Fachkenntnisse aus der Wohnungswirtschaft oder rund um die Immobilie mitbringen. Deshalb bin ich da so ein bisschen vorsichtig. Auf der anderen Seite ist es ganz interessant, jemanden drin zu haben, der von Wohnungswirtschaft nichts versteht, der auf das Bauwerk mit einem ganz anderen Blick schaut und ganz andere Ideen hat. Ich merke selber, wie nach 30 Jahren die Scheuklappen immer dichter werden und man einen starren Blick entwickelt. Und dann kommt auf einmal jemand, der stellt sich neben einen und sagt: »Hast du mal an dieses gedacht, hast du mal an jenes gedacht?«

Es kommt immer auf die Situation und auf die Menschen an. Es kommt aufs Engagement an. Jeder Mensch hat ein Talent. Die Frage ist: »Wie kann ich mein Talent in diese Sache, in dieses Gremium oder in diesen Aufsichtsrat einbringen? Will ich es überhaupt einbringen?« Deshalb kann ein Rentner genauso gut sein wie ein Profi aus der Immobilienwirtschaft.

Würden Sie sagen, dass Sie in den Jahren hier beim Möckernkiez viel gelernt haben?

▶ Als ich hierhergekommen bin, hatte ich schon 30 Jahre in der Immobilienwirtschaft hinter mir und habe gedacht, ich hätte schon alles gesehen, mich könnte nichts mehr überraschen. Ich habe hier aber tatsächlich sehr viel gelernt. Es gibt in Berlin eine Tageszeitung, den Tagesspiegel, die hat am Wochenende über den Möckernkiez berichtet. Ich hatte dem Journalisten gesagt, die Menschen im Möckernkiez ticken anders. Und das war die Überschrift. Dazu stehe ich auch: Die ticken wirklich anders.

Und wie ticken die?

► 2015 hatten wir den Vorstandswechsel. Die drei Erstvorstände wurden nach einer Übergangsfrist freigestellt. Meine Kollegin, die Architektin und Ingenieurin ist, und ich wurden ab dem 1. Januar 2015 Vorstand. Wir haben dann jeden einzelnen Stein umgedreht.

Kannten Sie beide sich vorher?

► Nein, wir kannten uns nicht. Und nachdem wir alles umgedreht hatten, haben wir überlegt, was wir machen müssen, um das Schiff wieder flott zu kriegen.

Um einmal nachvollziehbar zu machen, wie das damals hier aussah: Da standen einige Gebäude hier im Rohbau …

►… da standen drüben vier Gebäude im Rohbau, keine Fenster, ein Notdach drauf, die Fenster waren für den Winter mit Folie abgeklebt, die Gerüste standen noch, es gab einen großen Zaun drum herum und einen Wachdienst, der aufgepasst hat, dass nicht allzu viele Dummheiten auf der Baustelle passieren.

Wie lange währte dieser Zustand, dieser Baustopp, währenddessen nichts weiterging?

► Von November 2014 bis Juni 2016. Wir haben eineinhalb Jahre gebraucht, ehe wir weitermachen konnten. Eine von den Prämissen, die wir, letztendlich nicht ganz freiwillig, sondern auf Druck der Banken, geändert haben: Unsere Vorgänger wollten in Einzelvergabe bauen, also die Aufträge einzeln vergeben an Maler, Tischler und alle anderen Gewerke. Da haben die Banken gesagt, das wäre bei der Größe des Projekts viel zu riskant. Die Genossenschaft war neu, hatte keine Mitarbeiter, die auf Neubau spezialisiert waren, und deshalb haben die Banken gesagt, wir sollten uns einen Generalunternehmer suchen. Meine Kollegin hat das bis zum Herbst 2015 hingekriegt. Die Finanzierung zu realisieren war deutlich schwieriger, weil unsere Vorgänger nicht ganz geschickt waren im Umgang mit den Banken, um es mal vorsichtig zu sagen. Und ein stecken gebliebenes Bauvorhaben ist für die Banken vollkommen uninteressant und eher ein Grund abzulehnen. Deshalb haben wir bis Ende Mai 2016 gebraucht, bis wir ein Bankenkonsortium vom Projekt und seiner finanziellen Machbarkeit überzeugen konnten.

Waren die Vorgänger von Ihnen auch schon hauptberuflich Vorstände oder haben sie es ehrenamtlich gemacht?

▶ Nein, sie haben auch Geld dafür bekommen. Ganz am Anfang haben sie es ehrenamtlich gemacht, aber relativ frühzeitig wurde das geändert.

Sie fragten vorhin, wieso die Leute hier anders ticken. Eines der Dinge, die wir geändert haben, waren die Mieten. Auch das erfolgte in Absprache mit den Banken, die gesagt haben, die Eigenbeteiligung der Bewohner zu den damaligen Mieten sei zu gering und es bräuchte höhere Mieteinnahmen – wegen der Summe, aber auch um zu sehen, ob die Leute wirklich hinter dem Projekt stehen. Im August 2015 hatten wir eine Mitgliederversammlung – das sage ich ganz ehrlich: Ich war mir am Anfang nicht sicher, ob wir vom Hof gejagt würden –, auf der wir den Mitgliedern vorgeschlagen haben, die Mieten um einen Euro pro Quadratmeter und Monat zu erhöhen. Als ich einem Kollegen im Vorfeld davon berichtete, sagte er, dass Eier und Tomaten fliegen würden, wenn er 20 Cent Erhöhung anböte, aber dass ich mich trauen würde, einen Euro anzubieten, das wäre mutig. Und dann: Die Leute haben geklatscht! Jetzt ging es voran!

Aber sie hatten eine Auflage, das fand ich interessant, und deshalb sage ich, die Leute ticken anders. Für dieses ganze Areal gab es schon vor unserer Zeit, aus den Anfängen der Genossenschaft, ein Mietenkonzept. Es war ein Wohnwertkatalog erstellt worden, bestehend aus zwölf verschiedenen Miethöhen. Das Grundstück ist in drei Streifen unterteilt: Der Park entspricht Kategorie A, die Mitte Kategorie B und der an der Verkehrsstraße gelegene Streifen Kategorie C. In jeder Kategorie gibt es vier Stufen. Die Dachgeschosswohnung am Park entspricht A1, kostet also am meisten Miete. Die Wohnung im 1. Stock über den Läden an der Yorck-

straße entspricht C4, ihre Miete ist am niedrigsten. Das haben die Mitglieder einmal beschlossen und jede Wohnung einer Preiskategorie zugeordnet. Hinter dem einen Euro, um den es damals ging, stand eine Jahresmietsumme im sechsstelligen Bereich, die wir brauchten, weil die Banken das verlangten. Wir haben gerechnet und sind zufällig bei einem Euro angekommen. Und da haben die Mitglieder gesagt: »Wir verstehen die Summe, diesen sechsstelligen Betrag, aber ihr müsst euch etwas einfallen lassen, das sozial verträglich ist.« Die Mieten reichten damals von 7,07 Euro an der Yorckstraße bis 11,04 Euro am Park. Die Mitglieder haben sich dagegen verwahrt, dass jede Miete pauschal um einen Euro erhöht wird. Es sollte sozial verträglich erhöht werden, um die Familien mit den Kindern und die Leute, die nicht so viel Geld haben, zu schützen. Schließlich wurden alle Mieten um den gleichen Prozentsatz erhöht. Wir haben festgestellt, dass wir, wenn wir alle Mieten um 10,7 Prozent erhöhen, genau auf den benötigten sechsstelligen Betrag kommen. Dabei betrug die Erhöhung an der Yorckstraße nur 77 Cent, die am Park aber 1,30 Euro.
In dieser Gesellschaft verpassen sich die Leute ja gerne ein soziales Image, aber wenn es ans Portemonnaie geht … Bei uns dagegen haben 60 Prozent der Leute mehr als einen Euro gezahlt, damit 40 Prozent weniger zahlen müssen. Das fand ich sensationell. Das habe ich vorher noch nie erlebt.

Gelebte Solidarität.

► Das ist die Philosophie des Möckernkiezes. Wenn ein neuer Interessent kommt, frage ich immer: »Wollen Sie hier mit uns wohnen oder wollen Sie hier mit uns leben?« Wenn jemand nur eine Wohnung sucht, dann sage ich: »Tun Sie mir einen Gefallen, gehen Sie zwei Häuser weiter, da sind Sie besser aufgehoben als bei uns. Bei uns müssen Sie leben, das heißt, Sie müssen Verantwortung übernehmen.« Im Möckernkiez übernimmt man nicht nur Verantwortung für sich selbst, sondern auch für seine Nachbarin. Wenn ich die drei Tage nicht gesehen habe, dann klingele ich und schaue, ob es ihr noch gut geht.

Oder ich bin zu Hause, während Sie arbeiten. Ich nehme um 15 Uhr Ihre Kinder in Empfang und mache mit ihnen Schularbeiten. Wenn Sie um 18:30 Uhr nach Hause kommen, ist das Thema schon durch. Dafür haben Sie mir die Kiste Selters mitgebracht, die ich mit meinem Rollator schlecht von Aldi holen kann.
Wir haben jemanden bei uns, der sehr schlecht zu Fuß ist. Er sitzt noch nicht im Rollstuhl, aber es wird ihm bald blühen, noch hält er sich an einem Rollator fest. Weil unsere Türen so gut und feuerfest sind, sind sie schwer zu öffnen. Der kann die Tür kaum öffnen, aber er hat in seinem Handy die Nummern von fünf Nachbarn. Die klingelt er einen nach dem anderen an und die lassen ihn dann rein; einer von den Fünfen ist immer zu Hause. Das ist das, was ich meine, mit Verantwortung für Nachbarn.

Ist das Solidarische irgendwo festgehalten?

▸ Nein. Das steckt entweder im Kopf oder in den Herzen der Leute. Es ist nirgendwo festgeschrieben, das ist der Anspruch, den die Leute an sich haben. Ich bin ein Großstädter, in dieser Form habe ich Gesellschaft noch nicht erlebt. Ich kenne gutmütige Menschen, die hilfsbereit sind, keine Frage. Aber diese Ansammlung hier, die ist etwas Besonderes. Das ist anders, als das, was man gemeinhin kennt.

Ich möchte Sie noch nach Gemeinschaftsräumen fragen. Wie haben Sie das hier gemacht? Gibt es in jedem Haus einen Gemeinschaftsraum?

▸ Auch eine schöne Geschichte. In jedem Haus gibt es Gemeinschaftsflächen. Das sind teilweise Dachflächen, die als Gemeinschaftsflächen genutzt werden können. Einzelne Häuser haben auch Gemeinschaftsräume, aber die sind relativ klein. Als wir wieder angefangen haben zu bauen, kam nach einem Vierteljahr die Frage nach den Gemeinschaftsräumen. Da haben meine Kollegin und ich uns angeguckt und gemeint: »Da die Dachterrasse und da der Kellerraum.« Die Bewohner aber wollten Räume, in denen sich alle treffen können, auch mit den Leuten aus dem Nachbarhaus; dafür reichte der Platz nicht.

Und dann haben wir nachgedacht. Das Einzige, was uns noch einfiel, waren zwei Gewerbeflächen. Aber die Mieteinnahmen waren den Banken versprochen. Also haben wir gesagt: »Hier haben wir unausgebaute Gewerbeflächen, Warmmiete 15,50 Euro pro Quadratmeter, das haben wir den Banken versprochen, und den Ausbau müsst ihr auch noch bezahlen oder ihr macht ihn selber.« Und so wurde es gemacht. Die einzige Bedingung der Bewohner war wieder, dass der Zuschlag sozial verträglich umgesetzt werden muss. Dafür, dass wir jetzt zwei zentrale Gemeinschaftsräume haben, also eine Hobbywerkstatt und einen Treffpunkt mit einem Café drin und dem Gemeinschaftsraum, zahlen die Mitglieder pro Monat zwischen 10 und 20 Euro extra.

Und wie groß ist dieser Gemeinschaftsraum für alle?
► Das sind mehrere Räume, der Werkraum hat 50 und der Treffpunkt 250 Quadratmeter.

Ausgestattet mit Mobiliar, Bestuhlung und allem Drum und Dran?
► Ja. Wir hätten das sonst nackt vermietet, an irgendjemanden. Wenn wir die Räume für solche Zwecke zur Verfügung stellen, müssen wir Ersatz für den Mietausfall haben, das müssen wir den Banken zeigen. Es gab dann eine Arbeitsgruppe, die gesagt hat, was ungefähr hinein soll, wie es ausgestattet sein soll, und dann haben wir uns Angebote eingeholt und sind insgesamt auf eine bestimmte Paketsumme gekommen. Zu Beginn gab es zwei Finanzierungsmodelle. Diejenigen, die die großen Wohnungen haben, wollten durch 471, also die Gesamtzahl der Wohnungen, teilen und diejenigen, die die kleinen Wohnungen haben, wollten nach Quadratmetern teilen.

Und was ist letztlich dabei rausgekommen?
► Wir haben einen Zwischenweg gewählt: Jede Wohnung muss einen Betrag von 6,70 Euro zahlen. Und pro Quadratmeter Wohnfläche kommen noch einmal 19 Cent dazu. So haben wir die Enden ein bisschen eingekürzt.

Wer kommt auf diese tollen Ideen?

▶ Das entwickelt sich. Aus der Diskussion heraus. Ich weiß nur, dass ich am Anfang etwas skeptisch war, aber dann dachte ich: »Das ist ja logisch, man schneidet links und rechts außen ab und hat ein breites Mittelfeld, eine tolle Idee.« Und auch das wurde wieder mit über 90 Prozent der Stimmen angenommen.

Eine letzte Frage: Gibt es Workshops – zum Beispiel zu Themen wie Gemeinschaftsbildung oder um bestimmte Kommunikations- und Entscheidungsformen in Gruppen zu lernen?

▶ Noch nicht. Vielleicht kommt das noch. Bisher haben wir es noch nicht nötig gehabt. Aber man kommt ja immer in Situationen, in denen es eng wird oder in denen Leute in Diskussionen aufeinanderprallen. In den Gemeinschaftsräumen sollen sich die Leute ja nicht nur treffen, da sollen auch Veranstaltungen gemacht werden. Lesungen sollen gemacht werden, es wird eine Yogagruppe geben, es gibt heute schon einen Chor, der sich einmal in der Woche trifft. Und ich gehe davon aus, dass es da noch weitere Aktivitäten geben wird. Da wird sich hier einiges tun. Das wird etwas dauern, bis es wächst, aber die Anfänge sind vielversprechend.

Wenn ich so sehe, welche Schwierigkeiten die Genossenschaft bisher überwunden hat … Natürlich gab es Austritte, es gab auch Enttäuschte und es gab auch einen Nörgler, das ist normal. Im Nachhinein kann ich nur sagen: Die große Krise hat die Gemeinschaft zusammengeschweißt. Sie sind alle geerdet worden. Sie wissen inzwischen, was machbar ist und was nicht. Und wenn einer mit einer abstrusen Idee kommt, dann sagt er: »Ich habe eine abstruse Idee und ich habe auch schon eine Idee, wie man es finanzieren und wie man es umsetzen kann.« Also es haut keiner irgendeine Idee raus und sagt: »Jetzt macht mal!«

Ich bin gespannt, wie es in zwei Jahren ist. Die ersten 180 Wohnungen sind bewohnt und der zweite Teil wird jetzt im Sommer kommen. Dann braucht man sicherlich eineinhalb Jahre, bis sich die Gemeinschaft gefunden hat. Die Hausgruppen sind sehr gut organisiert, dadurch hat man natürlich schon eine Basis; auch dadurch, dass sie sich alle vier Wochen treffen und auch der Beirat mit dem Vorstand und dem Aufsichtsrat. Da ist die Kommunikation sehr eng.

Sie selbst werden dort aber nicht wohnen, oder?

▸ Ich werde dort nicht wohnen, ich werde nicht Oberhausmeister sein. Wenn morgens um halb sechs einer der Mitbewohner sagt: »Herr Nitzsche, ich habe einen tropfenden Wasserhahn, ich habe keinen anderen gefunden außer Ihnen« – davor habe ich einen absoluten Horror. Deshalb werde ich da drüben nicht einziehen. Jedenfalls nicht, solange ich Vorstand bin. Vielleicht irgendwann mal später, aber im Moment: nein. Ein Profi wohnt nicht in seinem eigenen Projekt.

Erfolg heißt, dass sich Ideen entfalten

Joachim Ziefle

Stellvertretender Leiter der Melanchthon-Akademie in Köln und Mitgründer der Wohnschule

■ Joachim Ziefle und Karin Nell haben 2012/2013 das Konzept für die Wohnschule in der Melanchthon-Akademie, der Stadtakademie des evangelischen Kirchenverbandes Köln und Region, gemeinsam entwickelt. Sie ist ein Ort für Erwachsenenbildung und liegt mitten in der Kölner Südstadt. Für das Interview habe ich mich mit Joachim Ziefle am 27. Juni 2017 getroffen.

* * *

Wir wollen ja über die Wohnschule reden. Was ist die Wohnschule denn eigentlich?

► Die Wohnschule stellt Bildungsangebote für Menschen zur Verfügung, die sich aus persönlichen Gründen mit dem Thema Wohnen und Leben im Alter beschäftigen. Ziel der Wohnschule ist es, Menschen, die auf der Suche sind, um für ihr Leben und Wohnen eine Perspektive zu finden, in die Lage zu versetzen, eine Entscheidung zu treffen. Dazu braucht es unterschiedliche Gedankengänge, und da tauchen viele Fragen auf, die in den Workshops der Wohnschule besprochen werden. Wenn die Teilnehmer schließlich wissen, was sie wollen, wie sie ihr Leben und Wohnen im Alter gestalten wollen, haben wir unser Ziel erreicht.

Die Wohnschule ist also aufs Alter ausgerichtet.
► Ja.

Soll das auch so bleiben?
► Das ist noch nicht geklärt. Aber davon sind wir – Karin Nell vom Evangelischen Erwachsenen Bildungswerk Nordrhein und ich – zunächst einmal ausgegangen, und das haben wir in unserem Konzept 2013 auch so formuliert.
Wir haben die Mehrgenerationenwohnprojekte nicht als Maßstab genommen, sondern wir haben gesagt, dass wir die Menschen der älteren Generation erst einmal zur eigenen Entscheidungsfindung befähigen wollen.

Gibt es Feedback dazu, welche Wirkung und welche Konsequenzen es hat, wenn jemand die Wohnschule besucht hat? Ist es tatsächlich so, dass die Leute danach klarer sehen?
► Ich würde sagen: ja. Wir haben einiges an Feedback erhalten. Die Leute sagen uns, dass ihnen die Wohnschule geholfen hat herauszufinden, was sie möchten, dass sie zum Beispiel allein wohnen wollen. Auch das kann eine gute Entscheidung sein, zu sagen: »Für mich ist die richtige Form, alleine zu wohnen – aber in guter Nachbarschaft, das ist für mich das Wichtigste.« Andere sagen, sie wissen jetzt, wie kompliziert eine Wohngemeinschaft sein kann, wie kompliziert Gemeinschaft überhaupt ist – und sie wissen, nachdem sie unsere Angebote wahrgenommen haben, dass sie etwas tun müssen, damit Gemeinschaft gelingt, vor allem aber, *was* sie tun müssen. Das sind alles Rückmeldungen derjenigen, die in der Wohnschule waren und mehrere Kurse besucht haben. Wir sind überzeugt davon, dass es ein oder zwei Jahre braucht, ehe man zu einer fundierten Entscheidung gelangen kann. Das geht nicht an einem Wochenende, es braucht einfach seine Zeit.

Das hört sich an, als würde die Wohnschule Begleitung beim Nachdenken über die eigene Lebensgestaltung anbieten – und auch Impulse geben. Könnte man es so sagen?

▶ Wir sagen immer: »Es braucht die Software zur Hardware.« Die Hardware ist das Bauen oder Gestalten der Wohnung und des Wohnens an sich, dazu gehören Barrierefreiheit und die individuellen baulichen Wünsche. Die meisten Menschen, die zum ersten Mal in die Wohnschule kommen, haben genau diese Bilder vor Augen: wie das Wohnzimmer aussieht, die Küche etc. Aber sie haben sich kaum Gedanken darüber gemacht, wie bin ich in diesem Wohnzimmer oder in dieser Wohnung oder in diesem Haus.

Wenn ich es richtig verstehe, bietet die Wohnschule die Möglichkeit, nach innen zu blicken, mich sozusagen mit mir selbst auseinanderzusetzen, um herauszufinden, was brauche ich eigentlich, was kann ich und was will ich.

▶ Genau. Wir sind der Meinung, dass dies der erste Schritt sein muss, um ein Erfolgserlebnis zu generieren. Denn so einige, die zur Wohnschule kommen, haben negative Erfahrungen mit gemeinschaftlichem Wohnen hinter sich. Der klassische Fall: Zwei befreundete Paare wollen im Alter zusammen leben und wohnen, doch es ist schiefgegangen und die Freundschaft ist dran gescheitert, bereits in der Planungsphase.

Wird das Angebot der Wohnschule angenommen?

▶ Fast alle Kurse sind gut belegt, vor allem die Einsteigerkurse. Die sind sehr wichtig, dort gibt es die ersten Berührungen mit sich selbst und mit anderen und man kann sich bestens austauschen. Ich würde sagen, das ist qualitativ der hochwertigste Kurs. Sehr viele entscheiden sich dann dafür weiterzumachen, also weitere Kurse zu belegen. Für manche ist anscheinend ein Einsteigerkurs ausreichend, aber das wissen wir nicht, denn die tauchen ja nicht mehr auf. Die meisten allerdings bleiben zwei, drei Semester in der Wohnschule. Ich habe schon manches Mal den Vergleich mit der Grundschule gezogen, mit vier Halbjahresklassen oder vier Semestern, und nach der Grundschulphase müsste man eigentlich soweit sein, eine Entscheidung für sich darüber zu treffen, wie es weitergehen soll.

Haben Sie auch Angebote für diese weiteren Schritte?

► Damit haben wir erst vor Kurzem begonnen. Das erste Konzept, das wir 2013 entwickelt hatten, ging eigentlich dahin, Module unterschiedlicher Art zu erarbeiten, die mit der Entscheidungsfindung enden. Das hat sich im Lauf der Jahre nun aber verändert. Es waren auch nicht alle Module von Beginn an fertig konzipiert, wir wollten die Wohnschule bewusst in einer prozesshaften Entwicklung verstanden wissen. Das heißt, wir haben viele Impulse aus den Kursen beziehungsweise von den Teilnehmenden erhalten und aufgenommen, um mit ihnen weiterzuarbeiten, um neue Ideen und Seminare zu entwickeln.

Gibt es denn ein »Wir«, das sich in der Wohnschule unter den Teilnehmenden entwickelt?

► Es gibt mehrere »Wirs«, um es mal so zu sagen. Die Theatergruppe – zum Beispiel – würde ich als ein eigenes Wir verstehen. Diese Menschen wollen das Thema Wohnen künstlerisch erarbeiten und auch in die Öffentlichkeit tragen. Mehr aber auch nicht. Das ist ein Wir, das so nicht geplant war, das aber entstanden ist.

Wie kam es dazu?

► Eine Wohnschulenteilnehmerin hat 2013 aus der Wohnschule heraus eine Theatergruppe gegründet. Diese Gruppe trifft sich nun schon seit Jahren wöchentlich in der Melanchthon-Akademie. Die Gruppe hat bereits ein erstes Theaterstück entwickelt mit dem Titel »Wohnen für Anfänger«, das sie auch öffentlich aufführt. Gerade ist sie dabei, ein neues Stück zu proben.

Gibt es noch andere Gruppen, die aus der Wohnschule heraus entstanden sind?

► Ja. Es gab zum Beispiel die Wohnkonzept-Gruppe, die über einen längeren Zeitraum an der Umsetzung eines Wohnprojekts gearbeitet hat. Dazu ist es dann aber nicht gekommen und die Gruppe hat sich aufgelöst. Eine andere Gruppe möchte ein Gemeinschaftsprojekt erarbeiten, das sich an das Gedankengut der Beginen anlehnt.

Was war der Auslöser für Sie, die Wohnschule zu gründen?

▶ Die Wohnschule hat zwei Vorläufer. Das Thema »Wohnen und Leben in der Stadt« hatte die Melanchthon-Akademie schon Jahre zuvor in Veranstaltungen und Seminaren aufgegriffen, aber nicht konzeptionell. Wir hatten Veranstaltungen im klassischen Sinne der Bildungsarbeit angeboten, Abendveranstaltungen, Vorträge mit Diskussionen, etwa zu den Fragen: Welche Projekte gibt es? Welche Wohnformen gibt es? Dann haben wir Einrichtungen, die sich bereits mit diesen Themen beschäftigten und sich auch heute noch damit beschäftigen, zum Austausch eingeladen, zum Beispiel bestehende Mehrgenerationenprojekte, den Verein Neues Wohnen im Alter, Projekte aus Kirchengemeinden. Bei diesem Austausch ist der Wunsch entstanden, mehr zu tun. Das waren die ersten Erfahrungen in Köln.

Parallel ist in Düsseldorf die Idee zu einer Wohnschule aufgekommen, konnte dort aber nicht weiterverfolgt werden. Und dies hat schließlich Karin Nell aus Düsseldorf und mich dazu bewogen, die Ideen aus Düsseldorf und die Erfahrungen der Melanchthon-Akademie aus Köln zusammenzutragen, zu beschreiben und einfach einmal zu versuchen, das umzusetzen.

Wenn man das Konzept heute liest, kann man feststellen, dass 80 Prozent von dem, was wir schriftlich aufgesetzt hatten, auch so umgesetzt worden sind. Es war letztendlich auch ein Experiment. Das einzige, was uns nicht gelungen ist, ist eine Strukturgruppe zu gründen, die die Wohnschule beraten und finanziell unterstützen sollte. Wir hatten immer gehofft, dass ein Gremium aus Bildungsträgern, Wohlfahrtsverbänden und Unternehmen aus der Bau- und Wohnungswirtschaft entstehen würde, welches das Dach der Wohnschule bilden und das Angebot auch professionell begleiten könnte. Für Köln war geplant, mit der Diakonie Köln und Region, mit dem Bauträger Antoniter-Siedlungsgesellschaft, dem Evangelischen Kirchenverband Köln und Region, dem Evangelischen Erwachsenenbildungswerk Nordrhein und der Melanchthon-Akademie zusammenzuarbeiten. Aber wir haben uns nicht wirklich gefunden.

Können Sie sich erinnern, wann der Begriff Wohnschule zum ersten Mal genannt wurde?

▶ Ich erinnere mich an ein Gespräch, bei dem wir darüber nachgedacht haben, ob wir den Begriff »Schule« stehen lassen können. Es gab aus den Kreisen der Teilnehmenden die Idee, den Begriff »Akademie« aufzunehmen, das ganze also »Wohnakademie« zu nennen. Wir sind dann zu der Überzeugung gelangt, dass »Schule« besser passt, weil der Begriff den Charakter des Lernens verdeutlicht und wir in der Erwachsenenbildung das Lernen positiv besetzen wollen.

Die Wohnschule hier in der Melanchthon-Akademie läuft ja durchaus erfolgreich. Irgendwann haben Sie begonnen, Multiplikatoren Angebote zu machen. Was war der Grund dafür?

▶ Wir haben mittlerweile zwei Multiplikatorenschulungen angeboten, 2016 die erste und 2017 die zweite. Der Grund dafür liegt darin, dass wir vermuten, dass uns das Thema noch viele Jahre beschäftigen wird. Deshalb wollen wir dieses Konzept weitertragen, wollen es teilen. Wir verkaufen das Konzept zur Wohnschule nicht und wir wollen auch keine exklusiven Rechte daran; wir geben es frei mit dem Ziel, dass in anderen Kommunen Deutschlands Ähnliches umgesetzt wird. Die Resonanz auf die beiden Schulungen zeigt, dass einige daran denken, in ihrer Region ebenfalls eine Wohnschule aufzubauen. Wir haben bislang zehn bis zwölf Kommunen erreicht.

Das heißt, Sie haben sich mit dem Angebot an Städte gewandt?

▶ Wir sind nach wie vor der Überzeugung, dass es Aufgabe der Bildungsarbeit ist, also haben wir uns vordergründig zunächst an Bildungseinrichtungen und soziale Einrichtungen gewandt. Zur diakonischen Arbeit passt es natürlich auch. Aber wir haben auch immer gesagt, man braucht unbedingt ein Netzwerk, denn es wäre sehr schwer, die Idee alleine weiterzutragen. Deswegen kommen auch andere Akteure, zum Beispiel aus den Kommunen oder aus Wohn- und Baugesellschaften, zu den Schulungen.

Werden Sie dieses Format weiterhin anbieten?

▸ Auf jeden Fall. Für 2018 ist eine dritte Multiplikatorenschulung geplant. Es ist mittlerweile auch ein bundesweites Netzwerk entstanden, das denjenigen, die sich in den Multiplikatorenschulungen kennenlernen, die Möglichkeit bietet, sich zweimal im Jahr auszutauschen. Wir versuchen, diesen Prozess zu koordinieren – wenn es sinnvoll und notwendig ist. Und wir beraten, entweder per E-Mail, Telefon oder auch in einem persönlichen Treffen. Wie sich das weiterentwickeln wird, werden wir sehen. Aber in den nächsten zwei Jahren wird es das Netzwerk Wohnschule ganz sicher noch geben. Ob die Wohnschule zukünftig verstärkt bundesweit agieren wird, kann ich derzeit nicht einschätzen. Aber auf jeden Fall ist sie auf den Weg gebracht.

Ich fasse das einmal zusammen: Das Bildungsangebot der Wohnschule richtet sich ja an Privatmenschen. Das Multiplikatorenangebot richtet sich aber an Profis, also an Institutionen und an Bildungsträger, die ihre Angestellten und Mitarbeiter in die Schulungen senden. Das könnte bedeuten, dass es demnächst bundesweit Wohnschulen gibt.

▸ Richtig.

Und die Träger dieser Wohnschulen können ganz unterschiedliche Institutionen sein.

▸ Richtig.

Und auch Unternehmen aus der Privatwirtschaft könnten eine Wohnschule initiieren.

▸ Ja. Wobei wir nach meiner Einschätzung die Privatwirtschaft noch nicht erreicht haben. Es sind eher die genossenschaftlichen oder teilgenossenschaftlichen Baugesellschaften, die darüber nachdenken.

Wären Sie denn daran interessiert, dass Mitarbeiter eines Investors oder einer Baufirma oder einer Wohnungsbaugesellschaft in die Schulungen kommen?

▸ Unbedingt. Es ist sinnvoll und hilfreich, wenn die Ideen, die in der Wohnschule entwickelt worden sind, breit in die Gesellschaft getragen werden. Davon sind wir überzeugt. Wir glauben, dass Kommunen und Entscheidungsträger bei Fragen zum Wohnen und Bauen der Zukunft derzeit wenig Spielraum für alternatives Denken zulassen. Es sind die Bürger dieses Landes, die selbstständig versuchen, etwas zu organisieren. Deshalb wäre es toll, möglichst viele mit dem Konzept der Wohnschule vertraut zu machen. Aber ich fürchte, wir kommen derzeit an die Entscheidungsträger noch nicht heran.

Die Privatwirtschaft ist wahrscheinlich im Moment nicht interessiert, weil sie durch den Bauboom alles ohne große Anstrengung verkaufen kann.

▸ Ja, wobei ich sagen würde, die Privatwirtschaft ist da wahrscheinlich schneller dabei als politische Entscheidungsträger und die kommunale Verwaltung. Sobald sie erkennt, dass alternatives Denken auch wirtschaftlich wertvoll ist, wird sie rasch handeln, denn es geht ja nicht um Projekte, die Defizite erzeugen.

Lassen Sie uns mal von gemeinschaftlichen Wohnprojekten reden. Ist die Wohnschule inhaltlich auch darauf ausgerichtet, die Teilnehmenden für gemeinschaftliches Wohnen zu schulen?

▸ Nein, bislang nicht. Die Module, die wir bislang entwickelt haben, sollen ja das Individuum bei seiner Entscheidungsfindung unterstützen. Das war unser Ziel und wir glauben auch, dass wir es erreicht haben. Jetzt sind wir in einer neuen Phase, in der wir neues Gedankengut aufnehmen können, auch Programme für gemeinschaftliche Wohnprojekte. Dazu braucht es aber auch Visionäre und weiteres alternatives Denken für zukünftiges Wohnen in unserer Gesellschaft. Konzeptionell ist hierzu aber noch nichts erarbeitet.
Ich möchte auch kurz auf die Zusammenarbeit in der Bildungslandschaft mit ehrenamtlich Engagierten aus der Flüchtlingsarbeit verweisen. Da sind viele Parallelen zu verzeichnen. Zu Beginn der Bewegung »Flüchtlinge willkommen heißen« waren Kommune,

Verwaltung, Politik und auch die Kirchen nicht wirklich in der Lage, tragfähige Strukturen zu schaffen. Da ist die Bürgerschaft in Köln aufgestanden und hat gesagt: »Wir tun etwas, wir machen das einfach!« Rasch hatten sich 2013 elf Initiativen in Köln gebildet, die sich um die Geflüchteten kümmerten. Und dann, als sich zeigte, dass die selbst gegründeten Initiativen funktionierten, sind Kommune und Verwaltung auf den Zug aufgesprungen. Mittlerweile haben wir sechzig Initiativen, die hier in Köln wirken, und die Kommune hinkt immer noch hinterher, hat allerdings gelernt, den Engagierten auf Augenhöhe zu begegnen. Die Bürgerschaft hat also Fakten geschaffen und Verwaltung und Politik mussten sich damit auseinandersetzen. Und ich glaube, mit dem Thema Wohnen und Leben in der Stadt ist es ähnlich: Bürger entwickeln Ideen und schaffen Fakten, Politik und Verwaltung werden gezwungen, sich damit zu beschäftigen. Auf diesem Weg kann man Politik machen und etwas bewegen.

Und wo sehen Sie da das Bildungsangebot der Wohnschule?

▶ Die Bildungsträger haben meiner Meinung nach die Aufgabe, das bürgerschaftliche Engagement in Form von Moderation, Organisation, inhaltlichem Input und Beratung zu unterstützen und es in der Öffentlichkeit zu stärken. Das ist heutzutage ein Auftrag an die politische Bildungsarbeit. Als Erwachsenenbildner setze ich nicht mehr eigenständig die Impulse, so wie früher, sondern begleite gesellschaftliche Phänomene, die im Entstehen sind, um sie zu stärken und zu stützen und weiter nach vorne zu bringen. Ich würde sagen, dies ist derzeit eine der großen Veränderungen in der Bildungsarbeit. Vor zehn, zwanzig Jahren war das noch anders: Die Bildungsträger haben Angebote geschaffen – ein schöner Vortrag hier, ein interessantes Thema dort – und die Menschen sind gekommenen. Doch mittlerweile kommen sehr viele Impulse aus der Bürgerschaft. Unsere Aufgabe ist es, diese aufzugreifen und in Kooperation und Gemeinschaft weiterzuentwickeln. Ich glaube, wir erleben derzeit – vor allem in der politischen Bildungsarbeit – einen Paradigmenwechsel.

Wenn ich Ihnen so zuhöre, habe ich den Eindruck, dass Ihnen dieser Paradigmenwechsel Freude bereitet.

▸ Unbedingt. Ich profitiere davon. Ich lerne viele Menschen kennen, sehe Projekte, von denen ich vermute, sie könnten erfolgreich sein. Ich nehme diesen kleinen Erfolg auf und verhelfe ihm dazu, noch erfolgreicher zu werden. Erfolg heißt, dass sich Ideen entfalten, dass Menschen zu den Veranstaltungen kommen. An was werden wir in der Bildungsarbeit denn gemessen? Statistisch gesehen an den Besucherzahlen. Aber das alleine ist nicht befriedigend. Es muss sich Spannendes zeigen und entwickeln, und wenn ich daran teilhaben darf, ist das wunderbar. Das ist der Unterschied: Ich nehme Teil an den neuen Ideen, ich bin Partner auf Augenhöhe. Dies ist für mich der Paradigmenwechsel, und genau das macht mir viel Freude.

Wollen wir einmal zusammenfassen?

▸ Gerne: Der Vorläufer der Wohnschule Köln war die klassische Bildungsarbeit mit Veranstaltungsangeboten. Dabei haben meine Kollegin Karin Nell aus der evangelischen Bildungsarbeit in Düsseldorf und ich erkannt, dass dies alleine nicht ausreicht, sondern dass es eine neue Form brauchte – und so entstand das Konzept der Wohnschule. Neue Bildungsformate wurden daraufhin über mehrere Jahre hin erfolgreich angeboten und prozesshaft weiterentwickelt. Vor gut einem Jahr haben wir uns schließlich gefragt: Was kommt danach? Und die Antwort lautete: Sinnvoll ist es, Bildungsbausteine fürs Wohnen und Leben im Alter zu entwickeln, die dabei helfen, verstärkt die Gesellschaft mit in die Verantwortung zu nehmen. Bislang konzentrieren wir uns ja auf das Individuum, also darauf, den Menschen bei der Frage »Wie will ich im Alter wohnen und leben?« zu unterstützen. Nun möchten wir auch Entscheidungsträger der Gesellschaft ansprechen und gemeinsam mit ihnen Lösungen für zukünftiges Wohnen im urbanen Raum finden. Was nützt es, wenn man für sich einen Weg gefunden hat, der aber nicht wirklich realisierbar ist, weil gesellschaftliche Prozesse zu langsam voranschreiten?

Ich wünsche mir, dass das Projekt Wohnschule auf mehrere Schultern verteilt wird, dass wir künftig noch enger mit Akteuren aus Bildungseinrichtungen, kirchlichen Einrichtungen, Kommunen, Verwaltung und Bürgerschaft zusammenarbeiten und gemeinsam mit ihnen innovative Ideen für das Wohnen und Leben im Alter ausarbeiten.

Das Thema »Wohnen im Alter« wirft existenzielle Fragen auf

Karin Nell

Diplompädagogin, Studienleiterin im Evangelischen Erwachsenenbildungswerk Nordrhein, Düsseldorf, und Mitgründerin der Wohnschule Köln

■ Es war im Winter 2012/2013, als ich das Wort Wohnschule zum ersten Mal las. Ich hatte diesen Begriff zuvor noch nie gehört. Im Programm der Melanchthon-Akademie in Köln wurde ein Workshop unter diesem Label angekündigt und ich habe nicht gezögert, mich anzumelden. Ich erinnere mich nicht mehr, was der genaue Titel des Workshops war, den Karin Nell geleitet hat, aber ich erinnere mich, dass wir um die 20 Frauen und zwei Männer waren. Zum ersten Mal habe ich erleben können, dass es viele sind, die über anderes Wohnen nachdenken und sich Wohnen in Gemeinschaft für sich vorstellen können. Im Lauf der Jahre habe ich noch weitere Workshops bei Karin Nell besucht und am 6. Juli 2017 habe ich mich mit ihr in Köln in der Melanchthon-Akademie getroffen, um sie zu interviewen.

* * *

»Wohnschule«: Der Begriff suggeriert, dass man Wohnen lernen kann.

► Ja, tatsächlich! Man kann lernen, wichtige Zukunftsfragen zu stellen und Zusammenhänge besser zu verstehen. Zum Beispiel: Was erwartet mich eigentlich, wenn ich einmal hoch betagt und auf

Hilfe angewiesen sein werde? Wie entwickelt sich mein nachbarschaftliches Umfeld? Wie und wo will und kann ich im Alter leben und wohnen? Wer sorgt für mich? Inwieweit kann ich auf meine Kinder zählen? Darf ich die belasten?

Wie ist der Begriff »Wohnschule« entstanden? Kannst du dich erinnern, wann er zum ersten Mal fiel?

▸ Der Begriff »Wohnschule« ist im Prozess entstanden. Uns Dozenten und Dozentinnen der Melanchthon-Akademie war aufgefallen, dass man in Seminaren und Workshops für Ältere fast automatisch auf existenzielle Fragen zu sprechen kommt. Ältere interessieren sich sehr für die Vertiefung von Themen. Da ist man sehr schnell beim Thema »Wohnen und Leben im Alter«. Es wird dann auch schnell deutlich, wie komplex das Thema ist und dass man sich unbedingt schlau machen sollte, bevor man weitreichende Entscheidungen fällt. Irgendwann hat dann jemand gesagt: »Dieses Wissen hätte man uns in der Schule vermitteln sollen!« Wenn ich mich richtig erinnere, war das der Auslöser zu sagen: »Dann gründen wir eben eine Wohnschule!« Interessant ist, dass der Begriff »Wohnschule« auf große positive Resonanz bei den Leuten gestoßen ist. Das hat vielleicht damit zu tun, dass die neuen Altersgenerationen Schule nicht mehr mit Rohrstock und Drill verbinden. Wir haben es ja jetzt mit der Nachkriegsgeneration zu tun, die Schule völlig anders erlebt hat. Schule hat vielen Spaß gemacht. Da haben sich für viele neue Perspektiven und Möglichkeiten eröffnet.

Du hast das Konzept 2013 mitentwickelt und mitgeschrieben und du arbeitest in der Wohnschule als Dozentin. Mich interessiert, welchem Aspekt du besonderes Gewicht gibst.

▸ Ich liebe die Seminarelemente, in denen wir Visionen zum Wohnen im Alter entwickeln und in Bilder fassen. Bevor man vorschnell nach Lösungen für Probleme sucht, sollte man erst einmal rumspinnen und die Fantasie spielen lassen. Wir arbeiten da immer sehr kreativ. Wir bauen zum Beispiel Modelle – aus Papier, aus

Streichhölzern, aus Knete. Das kreative Gestalten macht es den Teilnehmenden in den Gruppen etwas leichter, über wichtige Fragen ins Gespräch zu kommen. Während man schneidet oder klebt oder faltet, nähert man sich behutsam und manchmal sogar humorvoll den wichtigen Themen.

Man muss überhaupt erst einmal sprachfähig werden. Wie sagt man, dass man Angst davor hat, seine Wohnung nicht mehr ohne fremde Hilfe verlassen zu können? Wie formuliert man seine Angst vor dem Alleinsein? Oft kommt auch Trauerstimmung auf, wenn Menschen daran denken, was sie alles aufgeben oder worauf sie im Alter verzichten müssen.

Könntest du das einmal anhand eines konkreten Beispiels erklären?

▸ Wir haben hier in Köln ganz in der Anfangszeit weißes DIN-A4-Papier, Kleber und Scheren an die Teilnehmenden verteilt und sie dann in kleinere Gruppen eingeteilt. Dann haben wir sie aufgefordert, uns ihre Traumvorstellungen vom Wohnen und vom Leben im Alter als Modell zu präsentieren. Da haben sich viele sehr gewundert: Mit so wenig Material ein Modell bauen? Einige Teilnehmende fühlten sich da überfordert. Irgendwie haben sie dann einfach angefangen zu basteln. Das ist ja schon eine Erfahrung: etwas zu tun, was man noch nie oder schon ganz lange nicht mehr getan hat. Es ist bei dieser Aufgabe eigentlich immer das Gleiche: Erst zieren sich alle und dann entstehen die tollsten Modelle. Die sind zum Teil auch superschräg. Wir schauen uns die Modelle dann gemeinsam an und fragen uns: Welche Ideen sind darin zu erkennen? An was werden wir erinnert? Oft bieten die Modelle ideale Projektionsflächen für Ideen, die noch tief in uns verborgen sind.

Die meisten Gruppen bauen Modelle von Wohnprojekten für mehrere Generationen. Sie träumen von gemeinschaftlichem Miteinander: Jeder ist für jeden da. Erst wenn man genauer hinschaut, fällt auf, dass viele von uns schon mit anderen Generationen in einem Haus zusammenwohnen. Trotzdem empfindet man das nicht als Alternative für das Alter. Aber: Was macht ein Wohnprojekt aus?

Wenn man beim Thema »Software« ist, wird es meistens spannend. Stellt sich Gemeinschaft automatisch ein, wenn wir einen Gemeinschaftsraum einrichten? Ich kann mich erinnern: Eine Gruppe hat mal ein Wohnprojekt aus lauter einzelnen Wohnwagen gebaut. Da haben die Leute aus der Gruppe gesagt: Wir wissen doch noch gar nicht, ob wir uns immer gut verstehen. Wir haben hier ein Modell entwickelt, das es uns ermöglicht, unsere Wohnwagen immer neu zu gruppieren. Das war ein aufregender Gedanke, der hat uns sehr umgetrieben. In einem anderen Seminar hat eine Gruppe ein Hochhaus entwickelt, in dem es eine Gemeinschaftsetage gab: mit einem Café, einer Bibliothek und einem Raum der Stille.

Es wirkt auf mich so, als ob du dich, zumindest teilweise, mit dem Thema identifizierst.

▸ Ich finde das Thema hochinteressant und es hat ja auch mit meinem Leben zu tun. Ich bin jetzt 62 Jahre alt geworden und gehöre inzwischen selbst zur Zielgruppe der Wohnschule. Ich merke, dass das, was zurzeit als Wohnform für das Alter auf dem Markt ist, nicht wirklich zu meinem Leben passt. Viele Wohnmodelle für das hohe Alter machen mir richtig Angst. Ich will nicht in einem Pflegeheim wohnen, wo der Pflegenotstand waltet, wo alte Menschen auf dem Flur sitzen und vor sich hinprötteln, mit Bingo unterhalten werden und immer auf gerahmte Kalenderblätter schauen. Ich gehöre zu einer Generation, die durch Eltern und Erzieher ermutigt wurde, Bestehendes infrage zu stellen und Neues auszuprobieren. Ich will mit hoher Lebensqualität alt werden. Und ich weiß: Dafür muss ich aktiv werden. Gute Lösungen fallen nicht vom Himmel. Im Augenblick beschäftige ich mich hauptsächlich beruflich mit dem Thema – aber ich bin natürlich auch mit großem persönlichen Interesse dabei.

Ist es denn so, dass bei diesem kreativen Ansatz, von dem du erzählt hast, in den Gruppen der Wunsch nach Gemeinschaft sichtbar wird?

▸ Die meisten von uns haben irgendwo individuelle Lösungen parat. Das sind in der Regel Idealvorstellungen: gemeinsam mit dem Partner in einer schönen Seniorenwohnung leben, ruhige Lage im Stadtzentrum – »vorne die Königsallee und hinten die Berge«, hat das mal jemand auf den Punkt gebracht. Oder: mit jungen und alten Menschen in einem Mehrgenerationenhaus leben – ein tolles Miteinander, jeder hilft dem anderen. In der kreativen Arbeit kommen dann auch die Schattenseiten schnell zur Sprache: Was ist, wenn mein Partner oder meine Partnerin vor mir stirbt? Kann ich mir diese Wohnform überhaupt leisten? Bin ich zu Kompromissen bereit?

Ich arbeite viel mit Künstlerinnen und Künstlern zusammen. Von denen kann man lernen, wie man feste Vorstellungen aufbrechen und dekonstruieren kann. Einfach mal völlig anders auf das Vertraute schauen, das eröffnet neue Perspektiven. Es gibt fast immer diesen Moment der Überraschung. Plötzlich entsteht da etwas Neues, plötzlich hat man eine Idee, wie man das Thema für sich gut weiterentwickeln kann.

Würdest du sagen, dass sich dieses Überraschungsmoment automatisch beim Dekonstruieren einstellt?

► Ja, das ist inhärent. Und das ist vielleicht auch etwas, was meine Generation gelernt hat: Wir trauen uns, Formen auseinanderzunehmen und Neues auszuprobieren. Viele von uns sind früh von zu Hause ausgezogen, haben unverheiratet zusammengelebt, haben das klassische Vater-Mutter-Kind-Modell abgelehnt, haben Wohngemeinschaften gegründet und Erfahrungen mit Patchworkfamilien gesammelt. Viele Frauen, die die Wohnschul-Seminare besuchen, leben schon lange als Singles.

Ich habe im Programm der Wohnschule gesehen, dass ihr auch mal einen Workshop angeboten habt mit dem Titel: »Die Kunst, alleine zu wohnen«. Wie kam es dazu?

► Ich habe verschiedene Wohngruppen begleitet und gesehen, wie schwer es den Gruppen oft fiel, sich auf einen gemeinsamen Nenner zu verständigen. Viele Menschen steigen mit der Erwartung in ein Projekt ein, dass sich mit der neuen Wohnsituation ihr Leben

grundlegend verändert. Das tut es in der Regel aber nicht. Man nimmt sich ja immer mit. Ich habe die Teilnehmenden in einem Workshop einmal gefragt, ob sie mit sich selbst in einer Wohngemeinschaft leben wollten. Da hat eine Frau geantwortet: »Auf keinen Fall, ich bin viel zu schwierig.«
Je mehr wir uns mit den Formen des gemeinschaftlichen Wohnens beschäftigen, desto mehr wird da dem einen oder anderen deutlich: Das Zusammenleben ist eine große Herausforderung, eine Lebensaufgabe. Harmonie kann nicht garantiert werden. Ich muss Kompromisse eingehen. Und plötzlich wird das Alleinwohnen im Alter zu einer echten Alternative.

Für manche.
▸ Für viele! Man kann aus der Kunst lernen, welche Dynamik entsteht, wenn man auch das Gegenthema bearbeitet. Es steht ja ohnehin immer mit im Raum. Viele Ältere kommen in die Wohnschule, weil sie sich für gemeinschaftliche Wohnformen interessieren. Im Workshop »Die Kunst, alleine zu wohnen« wollen wir ihnen die Möglichkeit bieten, Alternativen zu beleuchten.
Für den Workshop haben sich zunächst nur sieben Leute angemeldet und wir haben überlegt, ob wir das Seminar überhaupt stattfinden lassen sollen. Wir haben uns dann aber entschieden, dass wir das auch mit wenigen Teilnehmenden durchziehen. Es sind dann doch 22 Leute gekommen. Auch Paare. Der reservierte Tagungsraum war viel zu klein. Bei der nächsten Veranstaltung war der Kurs sehr schnell ausgebucht. In der Zusammenarbeit sind wir zu dem Ergebnis gekommen: Das Miteinander in einem Wohnprojekt klappt besser, wenn die Mitbewohner und Mitbewohnerinnen auch gut alleine wohnen können und keine zu hohen oder unrealistische Erwartungen an die anderen stellen.

Kann es denn sein, dass die Leute, die diesen Workshop besucht haben, letztendlich doch in ein gemeinschaftliches Wohnprojekt gehen?
▸ Das ist nicht auszuschließen. Vielleicht sind sie sogar eher bereit, sich auf ein gemeinschaftliches Wohnprojekt einzulassen, wenn

nicht die Angst vor dem Alleinsein die Entscheidung beeinflusst, wenn sie erkennen: Ich habe durchaus Alternativen, ich kann auch anderswo Zugehörigkeit erfahren. Es ist schon spannend, wie schnell die Sprache in den Seminaren auf Zugehörigkeit und Verbindlichkeit kommt. Es wird in den Workshops immer deutlich, dass sich jeder Einzelne für sein soziales Netzwerk engagieren muss. Und dass man gut unterscheiden muss zwischen losen Kontakten, tragfähigen Beziehungen und tiefer Verbundenheit.

Eigentlich kann man sagen, dass die Wohnschule Lernfelder schafft und ein Bildungsangebot zur Verfügung stellt, das alle möglichen Facetten des Themas Wohnen abbildet und bearbeitet, oder?

▶ Ich vergleiche es immer mit Geburtsvorbereitungskursen. Wir wissen als angehende Eltern auch nicht, was auf uns zukommt, wenn wir Kinder kriegen. Aber: Wir haben zahlreiche Möglichkeiten, um uns auf diese wichtige Lebensphase vorzubereiten. Wir lernen zum Beispiel Atemtechniken für die Geburt, informieren uns über Kinderpflege, belegen Erste-Hilfe-Kurse und tauschen uns mit anderen Eltern aus. Für das Thema »Leben und Wohnen im Alter« gibt es vergleichsweise wenig Angebote. Zwar erfährt man viel in Zeitschriften und Broschüren – meistens sind das Informationen über Seniorenwohnungen, Seniorenresidenzen oder Pflegeheime – und es gibt auch gute Wohnberatungsangebote – hier geht es dann um die ideale Höhe der Waschbecken und die ideale Breite der Türen, um die Beseitigung von Stolperfallen oder um eine seniorengerechte Ausstattung. Die existenziellen, persönlichen Fragen werden aber selten behandelt. Dabei sind die so wichtig. Kann ich mir vorstellen, meine Wohnung und meine vertraute Nachbarschaft zu verlassen? Wie kann ich erfahren, was ich wirklich brauche? Wie trenne ich mich von lieb gewordenen Dingen?

Auf bestimmte Dinge, die uns im Alter widerfahren können, blicken wir nur ungern. Da gibt es viel Abwehr und auch Widersprüchliches in einem selbst. Konfrontierst du denn die Leute, die in die Workshops kommen, mit diesen Fragen?

▸ Sagen wir mal so: Es gibt einen behutsamen Einstieg. Das ist ganz wichtig. Und es geht nie darum, was *ich* für wichtig halte. Es geht um die Fragen der Teilnehmerinnen und Teilnehmer. Was ist für sie interessant? Womit möchten sie sich beschäftigen? Es geht eigentlich darum, eine Form anzubieten, in der die Fragen überhaupt entwickelt und formuliert werden können. Die Fragen stehen im Vordergrund. Dann erst versuchen wir, gemeinsam Antworten zu finden. Und dazu können wir auch Expertinnen und Experten einladen.

Stellst du fest, dass die Angelegenheiten, die mit den Gebrechen des Alters zu tun haben, zunächst einmal umschifft werden?
▸ In der ersten Phase schon. Aber die Schattenseiten des Älterwerdens sind den meisten doch klar. Die sehen ja, wie ihre alten Eltern oder Nachbarinnen und Nachbarn leben und wohnen. Wir kommen ganz schnell zu den angstbesetzten Themen, man braucht dazu nur gemeinsam nach den Fragen hinter den Fragen zu suchen. Für viele ist es eine große Erleichterung, wenn sie erkennen, dass die anderen die gleichen Fragen und Ängste haben. Der Austausch mit anderen ist das Wichtigste. Irgendwann kommt dann immer der Punkt, an dem die Leute sagen: »Ich verstehe das jetzt. Ich bin mit dem Thema nicht allein. Den anderen geht es genauso wie mir. Welche Entscheidungen sind jetzt zu treffen? Was kann ich tun?« Und viele stellen natürlich auch die Frage: »Was können wir als Gruppe bewegen? Wofür wollen wir uns gemeinsam engagieren?«

Joachim Ziefle hat im Interview gesagt, dass das Ziel der Wohnschule erreicht ist, wenn die Besucher und Besucherinnen der Workshops am Ende eine Entscheidung treffen können, was ihre Wohnsituation angeht. Welche das auch immer ist. Stimmst du dem zu?
▸ Ich stimme dem zu, würde das aber gerne noch zuspitzen. Ideal wäre es, wenn jeder Wohnschüler und jede Wohnschülerin die Wohnschule mit einem guten Plan B in der Tasche verlassen würde. Plan A – das ist die große Idee: das Wohnprojekt auf dem Land, die Wohngemeinschaft in der alten Villa, das Mehrgenerationenhaus

oder einfach die Möglichkeit, so lange wie möglich in der eigenen Wohnung und in der vertrauten Nachbarschaft bleiben zu können. Schön, wenn man da Mitstreiter, Finanzmittel, ein Grundstück oder eine Immobilie findet und lange gesund und fit bleibt. Ein Plan B ist dann erforderlich, wenn etwas mit Plan A schiefgehen sollte. Ein Beispiel: Hier in Köln gab es eine Gruppe älterer Damen, die alle gerne zu Hause wohnen bleiben wollten, die aber merkten, dass sie allmählich gebrechlicher wurden. Die haben dann über einen längeren Zeitraum – immer sonntags – Pflegeheime in Köln besucht und mit den Heimbewohnern und deren Angehörigen gesprochen. Gemeinsam haben sie sich ein Haus ausgesucht. Ihr Plan B war: Wer von uns nicht mehr alleine wohnen kann, zieht hier ein. Wir werden uns dort als Gruppe wiedertreffen. Eine Art Alters-WG im Pflegeheim.

Die Wohnschule als Bildungsangebot richtet sich ja an einzelne Menschen, die sich mit Fragen zum Wohnen auseinandersetzen wollen. Wie verbindest du diesen Aspekt der Wohnschule mit der gesellschaftlichen Bewegung der gemeinschaftlichen Wohnprojekte?

► Es kommt immer der Punkt, an dem den Teilnehmenden klar wird, dass das, was unsere Gesellschaft an Wohnformen für ältere Menschen bereithält, nicht ausreicht oder nicht ihren Wünschen entspricht. Natürlich wird auch deutlich, dass der Einzelne allein nicht viel bewegen kann. Da gibt es noch viel zu tun. Das Thema »Wohnen im Alter« muss in die Stadtgesellschaft getragen und als gesamtgesellschaftliche Herausforderung behandelt werden. Es ist ein wichtiges Zukunftsthema. Joseph Beuys hat mal gesagt: »Die Zukunft, die wir wollen, muss erfunden werden, sonst kriegen wir eine, die wir nicht wollen.« Da ist was dran.

Ich möchte noch mal auf die Wohnprojektgruppen zurückkommen; welche Erfahrungen hast du damit gemacht?

► Es gibt Gruppen, die schon sehr weit sind in ihrer Planung und trotzdem plötzlich an Grenzen stoßen. Schwierig wird es eigentlich immer, wenn Mietverträge abgeschlossen werden müssen. Da muss sich jeder Einzelne festlegen. An diesem Punkt wird es ernst. Und das macht vielen Angst. Die Gruppen merken schnell, dass es im Laufe des Prozesses wichtige Entwicklungsaufgaben gibt, um die man nicht herumkommt. Für diese Entwicklungsaufgaben brauchen Gruppen Orte, an denen sie sich treffen können, Gelegenheiten, um sich mit Fachleuten, zum Beispiel mit Kommunikationsexperten oder Wohnexperten, auszutauschen oder auch um an Themen weiterarbeiten zu können. Besonders hierfür will die Wohnschule Andockmöglichkeiten schaffen und ihr Angebot erweitern und auch verfeinern.

Die meisten Wohnprojektgruppen, die ich kenne, definieren sich als Mehrgenerationenprojekte, auch wenn sie überwiegend aus Älteren bestehen.

▶ Das ist auch eine Erfahrung, die wir hier machen. Spätestens beim zweiten oder dritten Kurs wird klar, dass das Thema »Wohnen und Leben im Alter« nicht ohne andere Generationen beantwortet werden kann, ja, man kann sagen, dass es eine Frage für alle Generationen ist. Da kommen dann auch ganz andere Themen auf, zum Beispiel Nachbarschaft, sorgende Gemeinschaft, Ökologie, Nachhaltigkeit, *Sharing Community*. Man darf sich da nichts vormachen: Wir werden die Städte nicht neu bauen. Wir müssen kluge Lösungen im Bestand finden. Was können wir tun, damit wir weiterhin bezahlbaren Wohnraum in den Städten finden? Wie können neue Gemeinschaftsformen entwickelt werden? Wie gehen wir mit dem Thema Altersarmut um?

Es deutet eigentlich alles darauf hin, dass wir in der Wohnschule Angebote für Fortgeschrittene entwickeln müssen. Es gibt Fragen, die sich nicht leicht beantworten lassen. Wir müssen Experten und Expertinnen aus unterschiedlichen Fachgebieten einbeziehen, Erfahrungswissen zusammentragen und Modellprojekte entwickeln. Wir müssen vor allem auch die Interessen der zukünftigen Altersgenerationen in den Blick nehmen und gute Lösungen mit allen und für alle Generationen, Kulturen und Milieus finden. Das ist eine echt große gesellschaftliche Herausforderung. Ich glaube, das kann eine Wohnschule nicht allein lösen. Aber eine Wohnschule kann die Teilnehmenden auf diese Aufgaben ein Stück weit vorbereiten.

In dem neuen Programm gibt es unter dem Label der Wohnschule hier in der Akademie ein Angebot für gewaltfreie Kommunikation, das auf Wohnprojektgruppen ausgerichtet ist. Könntest du dir auch andere »Software«-Themen in der Wohnschule vorstellen, in denen Alter nicht der Hauptaspekt ist, zum Beispiel zur Kommunikation in Gruppen oder zur Gemeinschaftsbildung?

▸ Da gibt es ja bereits interessante Angebote. Es ist aber sehr wichtig, hier auch mit neuen Formaten zu arbeiten oder neue Formate zu entwickeln. Wir merken ja, Kommunikation ist *das* Thema schlechthin. Ich denke da aber nicht nur an die Kommunikation zwischen Mitgliedern einer Wohngruppe. Ich denke auch an die Kommunikation zwischen Generationen, Milieus und Kulturen.

Zum Schluss: Wenn du für die Wohnschule werben solltest, was würdest du sagen?

▸ Die Wohnschule ist ein spannender Ort, der Menschen dazu einlädt und befähigt, Zukunft gemeinsam zu gestalten; ein Ort, an dem gemeinsam gelernt und vernetzt gearbeitet wird; ein Ort, an dem man sich mit seinen Ideen, seinen Kompetenzen, seinem Erfahrungswissen, seinen Begabungen und seinen Talenten einbringen kann. Hier wird man ermutigt, Wissen und Ressourcen zu teilen. Die Wohnschule ist ein Labor, eine Denkfabrik und ein Ort für Experimente. Eine gute Schule eben.

* * *

■ Im Mai 2018 habe ich Karin Nell eine E-Mail geschrieben, weil ich gehört hatte, dass in mehreren Städten in Nordrhein-Westfalen weitere Wohnschulen gegründet werden. Ich wollte von ihr wissen, ob sie daran beteiligt ist. Im Juni 2018 hat Karin mir per E-Mail geantwortet:

▶ Zurzeit wird in mehreren Städten in NRW – aber auch in anderen Bundesländern – damit begonnen, Wohnschulen nach dem Kölner Vorbild aufzubauen, zum Beispiel in Moers, in Düsseldorf, Hilden, Troisdorf, Leverkusen, Leichlingen, Wuppertal und Essen. Es gehört zu meinem dienstlichen Auftrag beim Evangelischen Erwachsenenbildungswerk Nordrhein, Kolleginnen und Kollegen in unseren Zweigstellen beim Aufbau von Wohnschulen zu unterstützen.
Ich bin außerdem mitverantwortlich für das Multiplikatorenprogramm, das die Melanchthon-Akademie in Köln einmal jährlich anbietet. Inzwischen interessieren sich auch andere Träger der Erwachsenenbildung für die Programme zum Leben und Wohnen im Alter, die wir in Köln entwickelt haben. Wir beraten aktuell den Caritasverband, die AWO und die Diakonie.

Welche Anliegen werden dabei verfolgt?
▶ Das Thema »Wohnen im Alter« ist, wie man so schön sagt, in der Mitte der Gesellschaft angekommen. Viele Ältere sind auf der Suche nach passenden Wohnformen. Das gilt ganz besonders für die Mitglieder der neuen Altersgenerationen: »Generation Woodstock«! Das sind immer häufiger Singles, Kinderlose oder Menschen, die im Ruhestand nicht mehr über genügend finanzielle Mittel verfügen, um sich ihre großen (Familien-)Wohnungen und Häuser leisten zu können. Die neuen Altersgenerationen bekommen die Auswirkungen des gesellschaftlichen und demografischen Wandels voll zu spüren. In den Veranstaltungen der Wohnschule tauchen immer mehr Frauen und Männer auf, die feststellen müssen, dass es in manchen Stadtteilen unmöglich ist, bezahlbaren Wohnraum zu finden. Viele kommen mit der Absicht, ein alternatives Wohnprojekt zu starten. Denen wird in der Regel sehr bald klar, dass die Traumvorstellungen vom gemeinschaftlichen Wohnen alles andere als leicht zu verwirklichen sind. Wir haben damals die Wohnschule in Köln gegründet, um Menschen die Möglichkeit zu geben, sich gut auf das Wohnen im Alter vorzubereiten. Wer weiß, wie er im Alter leben will und wer gut über Alternativen informiert

ist, kann leichter Entscheidungen treffen. Wir haben aber damals nicht damit gerechnet, dass die Idee der Wohnschule auf so große Resonanz stoßen würde.

Welche Idee steckt hinter dem Modelltransfer?

► Unsere Idee ist, ein dichtes Netzwerk von Wohnschulen aufzubauen, in dem die Entwicklung in Nordrhein-Westfalen gemeinsam vorangetrieben wird. Das Vorhaben ist ambitioniert, aber ich bin zuversichtlich, dass es gelingen wird. Überall entstehen neue Bildungsangebote und Bildungsformate, die Menschen darin unterstützen, eine gute Lösung für sich zu finden. Überall gibt es spezielle Einstiegsprogramme, Kreativ-Workshops, Vorträge und Exkursionen. Im Netzwerk werden die Konzepte und Erfahrungen ausgetauscht. Da muss dann nicht jeder das Rad neu erfinden. An allen Standorten wird deutlich: Das Thema »Wohnen im Alter« darf kein rein privates Projekt sein, sondern muss unbedingt in die Stadtgesellschaft getragen und in der Kommune bearbeitet werden.

Bei den Veranstaltungen sehen wir jetzt immer häufiger auch Vertreter und Vertreterinnen der Städte, der Wohlfahrtsverbände, der Wohnungswirtschaft und der Seniorenbeiräte. Was mich sehr freut: Die Bedeutung des öffentlichen Raumes gerät immer stärker in den Blick. Unser nachbarschaftliches Umfeld und unser Stadtteil sind unsere Gemeinschaftsräume. Überall zeichnet sich ab: An die Qualität des öffentlichen Raums werden – nicht nur von den neuen Altersgenerationen – zukünftig hohe Erwartungen gestellt.

Welche Kooperationen gibt es? Wie finanzieren sich die Wohnschulen?

► In Köln ist es uns über viele Jahre gelungen, die Wohnschule über Projekt- und Innovationsmittel zu finanzieren. Die meisten Bildungsangebote waren und sind für die Teilnehmenden kostenlos. Das ist auch richtig so, denn wir haben das Konzept der Wohnschule und fast alle Programme gemeinsam mit ihnen entwickelt und erprobt. Für besondere Veranstaltungen – zum Beispiel für Exkursionen oder Studienreisen – haben wir Teilnahmebeiträge erhoben. Das ist für Einrichtungen der Erwachsenenbildung der ganz normale Weg.

Die neuen Träger der Wohnschule versuchen, ähnlich vorzugehen. Sie beantragen Fördermittel und suchen sich Kooperationspartner, mit denen sie sich die Kosten für Raummieten, Honorare und Material teilen können. An einigen Standorten sind Kirchengemeinden, Wohlfahrtsverbände oder Vereine mit im Boot. Die stellen Räume oder Referentinnen und Referenten zur Verfügung. In Düsseldorf, wo ich lebe und im Alter wohnen möchte, bauen wir die Wohnschule gerade als Kooperationsprojekt von Evangelischem Erwachsenenbildungswerk Nordrhein und einem Kulturverein auf. Spannend ist: Die Seminare finden hier stadtteilnah in der Generationen-Werkstatt einer Grundschule und in einer Kunstschule statt.

Man muss aber klar sagen: Eine Regelfinanzierung gibt es noch an keinem Standort in NRW. Ich weiß von einem Kollegen aus Hamburg, dass dort der Aufbau einer Wohnschule von einer Wohnungsgenossenschaft getragen wird. Es gibt außerdem Quartiersprojekte, Senioreneinrichtungen, Familienzentren und innovative Wohnprojekte, in denen darüber nachgedacht wird, eine Wohnschule zu integrieren.

Wir organisieren uns als Großfamilie

Myoshin Zeitler

Burg Disternich eG in Vettweiß

■ Wohnprojektgruppen wollen oft mehr als nur zusammen wohnen, aber sie beruhen üblicherweise nicht auf einer gemeinsamen Idee zur Lebensgestaltung. Lebensgemeinschaften hingegen haben einen Gemeinschaftsgedanken und orientieren sich an gemeinsamen Idealen und Werten. Diese intentionalen Projekte unterscheiden sich von den anderen Projekten, die in diesem Buch vorgestellt werden. Ein Interview mit einer Lebensgemeinschaft war eigentlich nicht geplant, aber der Zufall kam dazwischen. Beim Surfen im Internet entdeckte ich die Lebensgemeinschaft auf Burg Disternich, ohne sie gesucht zu haben. Disternich liegt nur wenige Kilometer von meinem jetzigen Wohnort entfernt im Kreis Düren. Ich war neugierig und schrieb über das Kontaktformular eine Anfrage für ein Interview und am 14. Juni 2018 saß ich mit Myoshin Zeitler im Park von Burg Disternich zusammen, wo wir dieses Gespräch geführt haben.

* * *

Ich war natürlich im Internet auf eurer Website und habe unter anderem gelesen, dass ihr eine Genossenschaft gegründet habt.

► Ja, genau.

Ich habe auch über spirituelle Angebote gelesen. Ist das hier auch ein spirituelles Zentrum?

▶ Die Genossenschaft ist die rechtliche Form. Die Inhalte sind unsere Vision. Und die beruht auf fünf Säulen, die wir letzten Herbst in der Gruppe zusammen erarbeitet haben. Spiritualität ist eine dieser Säulen.

Würdest du die fünf Säulen bitte mal nennen?

▶ Das sind Ökologie, Soziales, Kultur, Spiritualität und gemeinsame Ökonomie.

Was die Ökologie angeht: Wir wollen mit Dingen nachhaltig umgehen und beim Essen auf biologische Herkunft achten und auch versuchen, uns zum Teil selbst zu versorgen, etwa mit einem Permakulturgarten, den wir auch schon angelegt haben. Wir halten außerdem Tiere auf einer wilden Weide. Das ist so ein Fachbegriff. Darin bin ich aber keine Expertin, das macht eine unserer Bewohnerinnen.

Zur Säule des Sozialen gehört, dass wir hier generationenübergreifend wohnen wollen. Dass wir Menschen, die Kinder haben, insofern zu unterstützen suchen, als dass wir für Kinder kein Geld nehmen.

Bis zu welchem Alter handhabt ihr das so?

▶ Bis zum Ende des zwölften Lebensjahres, das ist im Moment unsere Vereinbarung. Wir können die auch jederzeit gemeinsam verändern und das ausdehnen. Zur Säule Soziales gehört auch, dass wir unser Zusammenleben nach einer bestimmten Methode organisieren wollen, nämlich mithilfe der Soziokratie. Vor nicht allzu langer Zeit hat sich in Deutschland das Zentrum für Soziokratie gegründet. In Holland ist das schon viel verbreiteter und dort, wo ich die letzten zehn Jahre gewohnt habe, wurde die Soziokratie auch praktiziert. Ich habe schon viele Organisationsformen in verschiedenen Organisationen erlebt und die Soziokratie scheint mir wirklich das Beste zu sein, was momentan zu finden ist. Ich bin damit so gut gefahren und habe das so positiv erlebt, dass wir für uns hier diese Form gewählt haben.

Ich bin ganz neugierig zu erfahren, wie viele ihr hier seid und seit wann ihr hier wohnt.

► Wir wohnen seit zwei, drei Monaten hier. Wir haben Ende Dezember 2017 gekauft und die Ersten sind Ende Februar 2018 eingezogen. Ich selbst dann Ende März. Vor drei Wochen ist das letzte Paar eingezogen und es kommen noch welche. Wir sind derzeit sieben Erwachsene, zwei Teenager und zwei Kinder. Und dann gibt es so ein paar, die im Orbit kreisen. Wenn Menschen ihren Wohnort verlegen, müssen sie auch oft den Arbeitsplatz verlegen, das geht natürlich manchmal nicht so schnell. Wir streben an, dass wir in diesem Jahr zwölf Erwachsene werden. Wir haben aber die Möglichkeit, noch weitere Menschen aufzunehmen. Auf den vorhandenen Quadratmetern könnten wir mit 20 bis 25 Menschen wohnen.

Wollen wir weiter über die Säulen eurer Vision sprechen? Was heißt für euch »Kultur«?

► Damit meinen wir unter anderem, wie wir in unser Umfeld eingebettet sind. Unsere Kontakte zu den Menschen im Umkreis sind bisher eher durch Zufall entstanden. Wir haben hier zu den nächsten Nachbarn Kontakt, auch weil wir sie um Hilfe gefragt haben und Auskunft brauchten. Sie sind uns sehr entgegengekommen und das ist wirklich wunderbar. Wir haben auch Kontakt mit anderen Menschen, die in alternativen Wohnformen leben. Etwas weiter entfernt liegt die Gemeinschaft Thalhof, das ist in Niederelvenich. Die Leute dort wohnen zwar in einzelnen Häusern, fühlen sich aber als Gruppe. Außerdem hat sich eine Gruppe gemeldet, die auch alternativ wohnt, in Nemmenich. Die waren mal zu Besuch hier, weil sie mal sehen wollten, wer die Leute sind, die da so ähnlich leben wie sie. Die haben uns einfach angeschrieben. Wir veranstalten auch Kennenlernwochenenden und vor drei Wochen habe ich angefangen, regelmäßig einen Meditationsabend anzubieten. Da kommen auch Leute aus dem Umkreis von zehn, fünfzehn Kilometern. So baut sich das langsam auf.

Die Meditationsangebote würdest du unter der Säule »Spiritualität« einordnen?

▶ Klar. Zur Kultur noch etwas: Wir haben angefangen, zusammen mit den Leuten vom Thalhof zu singen, im Chor, und das war ein ganz wunderbares Ereignis. Das wollen wir fortführen. So etwas ist immer auch offen für Menschen, die dazukommen wollen. Eine unserer Bewohnerinnen ist Kulturhistorikerin und auf lange Sicht hat sie vor, etwas tiefer einzutauchen in die Geschichte dieses Ortes. Ein anderer unserer Bewohner ist, unter anderem, Pianist. Da werden wir sehen, was alles noch möglich ist, wenn wir die Aufbauphase hinter uns haben. Jedenfalls stellen wir uns da viele Sachen vor, zum Beispiel Hausmusik für Leute aus der Umgebung und so weiter.

Räume habt ihr ja genug.

▶ Ja, vor allem Gemeinschaftsräume. Vielleicht gehört das auch noch zum Sozialen, denn wir haben ja weit mehr Gemeinschaftsräume als Privaträume. Das ist völlig anders als in anderen Wohnprojekten. Das hat auch damit zu tun, dass wir nicht in abgeschlossenen Wohnungen leben, sondern dass wir uns als Großfamilie organisieren. Wir kochen zusammen, wir kaufen zusammen ein, wir teilen ganz viel miteinander.

Und die Säule der »gemeinsamen Ökonomie«?

▶ Es gibt bei der gemeinsamen Ökonomie zwei Modelle. Das eine ist die vollständige gemeinsame Ökonomie, da wird auch das Vermögen vergemeinschaftet. Und das andere ist die Einkommensökonomie oder Alltagsökonomie genannt, in der das, was laufend an Einnahmen reinkommt, egal aus welchen Quellen, zusammen verwaltet wird.

Also alles, was reinkommt, geht auf ein gemeinsames Konto?

▶ Letztendlich ja. Das ist manchmal etwas virtuell, denn wenn ich eine Krankenversicherung bezahlen muss, dann werde ich das Geld nicht erst auf das gemeinsame Konto und von dort wieder zurücküberweisen, sondern sofort von meinem Konto aus an die Versicherung überweisen. Aber die privaten Konten sind transparent, die werden offengelegt und von daher sind die Ströme einsehbar.

Ich nehme an, dass die Zustimmung zu dieser Form der gemeinschaftlichen Ökonomie eine Voraussetzung ist für Leute, die hier mit euch zusammen wohnen wollen, oder?

► Ja, wobei wir das nicht von Anfang an verlangen. Es gibt für Menschen, die mit uns wohnen wollen, ein Probejahr. Im Probejahr gibt es getrennte Kassen. Die Menschen können erst einmal ihre Erfahrungen damit machen und herausfinden, ob das etwas für sie ist oder nicht. Denn wir haben schon gemerkt, dass bei vielen Ängste hochkommen. Niemand denkt, dass er selbst mehr rausnimmt als er reintut, aber viele haben Angst, dass sie sich nicht trauen, etwas rauszunehmen.

Hat denn jeder eine Vollmacht über das gemeinsame Konto, kann da jeder ran?

► Wir haben schon Regeln. Bis zu einem gewissen Betrag ist es frei, wenn es aber um Summen über 1.000 Euro geht, muss man das vorher ankündigen oder besprechen. Das hat auch damit zu tun, wie viel in der Kasse drin ist. Da gibt es sozusagen einen Wächter und der meldet dann: »Vorsicht! Jetzt müssen wir ein bisschen kürzer treten«. Oder: »Jetzt wird alles, was nicht unbedingt nötig ist, gestoppt.« Aber es sind ja erwachsene Menschen, die bis jetzt ihren Lebensunterhalt verdient haben und bei denen auch etwas übrig geblieben ist. Wenn jeder sich auch nur einigermaßen so verhält wie vorher, dann denke ich, dass wir uns gar keine Sorgen machen müssen.

Das ist meines Erachtens das Radikalste, das man gemeinschaftlich anstreben kann. Habt ihr Beispiele, an denen ihr euch orientiert?

► Ja, es gibt Gemeinschaften in Deutschland, die das schon lange praktizieren, zum Beispiel die Kommune in Niederkaufungen. Die machen das seit über 30 Jahren so. Ich habe früher einmal in einem

Zentrum gelebt, es auch geleitet, in den 1980er-, 1990er-Jahren, da haben wir das auch einige Zeit ausprobiert. Dann gab es aber eine Phase starker Fluktuation, in der wir damit aufgehört haben, und danach haben wir es nicht wieder aufgenommen. Zu unserer großen Überraschung war in dem Topf immer viel drin. Ich habe also damit nur positive Erfahrung gemacht.

Ein spannendes Thema, finde ich. Ich habe auch Erfahrung mit einem gemeinsamen Konto gesammelt, als ich jung war und in einer WG gelebt habe. Wir haben uns jedenfalls nie um Geld gestritten, eher darum, wer das Badezimmer sauber macht. Ich glaube ja, dass die Angst vor der gemeinsamen Ökonomie eher in der Vorstellung als im Realen gründet.
► Absolut.

Wie hat das alles hier angefangen? Wie ist die Idee für eure Lebensgemeinschaft entstanden?
► Ich habe während der letzten zehn Jahre in einem Zen-Zentrum in den Niederlanden gewohnt. Meine Tochter war hier in Erftstadt verheiratet, sie hat sich von ihrem Mann getrennt und merkte, dass sie nicht mit ihrer Tochter alleine sein will, aber auch in einer Partnerschaft nicht mehr alleine leben will. Sie ist in einer Gemeinschaft groß geworden. Wir haben früher in einem Zentrum zusammen gelebt, meine beiden Töchter und ich. Und dann hat meine Tochter sich vorgenommen, zusammen mit ihrer kleinen Tochter eine Reise durch Deutschland zu machen, um Gemeinschaften zu besuchen und zu sehen, ob da vielleicht eine dabei ist, wo sie hin will oder von der sie lernen kann, wie man eine solche Gemeinschaft gestalten kann. Sie hat sich einige ausgesucht, ist in den Kindergarten gegangen und hat gesagt, dass ihre Tochter bis zum Sommer nicht kommen würde, weil sie diese Reise machen. Im Gespräch mit den Kindergärtnerinnen hat sie erfahren, dass in einem nahe gelegenen Dorf ein Vierkanthof frei wäre und zum Verkauf stünde. Meine Tochter hat dann gegoogelt und mir den Link zu dem Hof geschickt. Ich war in den Niederlanden am Schreibtisch, habe geguckt und nur ganz kurz geantwortet: Mitten im Dorf,

viel zu klein, das ist nicht das, was du suchst. Zehn Minuten später kommt wieder ein Link. Ich gucke mir die Seite an und schreibe: Die Lage ist perfekt, die Aufteilung ist perfekt und es ist groß genug. Das gucken wir an. Das war die Burg Disternich.

Das heißt, deine Tochter hatte vorher noch gar nicht nach Objekten in ihrer Nähe geschaut, die zum Kauf angeboten wurden?

► Nein, sie wollte ja erst einmal diese Reise machen und schauen, was es so gibt in Deutschland. Sie hat dann die angegebene Telefonnummer angerufen und als sie gerade anfangen wollte zu sprechen, wollte meine kleine Enkeltochter unbedingt telefonieren, da war sie drei, und es gab ein Mordsgezeter. Meine Tochter hat gedacht: Wenn der jetzt keine kleinen Kinder mag, ist es jetzt schon vorbei. Aber er war ganz freundlich.

Das war der Eigentümer am Telefon?

► Das war der Vater der Eigentümerin. Seine Tochter lebt in Amerika und deshalb ist er unser Ansprechpartner gewesen und ist es immer noch. Dieser Mann hat jedenfalls 15 eigene und adoptierte Kinder, der ist also mit Kindern vertraut und insofern hatten wir da gleich am Anfang Glück. Wir haben dann einen Termin ausgemacht und haben uns hier getroffen.

Wann war das?

► Das war am 11. Juni 2017, vor genau einem Jahr. Seine Tochter, die eigentliche Eigentümerin, war damals auch dabei. Das war schon erstaunlich: Sie ist fast im gleichen Alter wie meine Tochter, beide sind Tierärztinnen, beide haben ein Kind im gleichen Alter und beide waren dabei, so ein Projekt zu beginnen. Sie in Amerika und wir hier.

Was für eine Synchronizität der Ereignisse! Wie alt ist deine Tochter?

► 36. Wir haben uns dann lange unterhalten und immer besser verstanden. Nachdem wir uns vielleicht zwei Stunden unterhalten haben, sind meine Tochter und ich hier noch einmal herumgegangen, haben uns die Burg und das Gelände angesehen und schon nach ein paar Minuten sagte ich zu meiner Tochter: »Hey, hast du nicht auch das Gefühl, dass es das ist?« Da sagte sie: »Ja, genau. Das ist es wirklich.« Wir gingen weiter und plötzlich kamen von rechts Damhirsche aus den Büschen, die sind hier einfach vor uns über den Weg gelaufen. Später haben wir gehört, dass sie wild hier leben, aber da sie hier groß geworden sind, sind die öfter mal auf dem Grundstück.

Das heißt, das Grundstück ist nicht vollständig umzäunt?
▸ Doch, die können aber hoch springen und sie machen auch Löcher in die Zäune. Eine Öffnung ist jedenfalls da. Uns stören die Damhirsche jedenfalls nicht, im Gegenteil, sie sind wunderschön, eine kleine Herde von fünf Tieren mit zwei weißen dabei und die sind direkt an uns vorbeigelaufen. Im gleichen Moment kam der Vater der Eigentümerin vom Parkplatz und wir haben ihm gleich gesagt, dass wir das Objekt haben wollten. Er war richtig erfreut. Er hat meine beiden Hände genommen und uns gewünscht, dass wir das hinkriegen, weil er es so gut findet, eine Lebensgemeinschaft zu gründen, in der Kinder und ältere Menschen zusammenleben. Das hat sein Herz berührt.

Stand die Burg lange leer?
▸ Bestimmt fünf Jahre. Sie diente lange, bis Anfang 2000, als Tagungshaus einer großen deutschen Industriefirma. Die haben hier auch viel Geld reingesteckt. Ich weiß nicht, wie lange die hier waren, aber irgendwann wurde diese Firma aufgekauft und die Schulungen in Deutschland wurden gestoppt. Dann ist die Burg verpachtet worden, aber das war nicht zufriedenstellend für die Eigentümerin. Und dann stand sie leer.

Jetzt sind natürlich Zahlen interessant. Wie groß ist das Grundstück und wie groß die Wohnfläche?
▸ Wir haben neun Hektar gekauft. Insgesamt ist das Grundstück zehn Hektar groß, ein Hektar wurde rausgeschnitten, aber wir

bewirtschaften den noch mit, bis er eine andere Verwendung hat. Die Wohnfläche müssten ungefähr 1.200 bis 1.500 Quadratmeter sein. Davon wird ungefähr ein Drittel privat genutzt, zwei Drittel sind Gemeinschaftsfläche. Hier gab es ja mal eine Art Hotelbetrieb, deshalb gibt es viele kleine Räume und viele Badezimmer, und wir legen zwei, manchmal auch drei kleine Räume zusammen, um einen Privatraum zu schaffen. Dann müssen natürlich die Duschen weg.

Aber jeder Bewohner, jede Bewohnerin hat ihr eigenes Bad, oder?
▶ Ja. Es war auch schon einmal eine Frau da, die gemeint hat, ihr wären zwei kleine Zimmer lieber als ein großes, das ist dann natürlich auch möglich, das ist kein Problem.

Die Frage steht natürlich im Raum: Was hat das gekostet und wo habt ihr das Geld her?
▶ Es hat uns im Endeffekt 1,4 Millionen Euro plus Kaufnebenkosten gekostet. Die Eigentümer sind uns sehr entgegengekommen. Ursprünglich dachten wir, nach dem Beratungsgespräch mit der Bank, dass es besser wäre, gerade am Anfang einen größeren Kredit aufzunehmen, der auch die Umbauarbeiten mit abdeckt. Die Bank verlangte dann aber, weil es kein normales Wohnprojekt ist, bei dem jeder seine Wohnung kauft, sondern ein »Spezialobjekt«, einen höheren Eigenanteil. Daran wäre es fast gescheitert, das war kurz vor dem Abschluss des Kaufvertrags. Letztendlich haben wir uns entschieden, dass wir praktisch ins Blaue hinein hierherziehen und alles, was funktioniert, übernehmen und die Umbauarbeiten mit viel Eigenarbeit durchführen werden.

Wer ist dieses »Wir«, wer hat diese Entscheidung getroffen?
▶ Das sind die Gründer – das ist die Gruppe, die sich letztes Jahr gefunden hat, die Genossenschaft gegründet und die Burg Disternich gekauft hat. Die Genossenschaft hat die Burg gekauft und ist ihre Eigentümerin. Wir, die wir hier wohnen, sind Genossenschaftsmitglieder.

Die Satzung der Genossenschaft habe ich im Internet gelesen. Wie habt ihr sie entwickelt? Habt ihr euch dabei beraten lassen?

▶ Wir haben mehrere Berater gehabt. Wir haben uns bei den großen Lebensgemeinschaften in Deutschland, die ja fast alle genossenschaftlich organisiert sind, kundig gemacht und viel Unterstützung bekommen, von der Lebensgemeinschaft Nature Community, vom Ökodorf Sieben Linden, von der Kommune Niederkaufungen, von Schloss Tempelhof. Das sind Gemeinschaften mit 30 bis 150 Menschen. Außerdem haben wir vom Genossenschaftsverband NRW einen Berater gehabt und auch vom Wohnbund NRW und das war wirklich toll. Wir sind mit diesem Berater immer noch in Kontakt, er ist wirklich empfehlenswert. Dann hatten wir auch noch einen Energieberater und im Vorfeld noch eine Architektin. Jetzt haben wir selbst einen Bewohner, der Architekt ist. Wir haben uns viel Beratung geholt. Wir haben auch Kontakt mit einer Expertin für Soziokratie aus Holland, die bereits zweimal hier war. Mit der Beraterin aus der Gemeinschaft Sieben Linden haben wir im Abstand von mehreren Monaten Workshops zu Gruppenprozessen veranstaltet. Wir wissen, dass wir gut fahren, wenn wir uns Beratung holen.

Wer betreibt eure Internetseite? Habt ihr jemanden in der Gruppe, der das macht?

▶ Ja, mal sehen, ob er den Arbeitsaufwand bewältigen kann, denn er hat einen interessanten umfangreichen Job. Wenn es nicht geht, müssen wir jemand anderes finden. Aber wir werden ja mehr, und wir hoffen, dass dann jemand dabei sein wird, der es übernehmen kann.

In dem Zeitraum zwischen der Entscheidung, dieses Anwesen zu kaufen, und dem Kaufabschluss habt ihr die Genossenschaft gegründet. Das war wenig Zeit. Wie habt ihr das hingekriegt?

▶ Meine Tochter hatte das Jahr davor ein Seminar besucht, »Vision Quest«, das von einem deutschen Ehepaar angeboten wurde und in Findhorn stattgefunden hat. Sie hat dann diese Menschen angeschrieben. Ich lebe ja schon lange in solchen Zusammenhängen und habe die Menschen, die ich kenne und die in meinem Verteiler sind, angeschrieben und wir haben erzählt und informiert über die Burg. Ich weiß gar nicht, ob ich zu diesem Zeitpunkt schon wusste, dass ich da selbst so voll einsteigen würde.

Was war denn deine Motivation?

▸ Jetzt muss ich mal einen kleinen Schlenker machen. Ich hatte, als mir meine Tochter den Link zu Burg Disternich geschickt hatte, ja geschrieben, dass das Gebäude perfekt aufgeteilt ist. Das hatte damit zu tun, dass ich schon länger gefühlt hatte, dass ich nicht bis zum Ende meines Lebens in den Niederlanden bleiben wollte. Und der zweite Aspekt war: Wir haben hier in Deutschland auch eine Sangha, das ist die Gemeinschaft der Menschen, die zu der spirituellen Tradition gehören, in der ich Lehrerin bin, und ich hatte mit meiner Lehrerin in den Niederlanden besprochen, dass ich diese Sangha betreue und unterstütze. In dem Zusammenhang war für mich klar: Ich möchte ein Haus, einen Ort haben, der Anlaufpunkt sein kann. Für viele Menschen hier in Deutschland, die zu unserer Gruppierung gehören, ist der Weg in unser holländisches Zentrum weit. Die drei Gebäudekomplexe hier auf dem Gelände brachten mich auf die Idee, dass eines der Gebäude ein spirituelles Haus werden könnte, ein Zen-Haus. Mit einem Meditationsraum und Menschen, die Spiritualität im Fokus ihres Lebens haben, ob sie nun jung oder alt sind. Das andere Haus, die Vorburg, ist größer. Das könnte ein Gebäude für Menschen sein, die kleine Kinder haben, für Jugendliche vielleicht und für Menschen, die einen anderen Lebensstil haben und weniger das Meditative als Mittelpunkt ihres Lebens sehen. Es bot sich hier einfach an.

Und diese Aufteilung habt ihr jetzt hier?

▸ Noch nicht. Wir haben dann entschieden, nach der Geschichte mit der Bank und vor dem Hintergrund der Tatsache, dass wir nicht genügend Mittel haben, um alles gleich zu Anfang zu renovieren, zunächst nur eines der Häuser zu renovieren. Darin wohnen wir jetzt alle. Es ist mittlerweile soweit fertig, dass wir da alle angenehm leben können. Jetzt wird das zweite Haus renoviert, das für die Familien vorgesehen ist. Im Moment wohnen die zwei Teenager mit Eltern und die Familien mit den beiden kleinen Kindern zusammen in dem Gebäude, das das Zen-Haus werden soll. Wir haben schon die Pläne für die Renovierung der Vorburg, aber das muss jetzt noch seinen Gang gehen, auch behördlich. Die ganze untere Etage ist ja Gemeinschaftsfläche, da haben wir zum Beispiel auch eine Industrieküche. Dort wird sich auch das Gemeinschaftsleben entfalten können.

Und dein Zen-Haus?
▶ Das wird dann die Burg.

Und alles zusammen ist die Genossenschaft?
▶ Genau.

Wie macht ihr das? Da kommen ja ganz unterschiedliche Interessen zusammen.
▶ Ich habe in meinem Leben zwei Kinder großgezogen und habe gemerkt, was es für Reibungsflächen gibt zwischen dem spirituellen Weg und dem Leben mit Kindern. Deshalb ist für mich klar: An einem Ort, wo beides stattfindet, muss es möglich sein, dass ich, wenn ich eine halbe Stunde oder eine Stunde Zeit habe am Tag, zur Meditation gehen kann, dass ich ein Angebot in Anspruch nehmen kann, ohne es aufrechterhalten zu müssen. Das machen dann andere, ich kann mich nur dazusetzen.

Mir scheint, dass für dich und deine Biografie mit diesem Konzept hier etwas rund wird.
▶ Total. Ja.

Bist du glücklich?
▶ Ich könnte mir keinen Ort vorstellen, an dem ich lieber wäre.

Ich würde gerne noch einmal zurückkommen auf die Phase zwischen der Entscheidung von dir und deiner Tochter für dieses Objekt, der Gründung der Genossenschaft und dem Kaufabschluss.

▶ Es ging ja darum, Menschen zu finden, die auch so leben wollten. Die haben wir durch das Ansprechen von Freunden gefunden. Wir haben nirgendwo annonciert und es auch nicht öffentlich gemacht.

Warum nicht?

▶ Ich habe die Erfahrung gemacht, auch mit meinem ersten Zentrum, dass die richtigen Leute schon kommen. Es gibt da irgendwie Kanäle. Wenn dir etwas begegnen soll, dann zeigt es sich, in irgendeiner Form. Und darauf vertraue ich. Wenn ich gefragt werde oder wenn ich mit Freunden spreche, dann gebe ich es weiter. Und so hat es meine Tochter auch gemacht. Nur im Waldorfkindergarten und im Demeterhof Bollheim haben wir einen kleinen Aushang gemacht. Mittlerweile haben sich schon ganz viele Menschen für unser Projekt interessiert. Und ganz viele haben auch wieder Abstand genommen. Nicht weil sie es nicht gut finden, sondern weil sie den Schritt im Moment oder überhaupt nicht gehen wollen. Das ist für mich nichts Neues, dass das so geht. Aber so haben sich die Menschen gefunden, die jetzt dabei sind, zum Teil auch auf ganz kuriose Weise. Das hat mich auch bestärkt.

Zwei von uns, zum Beispiel, waren in einer anderen Gruppe, mit der sie sich ebenfalls gerade auf den Weg gemacht hatten. Sie hatten etwas südlich von hier ein Objekt gefunden und haben sich auch um einen Coach aus Sieben Linden bemüht. Deren Anfrage und unsere sind dort bei derselben Frau gelandet, und als meine Tochter dort angerufen hat, um einen Termin auszumachen, wurde ihr gesagt, dass bereits jemand aus unserer Gruppe angerufen hätte. So wurde deutlich, dass wir zwei verschiedene Gruppen sind, beide mit fünf Leuten unterwegs und beide hier westlich von Köln. Als wir hörten, dass da noch fünf Leute so etwas gründen wollten, haben wir Kontakt aufgenommen. Wir waren uns auf Anhieb sympathisch und dachten: Eigentlich sollten wir es zusammen machen.

Aber es war nicht klar, wo. Sollten wir es bei denen auf dem Schloss machen oder hier auf der Burg?

Was ist das für ein Schloss?

▶ Schloss Vettelhoven. Die Gruppe war auch in der Kaufphase. Aber für meine Tochter und mich war dann schnell klar, dass es nicht das Schloss sein kann. Andererseits hat es mich schon gereizt, denn da war alles fertig und ich brauche für meine Vision nicht so viel Land. Aber meine Tochter braucht Grund für die wilde Weide mit den Tieren. Trotzdem war es für mich schnell klar, dass meine Vision dort nicht in Erfüllung gehen könnte, denn das Zen-Haus ließe sich dort nicht verwirklichen. Das Schloss ist zwar ein riesiges Gebäude, aber dort wäre alles in einem Haus untergebracht, und das funktioniert nicht. Ziemlich schnell hat sich bei der anderen Gruppe so viel verändert, dass zwei von ihnen, ein Ehepaar, dann doch hier bei uns eingestiegen sind und in der Gründungsgruppe dabei waren.

Du hast eben über die unterschiedlichen Kompetenzen, die in eurer Gruppe zusammenkommen, gesprochen. Darauf möchte ich noch einmal zurückkommen. Ich hatte den Eindruck, dass ihr Wert darauf legt, dass die unterschiedlichen Fähigkeiten der Einzelnen ausgelebt und auch genutzt werden können.

▶ Wir leben ja in einer Zeit, in der viel übers Internet gearbeitet wird, sodass man unabhängiger ist, was den Wohnort anbelangt. Das ist für uns natürlich ein Vorteil. Der Architekt, der hier wohnt, hat ganz schnell sein Büro von Köln hierhin verlegen können, das war gar kein Problem. Er ist Experte für die Planung von Passivhäusern und ökologisches Bauen.

Dann haben wir zwei Tagesmütter hier. Die eine hat in Köln seit über 15 Jahren eine U3-Gruppe, und sie betreut diese Gruppe noch bis zu den Ferien. Ab August bieten sie dann zu zweit hier eine Gruppe an. Von der Gemeinde haben wir schon signalisiert bekommen, dass es Bedarf gibt, da werden wir wahrscheinlich gar kein Problem haben.

Du hast dahinten hingezeigt ...

▶ Dahinten sind noch mehr Gebäude, da wäre Platz für die Kindergruppe. Und meine Tochter, Lina Winkels, ist Tierärztin und hat sich als Chiropraktikerin spezialisiert. Sie arbeitet in einer Praxis in Lechenich. Wenn es um Pferde geht, muss sie natürlich zu denen rausfahren. Dann ist da noch Patrick Wodni, ein gelernter Koch, der im Gemeinschaftskrankenhaus Havelhöhe in Berlin als einer von drei Chefköchen gearbeitet hat. Er beschäftigt sich viel mit gesunder Ernährung, mit der Frage, woher können wir die Lebensmittel beziehen; wie verarbeiten wir sie; was machen wir mit den Resten? Regionalität ist da sehr wichtig. Er berät jetzt auch und macht die Planung für ein Projekt, das in Berlin durchgeführt wird, bei dem es um die Frage geht, ob und wie in Kantinen gesündere Mahlzeiten angeboten werden können? Das kann er überwiegend von hier aus machen.

Wie macht ihr es hier mit dem Essen? Trefft ihr euch jeden Tag zu einer gemeinsamen Mahlzeit?

▶ Ja, mindestens einmal am Tag. Morgens sind nicht immer alle da, manche frühstücken auch nicht, dann ist die Gruppe etwas kleiner. Wir haben gemerkt, dass es am sinnvollsten ist, wenn wir abends um sechs zusammen essen. Auch wegen der kleinen Kinder, die danach ins Bett gehen. Die vor Ort sind, essen auch mittags zusammen.

Und wer kocht?

▶ Wir haben eine junge Frau, die gesagt hat, sie würde gerne abends immer kochen.

Immer?

▶ Ja, immer.

Kriegt sie Geld dafür?

▶ Nein, das ist ihre Aufgabe hier in der Gemeinschaft. Sie hat sich dafür angeboten. Es klappt auch nicht immer, denn sie hat ja auch noch andere Aktivitäten, und dann springt jemand ein. Mittags ist es im Grunde genommen auch so, dass wir gucken, wer da ist und sich dann jemand findet, der bereit ist zu kochen. Es funktioniert alles ganz gut, und das mit relativ wenig Absprachen. Es sind ja hier viele Mütter und Väter, die sind das gewohnt, alles so nebenbei zu machen.

Wir macht ihr das mit dem Einkaufen?

► Wir haben eine Liste, auf der jeder einträgt, was seiner Meinung nach gekauft werden sollte. Manchmal will man sich ja auch zwischendurch etwas zu essen machen, das ist ganz wie zu Hause.

Lebt ihr vegetarisch?

► Ja, wir leben vegetarisch, einige sogar vegan. Ich habe fast immer vegetarisch gegessen und habe jetzt auch gemerkt, dass der Unterschied zu einer veganen Ernährung gar nicht so groß ist. Deswegen kochen wir eigentlich fast nur noch vegan. Wenn man dann noch etwas Sahne am Essen haben will, trennt man eben vorher. Das war bis jetzt überhaupt kein Problem.

Und es gibt niemanden, der sagt: »Ich brauche hin und wieder ein Stück Fleisch«?

► Das nicht, aber es gibt jemanden, der ab und zu gerne ein Stück Wurst hätte, der aber nur Wurst essen will, von der er weiß, woher das Fleisch kommt. Wir haben ja das Glück, dass hier in der Nähe ein großer Demeterhof ist, in Bollheim. Da kann man sich guten Gewissens ein bisschen Wurst kaufen. Wir machen uns natürlich darüber Gedanken, wo wir in Zukunft sinnvoll einkaufen können, weil es regional und biologisch sein soll. Die Sachen, die in Bollheim produziert werden, werden wir sicher von dort beziehen.

Wie haltet ihr es mit Autos? Wie viele habt ihr im Moment?

► Vier. Wir werden sehen, wie viele Autos wir brauchen. Wir verleihen sie auch untereinander. Wenn mal eins kaputt geht, werden wir sehen, ob wir ein neues brauchen oder nicht.

Ihr sucht derzeit noch Mitbewohner und Mitbewohnerinnen. Was würdest du Leuten sagen, die dieses Interview lesen und sich für eure Lebensgemeinschaft interessieren?

► Probier es einfach mal, es kommt sowieso anders als du denkst.

III

EINZIEHEN

Was gemeinschaftliche Wohnprojekte lehren

Keine Angst vorm Scheitern

Wer gemeinsam anders wohnen will, muss alles selbst machen. Fertige Immobilienangebote, fertige Wohnprojekthäuser, in die Gruppen einziehen, die sie mieten oder kaufen können, gibt es nicht. Die übliche Architektur für Wohnhäuser mit mehreren Parteien ist nicht auf Gemeinschaftsleben ausgerichtet, sondern auf Abtrennung und Vereinzelung: »Hier wir, die anderen dort.«

Die Wohnungswirtschaft baut aus sich heraus nicht für ein lebendiges Miteinander mit fließenden Grenzen zwischen privaten und öffentlichen Räumen. Wer sollte die auch bezahlen, wenn es keinen Gemeinschaftsgedanken gibt? Also müssen alle, die gemeinschaftlich wohnen und leben wollen, selbst loslegen, selbst gründen, selbst bauen, selbst organisieren, selbst verwalten. Und dafür kriegen sie kein Geld. Die ganze Arbeit ist freiwillig und ehrenamtlich.

Die meisten Wohnprojektinitiativen scheitern. Es gibt Schätzungen, denen zufolge nur ein oder zwei Prozent aller Initiativgruppen am Ende wirklich ein gemeinschaftliches Wohnprojekt realisieren. Diejenigen, die erfolgreich sind, brauchen oft viele Jahre vom Entwickeln der Idee bis zum Einzug ins Haus. Im Interview erzählt Wilhelm Schwedes vom Verein Lebensräume in Balance aus Köln, dass es bei ihnen zehn Jahre waren. Heide Wroblewski vom Quartier am Albgrün in Karlsruhe berichtet von acht Jahren Planungszeit. Ohne Durchhaltevermögen kein Erfolg. In den Jahren der Planung kann viel passieren. Hindernisse tauchen auf, Hürden und Herausforderungen. Die Projektleiterin Lisa Hugger sagt im Interview, dass sie kein Projekt kennt, das nicht früher oder später mit grundsätzlichen Herausforderungen konfrontiert war.

Die Gemengelage ist komplex. Es geht um weiche und um harte Faktoren. Mit »weich« ist alles gemeint, was im zwischenmenschlichen Bereich stattfindet: Gemeinschaftsbildung, Kommunikation, soziale und psychosoziale Aspekte, Strategien für Konfliktlösungen, Prozesse der Meinungsbildung und Entscheidungsfindung; alles, was das Miteinander angeht. Harte Fakten sind technischer, finanzieller oder juristischer Art. Hier geht es um Verträge, Kredite, Gesetze, Statuten, um alles, was mit Kaufen, Bauen, Mieten und dem Markt zu tun hat. Obwohl die Schätzungen sagen, dass es wahrscheinlicher ist, an der Komplexität aus harten und weichen Fakten zu scheitern, als sie erfolgreich zu meistern, tun sich immer mehr Männer und Frauen zusammen, um ein gemeinschaftliches Wohnprojekt zu gründen. Und das ist gut so.

Aber viele Aspekte müssen dabei bedacht werden: Träumen ist wichtig. Und der Austausch darüber auch. Weil aus Träumen die gemeinsame Vision entwickelt wird. Und ohne Vision gibt es kein Projekt. Dabei kann die Methode des »Dragon Dreaming« sehr hilfreich sein. Sie eignet sich gut, um die stillen Wünsche und geheimen Vorstellungen, die in einer Gruppe vorhanden sind, an die Oberfläche zu bringen, damit sie in die Gruppenvision einfließen können. John Croft, der die Methode entwickelt hat, spricht von vier Phasen, die eine Projektgruppe immer wieder durchläuft: Träumen, Planen, Handeln, Feiern. Mit Feiern ist Resümieren gemeint, sich darüber klar werden, was man geschafft hat, und sich auch an kleinen Erfolgen erfreuen. Träumen sollte nicht mit Naivität verwechselt werden. Naivität geht mit der Tendenz einher, Sachverhalte zu vereinfachen. Beim Realisieren eines Wohnprojekts ist nichts einfach. Daher ist es gut, sich der Komplexität des Vorhabens von Anfang an bewusst zu sein.

Um ein Projekt erfolgreich umzusetzen, braucht jede Gruppe Akteurinnen und Akteure, die die Anliegen ihrer Gruppe nach außen vertreten. Es müssen viele Gespräche und Verhandlungen geführt werden: im Architekturbüro, beim Notar, beim Finanzberater, beim Liegenschaftsamt, beim Sozialamt, beim Wohnungsamt, beim Landschaftsgestalter. Wer die Sprecherrolle für seine oder ihre Projektgruppe übernimmt, kann keine eigenständigen Entscheidungen treffen, sondern muss sich immer rückversichern, sich mit den anderen absprechen und das Votum der Gruppe einholen. Die Rolle der Sprecherin oder des Vertreters einer Gruppe ist eine »Dienstleistung«, die freiwillig und ehrenamtlich für die Gruppe erbracht wird. Gleichzeitig ist sie eine private Rolle, weil es ja auch um die eigene Lebensgestaltung geht.

Es ist hilfreich, ein Rollenbewusstsein zu entwickeln, und auch das müssen Projektlerinnen und Projektler selbst hinkriegen, dafür gibt es bis jetzt noch kein Coaching. Ich denke, dass sich das in den nächsten Jahren ändern wird, wobei die Frage auftaucht: Wer wird dieses Coaching bezahlen, wo sich doch alles im ehrenamtlichen, freiwilligen Engagement abspielt?

Die Fähigkeit zu unternehmerischem Denken ist für das Gelingen von gemeinschaftlichen Wohnprojekten von großer Bedeutung. Ohne diese Fähigkeit wird es schwer werden. Meistens sind es nur wenige in einer Gruppe, die wie UnternehmerInnen denken können. Ich vermute, dass viele Gruppen scheitern, weil es ihnen an unternehmerischem Denken und Handeln fehlt.

Gruppen brauchen Leute, die wie Selbstmacher ticken. Deren Energie und Lust auf Handeln ist anders als die Energie von Mitmachern. Damit ein Wohnprojekt gelingt, sind beide wichtig, diejenigen, die mitmachen, und diejenigen, die selbst machen. Wenn sie es schaffen, zusammenzuarbeiten, sich gegenseitig wertzuschätzen und in ihrem Anderssein zu respektieren, ist das eine gute Mischung, die erfolgreich sein kann.

In vielen Wohnprojektgruppen gibt es einen blinden Fleck. Und ich vermute, dass er nicht selten ein Grund fürs Scheitern ist. Gruppen wollen, dass alle, die zur Gruppe gehören, gleich sein sollen, weil dies die einfachste Art ist, zusammenzuhalten und eine Gruppe zu bilden und zu bleiben. Übliche Gruppenatmosphären beruhen auf der Idee, dass es keine Unterschiede zwischen den Mitgliedern geben soll und darf. Denn wenn es sie gäbe, dann würde es kompliziert. Und das soll vermieden werden. Dabei wird fatalerweise die Bedeutung von kompliziert und komplex miteinander verwechselt. Denn komplex wird es in jedem Fall, das ist unvermeidbar. Was aber komplex ist, muss nicht kompliziert sein. Kompliziert wird etwas durch zu schnelle Beurteilung und Bewertung sowie falsche Schlussfolgerung.

Eine weitere Verwechslung ist die von gleich und gleichwertig. Dass alle gleichwertig sind, ist klar. Aber gleich? Sind wir nicht alle verschieden? Liegt der Reichtum von Gruppen nicht vielmehr in ihrer Vielfalt? Und Vielfalt ist Verschiedenheit. Und Verschiedenheit heißt, dass der eine dieses besonders gut kann und die andere jenes. Alle haben Fähigkeiten und alles kann für das Gelingen des Projekts genutzt werden. Wie das aber gehen kann und wie eine Gruppe eine Gruppe bleibt, wenn alle verschieden sein dürfen, ist natürlich nicht einfach zu beantworten. Das bedarf der Reflexion. Die braucht Zeit und Muße und Austausch. Dafür eignet sich der »Dialogprozess«, wie ihn der Quantenphysiker David Bohm entwickelt hat. Im Dialogprozess wird die Kommunikation verlangsamt. Dialogische Kreisgespräche laufen nach bestimmten Regeln ab, nach denen immer nur eine oder einer spricht und alle anderen zuhören und nach denen zwischen den Redebeiträgen Zeit bleibt, um nachzuspüren, was gerade gesagt wurde. Dialogrunden bieten die Möglichkeit, ein Thema miteinander zu erkunden, ohne dass diskutiert wird, ohne Redeliste und ohne, dass jeder Beitrag unmittelbar bewertet und beurteilt wird. Sie werden thematisch nicht geleitet, sondern nur angeleitet. Es gibt einen »Check-in« und einen »Check-out« und jemanden, der auf die Regeln hinweist und dafür sorgt, dass der Rahmen eingehalten und der »Container«, also der Raum, »gehalten« wird, in dem sich die Themen entwickeln und die Teilnehmenden sich öffnen können.

Eine Gruppe mit einem starken Wirgefühl, die vor allem weiß, wie sie dieses Wirgefühl stärken und immer wieder erneuern kann, muss viel weniger Angst haben vor der Entfaltung der individuellen Kompetenzen. Gruppen hingegen, die die Entfaltung der Einzelnen nicht ermöglichen, bremsen sich selbst in ihrer Entwicklung als Gemeinschaft und laufen Gefahr, dass sich zu viel persönliche Frustration bildet. Das wiederum beeinträchtigt die Atmosphäre und hemmt die Lust und die Energie, die möglich werden, wenn alle zufrieden sind.

Aufgaben werden in Gruppen oft so verteilt, dass diejenigen sie übernehmen, die sich dafür melden. Wenn die Gruppe Glück hat, melden sich die Richtigen. Wenn sie aber Pech hat, meldet sich jemand, der die Aufgabe zwar gerne übernehmen möchte, aber keine günstigen Voraussetzungen dafür mitbringt. Die anderen können das zwar sehen, sagen aber nichts dazu, weil sie nicht wissen, wie sie es sagen können, ohne zu verletzen.

Ich war in Gruppen, die an diesen Stellen geschwiegen haben, und jeder hat sich sein Teil gedacht. Alle schienen froh zu sein, dass sich überhaupt jemand gemeldet hat. Aber es war auch allen klar, dass das wahrscheinlich nichts werden kann mit dieser Person. Und nach der Versammlung, im Treppenhaus und auf dem Parkplatz ging es los, da wurde alles gesagt, was gedacht wurde. Leider zur falschen Zeit am falschen Ort. Die Wirkung auf die tatsächliche Angelegenheit ist damit verpufft. Stattdessen hat es viel negatives Gerede über eine Person gegeben, die weiter nichts getan hat, als sich selbst anders zu sehen, als andere sie sehen.

Wenn der falsche Mann, die falsche Frau in Verhandlungen für die Gruppe nach außen geht, kann ein Projekt schnell falsch beurteilt werden und ein Image bekommen, das mehr schadet als hilft. Wenn die anliegende Aufgabe und die Person, die sich dafür meldet, nicht zusammenpassen, geht das immer nach hinten los.

Die Alternative zum Selbstmelden ist, dass die Gruppe gemeinsam herausfindet, welche Anforderungen eine bestimmte Aufgabe stellt und sich dann die Mühe macht, offen miteinander darüber zu beraten, wer aus der Gruppe am besten für diese Aufgabe geeignet ist, wem die Gruppe die Aufgabe am ehesten zutraut und wem sie diesbezüglich vertraut. Dazu hat die »Soziokratie« eine Methode entwickelt, die sich in Wohnprojektgruppen sehr bewährt. In moderierten Kreisversammlungen werden mehrere Meinungsrunden durchlaufen. Anschließend findet – wiederum in mehreren Runden, in denen jede und jeder die Möglichkeit hat, sich zu äußern – eine offene Wahl statt. So kann gewährleistet werden, dass

Personen die Aufgaben für das Projekt übernehmen, die zu ihnen passen, womit der Gruppe der beste Dienst erwiesen wird. Ein Nebeneffekt der offenen soziokratischen Wahl ist, dass die Gewählten auf diese Weise erfahren, was die Gruppe ihnen zutraut und wie groß das Vertrauen ist, das ihnen entgegengebracht wird. Das Zutrauen und das Vertrauen der Gruppe wiederum sind für alle Sprecher und Vertreterinnen von Gruppen enorm wichtig, weil sie bestärkend wirken.

Ein weiterer Aspekt, an dem aus meiner Sicht viele Wohnprojektgruppen scheitern, hat mit Hierarchie zu tun. In der Szene wird Hierarchie abgelehnt. Niemand soll das Sagen haben. Durch Kompetenzen Einzelner stellt sich allerdings fast zwangsläufig immer wieder Hierarchie her, für Momente, für Themen, für Aufgaben, für Lösungen. Wenn aber Hierarchie vermieden werden soll, können vorhandene Kompetenzen nicht angesprochen und schon gar nicht abgerufen werden. Das wiederum führt dazu, dass Einzelne sich ständig zurückhalten mit dem, was sie können, und das wiederum bewirkt, dass im Lauf der Zeit der eine oder die andere einfach die Lust verliert. Denn wenn man sich immer zurückhalten muss, um dazuzugehören, macht es auf Dauer keinen Spaß.

Projektlerinnen und Projektler dürfen keine Angst vor großen Summen haben. Wenn es um Immobilien geht und ums Bauen von Wohnprojekthäusern, geht es immer um mehrere Millionen Euro. Um solche Summen überhaupt denken zu können und mit ihnen verantwortlich umzugehen, braucht man Selbstbewusstsein und bestimmte Kenntnisse, man muss rechnen können und wissen, wie das Finanzsystem funktioniert. Eine Gruppe, in der diese Kompetenzen nicht vorhanden sind, muss sich das klarmachen und möglichst frühzeitig dafür sorgen, Finanzkompetenz einzukaufen. Wenn sie das nicht tut, wird sie scheitern.

Manche Gruppen sind schlau und holen frühzeitig Mediatoren oder Mediatorinnen dazu, weil sie davon ausgehen, dass Konflikte unvermeidbar sind. Manche machen auch Supervision. Andere lernen Methoden, wie sie miteinander kommunizieren können ohne sich gegenseitig zu kränken. Manche Gruppen kümmern sich sehr darum, dass ihre Art des Miteinanders wertschätzend und die Atmosphäre wohlwollend ist. Andere kümmern sich überhaupt nicht ums Miteinander, sondern nur um Grundstücke und Architektenpläne und die Größe der Waschbecken und den Quadratmeterpreis des Fußbodenbelags.

Es gibt viele Möglichkeiten, mit einer Wohnprojektgruppe zu scheitern, sowohl gemeinsam als auch individuell. Ich bin in den letzten fünf Jahren auf beide Arten und mehrmals gescheitert. Ohne diese Erfahrungen hätte ich dieses Buch nicht geschrieben. Ich wäre nicht motiviert gewesen, durch die Republik zu reisen, Interviews zu machen und denen zuzuhören, die es geschafft haben. Ich bewundere sie alle. Weil sie durchgehalten und ihr Ziel erreicht haben. Ich bin beeindruckt und beglückt, wenn ich die einzelnen Entstehungsgeschichten höre, wenn ich höre, wie die Leute gekämpft, Konflikte überwunden und kreative Lösungen gefunden haben. Ich bewundere ihren Mut.

Bei allen, die es nicht geschafft haben, geht mein Herz auf. Ich weiß, wie enttäuschend, frustrierend und traurig es sein kann, wenn es an einer bestimmten Stelle nicht weitergeht. Allen, die gescheitert sind, ist dieses Buch gewidmet. Sie sind Teil der sozialen Bewegung der gemeinschaftlichen Wohnprojekte, auch wenn sie ihr Ziel bisher nicht erreichen konnten. Sie haben es zumindest versucht. Und wer weiß, ob es nicht doch noch für die eine oder den anderen mit einer anderen Gruppe klappen wird. Ich kenne Menschen, denen das Scheitern der einen Gruppe als Sprungbrett diente, um in der anderen zu landen. Ich hätte sehr gerne ein Interview mit einer Frau oder einem Mann über die Erfahrung ihres oder seines Scheiterns geführt, aber ich habe dafür niemanden gefunden. Scheitern wird mit Versagen gleichgesetzt, Scheitern erzeugt Scham. Es ist viel einfacher, über Erfolge zu sprechen und über das, was man geschafft hat, als über das, was man nicht geschafft hat.

Scheitern kann passieren. Aber Angst davor haben? Nein.

Frustration garantiert

In einer Wohnprojektgruppe ist Frustration garantiert. Ärger, Wut und Enttäuschung sind ebenso garantiert. Früher oder später werden diese Gefühle im Gruppenprozess auftauchen. Dann kommt es darauf an, wie jeder und jede Einzelne damit umgeht.

»Wenn sich alle vernünftig verhalten, brauchen wir keinen Gruppenprozess.« Diesen Satz sagte ein Projektbewohner, der sich ausschließlich an harten Daten und Fakten orientiert und alles andere als »unvernünftig« bezeichnet. Ein anderer Satz, den ich gehört habe, lautet: »Gefühle sind meine Privatsache, die gehen nur mich und meinen Partner etwas an.« Aber wie soll denn ein ausbalanciertes Miteinander zustande kommen, wenn Gefühle nur hinter verschlossenen Türen und in der Intimität gelebt werden? Dann fehlt doch etwas. Dann sind diejenigen, die ihre Gefühle für zu Hause aufheben, nur halb dabei.

Die Gruppen, an denen ich aktiv beteiligt war, taten sich schwer mit dem Umgang mit Gefühlen in der Gruppe. Ich schließe mich da nicht aus. Wir haben wenig Erfahrung damit, im öffentlichen Raum mit unseren eigenen Gefühlen und mit denen der anderen sensibel umzugehen. Sogenannte Sachlichkeit ist der sicherere Boden und auf ihm kann man so tun, als gäbe es keine Gefühle.

In Wohnprojekten und Wohnprojektgruppen löst sich durch die Wirkung von Nähe und Verbundenheitsgefühlen die Trennung von privatem und öffentlichem Raum auf. In den Workshops der Wohnschule haben wir immer wieder darüber gesprochen, dass jede und jeder das richtige Maß von Nähe und Distanz finden muss. Das ist ein Prozess, der individuell stattfindet, aber auch Teil der Gemeinschaftsbildung ist. Wie aber bildet sich die Gemeinschaft?

Ich würde sagen, Gemeinschaft bildet sich nicht automatisch, nur weil man zusammen arbeitet und plant und sich zu Arbeitskreisen trifft und danach ein Bier trinken geht. Gemeinschaft hat viel mit Vertrauen zu tun. Und mit der Idee, sich selbst zu zeigen: ganz und gar echt zu sein, offen und ehrlich.

Der Gedanke, Gefühle seien Privatsache, ist für die Dynamik von Gruppenprozessen tödlich. Genau wie die Idee, Gefühle seien nicht wichtig. Oder Gefühle seien hinderlich, wenn es um Daten und Fakten geht. Oder Gefühle seien nur etwas für Frauen. Oder Gefühle würden klares Denken verhindern. Gefühle sind Gefühle sind Gefühle, und sie sind immer und überall da, solange wir atmen, ob wir wollen oder nicht. Ob wir sie wahrnehmen und welche Bedeutung wir ihnen geben und wie wir mit ihnen umgehen, sind Entscheidungen, die jede und jeder für sich selbst treffen muss. Mich jedenfalls frustriert es, wenn ich Teil einer Gruppe bin und einzelne in der Gruppe ihre Gefühle vorenthalten.

Andere sind wegen anderer Dinge frustriert. Zum Beispiel, weil das Protokoll des letzten Treffens wieder einmal nicht pünktlich ins Netz gestellt wurde; weil der Architekt den Termin nicht einhält und die Pläne zum x-ten Mal nicht korrigiert hat. Frustration und Ärger gehen Hand in Hand. Manchmal kommt noch Wut dazu. Das alles ist garantiert, wenn man sich auf den Realisierungsprozess eines Wohnprojekts einlässt.

Wie wir mit Frustration, Ärger oder Wut umgehen, wie wir sie vielleicht transformieren können, das sind Fragen, die aus meiner Sicht ihren Platz in einer Projektgruppe haben sollten. Denn der Umgang mit Gefühlen bestimmt die Atmosphäre des Miteinanders.

Organisieren und Gründen

Wohnprojekte gründen sich, indem eine Gruppe von Leuten einfach loslegt. Sie treffen sich und sitzen um einen Wohnzimmertisch der einen oder um einen Küchentisch des anderen herum und fangen an, das Thema zu sondieren. Dabei wird meist schnell klar, dass es um viele verschiedene Fragen geht, die zu berücksichtigen sind. Wie geht Gemeinschaftsbildung? Wie finden wir ein Grundstück? Welche Rechtsform geben wir uns? Wie finden wir ein Architekturbüro? Wer hat Kontakt zur Presse? Wer kennt jemanden aus der lokalen Politik? Kennt jemand jemanden vom Bauamt? Ganz unterschiedliche Bereiche müssen bearbeitet werden. Also kommt der Vorschlag, Arbeitsgruppen zu gründen. Und damit wird der erste Schritt in eine Organisationsform getan, ohne dass genau überlegt wurde, wie diese Organisation aussehen soll. Organisationsentwicklung als Thema steht zu diesem Zeitpunkt jedenfalls nicht auf der Agenda von Initiativgruppen.

Nicht nur Wohnprojektgruppen schlittern mehr oder weniger unbewusst in ihre Organisationsform, sondern alle Initiativen im freiwilligen Engagement kommen, je nach Anliegen und Gruppengröße, an den Punkt, an dem sie die Arbeit in AGs aufteilen und damit Untergruppen bilden, die Regeln brauchen, wie sie sich aufeinander und auf das Ganze beziehen. Die Fragen, wie Entscheidungen getroffen werden, von wem sie getroffen werden und für wen sie gültig sind, müssen ebenfalls geklärt werden.

Meine Freundin Marie kennt sich gut aus mit den vielen Fragen in Gründungsphasen. Sie ist promovierte Juristin und Mitgründerin der Unternehmensberatung für Frauen und soziale Einrichtungen Geld & Rosen. Vor einigen Wochen hatten wir ein Gespräch über die Anfangsphase von Wohnprojektgruppen. Ich wollte verstehen, was in den Initiativgruppen passiert, wenn sich beim Gründen der AGs eine Organisationsform bildet, ohne dass diese thematisiert und durchdacht worden ist. Maries Sichtweise ist sehr aufschlussreich:

»Die Anfangsphase eines jeden Projekts ist anarchisch. Das heißt, es gilt das Gesetz des Handelns. Diejenigen, die kommen und Aufgaben übernehmen, handeln und die Ergebnisse dieses Handelns gelten. Wer nicht dabei ist, bestimmt nicht mit. Wer nicht einverstanden ist, versucht zu überzeugen. Auch das ist eine Handlung.

Wenn die Handelnden zugleich die Initiatorinnen und Initiatoren sind, haben sie eine besonders starke Motivation zum Handeln, hinter der das bloße Mitmachenwollen verblasst. Außerdem haben sie womöglich mehr Kenntnisse darüber, was das Handeln fördert und effektiv macht. Die Anfangsphase ist nicht abstimmungsdemokratisch. Sie ist handlungsdemokratisch.

Wenn sich eine Gruppe Regeln gibt, zum Beispiel darüber, wer was machen darf, wer zustimmen muss oder darf, welche Gruppe welche andere Gruppe fragen muss, ist das schon die nächste Phase. In der Regelphase werden Regeln nach den bisherigen Erfahrungen formuliert. Wenn eine Person dazukommt, nachdem schon Regeln aufgestellt sind, muss sie sie beachten. Natürlich kann man von Anfang an bestimmte Kommunikationsregeln befolgen.

Beim Aufstellen der Regeln spielt Macht eine große Rolle. Dabei geht es um den Einfluss auf das Geschehen. Macht ist die Fähigkeit, die Geschehnisse nachhaltig und dauerhaft zu beeinflussen. Daran ist manchen Menschen sehr gelegen. Wenn sie Geld riskieren, sollte ihnen daran gelegen sein!

Vielen Menschen liegt aber nichts an Macht. Sie wollen ihre eigenen Erfahrungen einbringen, diese selbst würdigen und gewürdigt wissen. Das ist eine sehr starke Motivation. Es ist eines der von Cyril Northcote Parkinson formulierten Gesetze, dass Menschen sich auf Feldern engagiert beteiligen, auf denen sie bereits Erfahrungen gesammelt haben. Parkinson führt das Beispiel an, dass in einem Gemeinderat die Baugenehmigung für einen Atomreaktor in null Komma nichts erteilt wird, weil niemand etwas davon versteht, während die Debatte um den Fahrradschuppen für die Belegschaft Stunden dauert und dann an einen Ausschuss verwiesen werden muss. Alle fahren Fahrrad und haben Vorstellungen von Schuppen! So ist es auch bei Projekten. Bei einem Thema, zu dem es viele persönliche Erfahrungen gibt, wollen alle mitreden. Bei anderen, zu denen kaum Erfahrungen existieren, beispielsweise wenn es um Genossenschaftsgründungen geht, sind alle mit dem Ergebnis der AG einverstanden.«

Der Weg von der Initiativgruppe in eine Organisationsstruktur ist nicht vorgeschrieben, aber unvermeidbar, wenn die Gruppe weitergehen will. Wenn alle immer alles besprechen wollen, ist es nicht verwunderlich, wenn sich diese Gruppe irgendwann wegen Überforderung auflöst.

Spätestens wenn die Frage nach der Rechtsform auftaucht, die die Gruppe sich geben will, wird es mit dem Gründen ernst und es tauchen Fragen wie die folgenden auf: Wollen wir einen Verein gründen? Brauchen wir einen Verein? Wozu brauchen wir ihn? Wollen wir die Gemeinnützigkeit haben? Wohnen ist kein gemeinnütziger Zweck, welche weiteren Ziele, außer dem, zusammenzuwohnen, verfolgen wir also?

Gruppen, die mieten wollen, müssen sich eine juristische Form geben, denn wenn es um Verhandlungen mit anderen geht, zum Beispiel mit dem Investor, oder um Kooperationsverträge, geht das nur als Gruppe, die einen Verein oder eine GbR oder eine andere juristisch anerkannte Form angenommen hat. Gruppen, die Eigentum wollen, fragen sich: Wollen wir eine Genossenschaft gründen? Wäre das die Rechtsform, die uns entspricht, in der es kein privates, sondern gemeinsames Eigentum gibt? Wie kriegen wir die Gründung hin? Wo gibt es Beratung? Oder wollen wir, dass jede und jeder seine oder ihre eigene Wohnung besitzt, und eine WohnungseigentümerInnengemeinschaft werden? Um diese Fragen klären zu können, braucht es meist professionelle Beratung. Beratungsangebote findet man im Internet oder man erkundigt sich bei anderen Projektgruppen, die schon weiter sind.

Gründen ist wie Grundsteinlegen. Mit dem Gründen findet eine neue Konkretisierung statt. Spätestens beim Gründen wird aus der Initiativgruppe eine Wohnprojektgruppe. Wichtig ist, den Zeitpunkt des Gründens nicht zu verpassen. Daher: gründen, gründen, gründen!

Eine selbstgegründete Gruppenformierung ist anfangs wild und unterliegt einer anderen Dynamik als offizielle Organisationen mit Statuten und Regeln. Gleichwohl kann sich auch die wilde Organisation Regeln geben, auch Regeln darüber, was passiert, wenn die Regeln nicht eingehalten werden. Sie kann sich sozusagen selbst domestizieren. Und genau das machen die meisten Initiativen auch.

Ich bin immer wieder erstaunt, wie viel Zeit Männer und Frauen, in ihr Projekt zu stecken bereit sind. Und alles ehrenamtlich. Ich bin auch erstaunt darüber, dass ihre Leistungen üblicherweise als privates und nicht als gesellschaftliches Engagement gesehen werden. Viele der Aktiven sehen das übrigens selbst auch so.

Ich habe mit Heide Wroblewski über ihr jahrelanges Engagement gesprochen. Sie sagte, sie habe nie so viel gearbeitet wie in diesen Planungsjahren. Und dass sie dafür gar nicht bezahlt werden wollte – auch, um sich vor Kritik zu schützen. Ihr Standpunkt war: »Ich mache das, so gut ich kann, ich bin eben kein Profi.« Heide sagt, sie habe sich bei allem, was sie getan hat, auf ihre Gefühle und ihren gesunden Menschenverstand verlassen. Im August 2018 habe ich sie gefragt, ob sie das alles wieder genauso machen würde – und das würde sie.

Wie geht Gemeinschaft?

Ich weiß nicht, wie Gemeinschaft geht. Und ich glaube, letztlich weiß das niemand so ganz genau. Ich habe in Wohnprojektgruppen, die noch in der Planungsphase waren, häufig gefragt: »Wie ist es bei euch um die Gemeinschaft bestellt?« Die Antwort war meistens: »Die kommt schon, wenn wir erst einmal zusammen wohnen.« In einigen Gruppen habe ich nachgefragt, nachdem das Haus fertig gebaut war und die Gruppe eingezogen war. Die Antworten waren dann ganz unterschiedlich. Bei vielen läuft es gut, sie sind zufrieden mit dem nachbarschaftlichen Zusammenleben. Die Bewohnerinnen und Bewohner achten aufeinander und helfen sich gegenseitig. Manche empfinden es als schön, dass Geburtstage gemeinsam begangen werden oder dass es gemeinsame Spieleabende gibt. Andere berichten, dass es nicht so gut läuft, dass sie andere Vorstellungen von der Gemeinschaft hatten. Sie sind von ihren Mitbewohnerinnen und Mitbewohnern genervt, vermissen Ruhe und Zeit für sich selbst. Einige sind sich unsicher, ob sie dauerhaft in ihrem Wohnprojekt bleiben wollen.

Offensichtlich wird Gemeinschaft ganz unterschiedlich wahrgenommen, interpretiert und auch definiert. Die einen meinen, zusammen zu sein, etwas zusammen zu tun, zusammen zu wohnen, zu wandern, zu kochen, das alles wäre Gemeinschaft. Und andere meinen, Gemeinschaft sei etwas, das tiefer gehe, das mehr sei als nur etwas zusammen zu unternehmen oder zusammen auf einem Flur zu wohnen, zusammen zu kochen und zu essen.

Aber für alle, die ich gefragt habe, hat Gemeinschaft etwas mit einem Gefühl zu tun. Mit dem Gefühl, dazuzugehören. Das Messinstrument für Gemeinschaft ist offensichtlich die Intensität des

Zugehörigkeitsgefühls. Gefühle sind immer subjektiv und beruhen auf individueller und persönlicher Wahrnehmung und der Interpretation dieser Wahrnehmung. Womit klar ist: Was für die einen Gemeinschaft ist, ist für die anderen lediglich eine lose Gruppe oder einfaches Zusammensein.

Die Frage ist: Gibt es eine Deutung des Begriffs Gemeinschaft, der unabhängig ist vom subjektiven Zugehörigkeitsgefühl?

In einer wissenschaftlichen, nämlich soziologischen beziehungsweise ethnologischen Perspektive wird unter »Gemeinschaft« eine soziale Gruppe verstanden, deren Mitglieder durch ein Wirgefühl miteinander verbunden sind und die sich gegenüber Außenstehenden abgrenzt, weshalb ein Ausscheiden aus der Gemeinschaft mitunter schwierig ist oder als verwerflich gilt. Gemeinschaften können dabei freiwillige und unfreiwillige Mitglieder haben. Sie verfolgen ein Eigeninteresse, das sich aus den Zielen ihrer Mitglieder ergibt.

Die Gemeinschaft eines Wohnprojekts besteht aus freiwilligen Mitgliedern, sie entwickelt ein Eigeninteresse und zieht eine Trennungslinie zwischen »uns« und »den anderen«, womit sie sich gegen Außenstehende abgrenzt. Das würde erklären, wieso Wohnprojektgruppen, spätestens wenn sie zusammengezogen sind, oft sehr auf sich selbst bezogen agieren. Manchmal sieht es so aus, als würde sich das Wir in ein Gruppen-Ich verwandeln und die Gruppe sich als ichbezogene Gemeinschaft zur Welt verhalten, wie ein ichbezogener Mensch zu den anderen. Vielleicht ist dieses Verhalten einer Gruppe, die endlich zusammen wohnt, aber auch notwendig, damit das Innere der Gemeinschaft stark werden kann. Vielleicht aber ist es ein Zeichen dafür, dass sie sich tatsächlich nicht für das Draußen interessiert, sondern sich selbst genug ist.

Jedenfalls ist Zugehörigkeit mit einem Gefühl verbunden. Sie ist aber auch eine Entscheidung. Und diese Entscheidung beruht auf zwei Seiten. Denn ich muss mich für die Zugehörigkeit zu den anderen entscheiden, die anderen müssen sich aber umgekehrt auch für meine Zugehörigkeit zu ihnen entscheiden. Also muss miteinander geredet werden. Die Kommunikation ist meines Erachtens der Dreh- und Angelpunkt für alle gemeinschaftlichen Wohnprojekte. Meiner Beobachtung nach funktionieren die Gemeinschaften am besten, in denen jede und jeder Einzelne im vielfältigen Beziehungsgeflecht seinen beziehungsweise ihren Platz findet und sich sicher und zugehörig fühlen kann.

Ein gelingendes Gemeinschaftsleben braucht Bewusstheit. Es braucht Einigkeit über das gemeinsame Anliegen und die gemeinsame Ausrichtung. Es braucht zudem Klarheit darüber, wie alle miteinander umgehen wollen. Es braucht Abmachungen, Regeln, Methoden und Möglichkeiten zur Selbstentfaltung.

»Vielfalt« ist ein Wort, das in der Wohnprojekteszene häufig und gern benutzt wird. Alle wollen Vielfalt. Die Frage ist, ob alle unter Vielfalt dasselbe verstehen. Ich habe erlebt, dass Gruppen meinen, Vielfalt sei es, wenn Mitglieder aus anderen Ländern dabei sind, wenn Leute mit Handicaps dazugehören. Dabei ist Vielfalt immer gegeben, wenn sich mehrere Menschen treffen, auch wenn äußerlich nichts auf besondere Unterschiede hinweist. Zum guten Gelingen von Gemeinschaft gehört, mit jeder Art von Vielfalt umgehen zu lernen, mit äußerlicher wie mit innerer Vielfalt.

Ich habe Thomas Bebiolka und Kathleen Battke, die seit neun Jahren im Wohnprojekt Amaryllis in Bonn wohnen und die ZukunftsPioniere GbR gegründet haben, auch gefragt, ob sie wüssten, wie Gemeinschaft geht. Kathleen sagt dazu: »Ich weiß immer wieder nicht, wie Gemeinschaft geht. Aber ich meine zu wissen, wie sie gehen könnte.« Für sie ist Gemeinschaft nichts Gegebenes und nichts Dauerhaftes, sondern ein steter Prozess.

Wenn die Alten alt aussehen

Die derzeitige politische und gesellschaftliche Devise für das Wohnen im Alter lautet, dass die Menschen so lange wie möglich zu Hause wohnen können sollen – schließlich sei es das, was sich die meisten alten Menschen wünschen. Der Fokus wird gelegt auf »Wohnenbleiben im Bestand« oder »Altersgerecht umbauen«. Was bei diesem Denkansatz außer Acht gelassen wird, ist der sozialpsychologische Aspekt von Lebenssituationen alter Menschen und die Einsamkeit, die Alleinwohnen mit sich bringt, wenn die Mobilität nachlässt.

Natürlich wünschen sich viele alte Menschen, zu Hause wohnen bleiben zu können. Niemand wünscht sich schließlich, ins Altenheim zu gehen. Niemand will ins Pflegeheim oder ins betreute Wohnen. Aber wie fielen wohl die Antworten aus, wenn es andere, attraktive Alternativen gäbe? Was wäre, wenn die bereits realisierten Wohnprojekte als Beispiel dienten, an denen sich Politik und Wohnungswirtschaft orientieren können? Wenn Möglichkeiten geschaffen würden, in denen selbstbestimmte Strukturen wachsen könnten und selbstorganisierte Projekte gefördert würden? Wenn sie unterstützt würden mit Grundstücken, die im Erbbaurecht vergeben werden? Wenn sie mithilfe professioneller Projektentwicklung gefördert würden? Vielleicht würden alte Leute dann die Frage nach ihren Wünschen fürs Wohnen ganz anders beantworten. Vielleicht würden sie dann sagen, dass sie sich auf ihren Umzug ins Wohnprojekt freuen und auf die Leute, mit denen sie dort zusammen wohnen werden.

Die meisten Projektgruppen wollen Jung und Alt mischen und ein Mehrgenerationenprojekt sein. Dabei ist es offensichtlich, dass die Altersgruppe, die am stärksten an Wohnprojekten interessiert ist, die Gruppe älterer alleinlebender Frauen ist. Ich kann mich noch gut an einen Wohnschulen-Workshop erinnern. Das war Anfang 2013. In der Kölner Melanchthon-Akademie ging es ums Wohnen im Alter. Es war klar, dass nur Leute kommen würden, die nicht mehr berufstätig sind. Der Raum war gut gefüllt – ausschließlich mit Frauen. »Wo sind die Männer?«, fragte eine der Frauen in die Runde und eine andere antwortete: »Im Baumarkt.« Alle haben gelacht.

Viele der alleinlebenden älteren Frauen haben, als sie jung waren, Neues ausprobiert und sich emanzipiert. Sie haben mit herkömmlichen Rollenbildern und gewohnten Lebensmodellen gebrochen und tun das im Alter wieder. In der Frauenbewegung der 1970er-Jahre haben sie gelernt, wie Selbstermächtigung geht und wie sich Initiativen selbst organisieren und selbst verwalten. Sie sind also gut vorbereitet auf den Aspekt der Selbstgründung einer Wohnprojektgruppe. Mehrgenerationenprojekte wollen üblicherweise eine Zusammensetzung aus einem Drittel Jungen, einem Drittel Mittelalten und einem Drittel Alten. Das Kontingent der Alten ist überall am schnellsten voll. Und zwar mit Frauen. Das führt dazu, dass manche ältere Frauen, die gern in einem gemeinschaftlichen Wohnprojekt wohnen würden, in ihrer Stadt von Gruppe zu Gruppe wandern und hoffen, irgendwo mitmachen zu können.

Die Alternative wäre, selbst eine Gruppe zu gründen. Die von älteren Frauen gegründeten Wohnprojektinitiativen sind aber, das ist meine Erfahrung, oft nicht erfolgreich. Das hat verschiedene Gründe. Oft bleiben die Frauen unter sich, selbst wenn sie offen sind für Männer. Weil sich die Männer eben nicht fürs Wohnen in Gemeinschaft zu interessieren scheinen. Oft fehlen in diesen Frauengruppen die technischen Kompetenzen, die für die Realisierung eines Wohnprojekts notwendig sind. Wenn das zu spät erkannt wird und daraus nicht die richtigen Schlüsse gezogen werden, ist die positive Anfangsenergie schnell aufgebraucht. Ein weiterer Grund für die geringen Chancen auf Erfolg ist, dass unter Frauen das Zwischenmenschliche meist sehr viel höher bewertet wird als technische Themen, dementsprechend wird diesem Aspekt viel mehr Aufmerksamkeit und Zeit gewidmet, womit der Realisierungsprozess eines gemeinschaftlichen Wohnprojekts in ein fatales Ungleichgewicht kommt. Dabei mangelt es nicht an Fähigkeiten. Im Gegenteil: Die Frauen bringen ihre ganze Lebenserfahrung und ihre beruflichen Kompetenzen mit. Diejenigen dieser Generation, die die klassische Rollenverteilung gelebt haben und Hausfrauen waren, finden alleine nicht den Weg zu Wohnprojektgruppen. Sie kommen nur, wenn der Mann dabei ist. Wenn berufliche Kompetenzen mit Lebenserfahrung zusammenkommen, ergibt sich eine Gemengelage mit viel Potenzial. Damit dieses Potenzial freigesetzt wird und für das gemeinsame Anliegen genutzt werden kann, braucht es jedoch einen entspannten Umgang mit temporärer und thematisch legitimierter Hierarchie. Meine Erfahrung ist aber, dass gerade in Frauengruppen die Ablehnung von Hierarchien jeglicher Art sehr groß ist.

In der Wohnprojekteszene haben, wie in der Gesellschaft überhaupt, diejenigen am wenigsten Chancen, die nicht nur alt, sondern zugleich auch arm sind. Am schwierigsten ist selbstbestimmtes und selbstorganisiertes gemeinschaftliches Wohnen zweifelsohne für arme alte Frauen. Dabei wären oft diese Frauen wunderbare Nachbarinnen, weil sie das Zwischenmenschliche nicht nur hoch bewerten, sondern auch gut können. Sie bringen viel Lebenserfahrung mit im Aufeinanderachten und Sich-gegenseitig-Helfen. Gerade weil sie so viel Erfahrung haben im Sichkümmern um andere, haben sie im Alter oft so wenig Geld. Sie haben oft viele Lebensjahre damit verbracht, Kinder großzuziehen und Eltern zu pflegen. Dafür haben sie keinen Lohn erhalten und nichts in die Rentenkasse eingezahlt. Care-Arbeit gilt immer noch nicht als Arbeit.

Die Armut dieser Frauen ist oft nicht zu erkennen. Sie legen Wert darauf, dass man ihnen nicht ansieht, wie wenig Geld sie haben. Einige Frauen aus meinem Bekanntenkreis haben im Alter viel weniger Geld als jemals zuvor in ihrem Leben. Sie haben sich nach den Jahren mit Kindern und Ehemännern sehr gut alleine durchgeschlagen. Oft in kreativen Berufen und selbstständig. Aber als mit knapp über 60 die Aufträge ausblieben oder der Mietvertrag der Wohnung wegen Eigenbedarf gekündigt wurde, die Praxisräume mit 75 aufgegeben wurden und die Einnahmen ausblieben, fing es an knapp zu werden. Einige haben gut gewirtschaftet und können eine Zeit lang von ihrem Kapital leben, andere aber haben nichts auf der hohen Kante und leben von einer kleinen Rente.

Arme Menschen sind froh, wenn sie die Miete bezahlen können. Sie ist der größte Kostenfaktor. Schließlich müssen alle wohnen. Da kommen die gemeinschaftlichen Wohnprojekte ins Spiel: Was wäre, wenn sich eine Projektgruppe mit einem dieser Architekten zusammentäte, die gerade das Bauen revolutionieren? Die so bauen, dass die Mieten günstig sein können. Wenn die Städte und Gemeinden wieder die Rolle der Bauherren übernähmen? Wenn so gebaut würde, dass Mieten wieder bezahlbar werden?

Gemeinschaftsräume

An einigen Wohnungstüren stecken außen Schlüssel. Mein unmittelbarer Impuls ist zu klingeln und Bescheid zu sagen: »Sie haben Ihren Schlüssel draußen stecken lassen.« Es dauert immer ein paar Sekunden, bis mir klar wird: Die sind anders, hier im Wohnprojekt. Was noch anders ist, sind die Gemeinschaftsräume. »Ohne Gemeinschaftsräume kann es kein Gemeinschaftsleben geben«, sagte Heide Wroblewski, als sie mich durch die Häuser des Wohnprojekts im Quartier am Albgrün in Karlsruhe führte. Sie erzählte mir, dass das Projekt im Jahr 2012 einen mit 5.000 Euro dotierten Preis bekommen hat – und dass es ganz klar war, dass dieses Geld für die Gemeinschaftsräume verwendet werden sollte.

Im Beginenhof in Köln habe ich schon oft an Veranstaltungen teilgenommen. Der Gemeinschaftsraum ist groß und hell und lässt sich mit einer Schiebetür in zwei Räume teilen. In einer Ecke steht ein Flügel, an der Wand hängen Bilder einer Ausstellung, in der anderen Ecke steht ein Flipchart, daneben ein Beamer auf einem Medientisch. Auf einer Seite gibt es eine Küchenzeile mit allem, was nötig ist, um zu kochen, und es ist reichlich Geschirr in den Schubladen, um die Tische decken zu können. Die Möbel: kleine runde Tische mit roten und weißen Stühlen und in der anderen Hälfte des Raums Stühle und eckige Tische aus Holz, die zu unterschiedlichen Formen zusammengestellt werden können. Viel Glas, viel Licht und drei Türen, die nach draußen auf die Terrassen führen. Im Interview berichtet Christine Müthrath, dass den Frauen des Beginenhofs große Gemeinschaftsräume sehr wichtig waren und dass sie bereit waren, dafür kleinere Wohnflächen in Kauf zu nehmen.

Frank Nitzsche, Vorstand der Möckernkiez-Genossenschaft in Berlin, erzählt, welche Lösung gefunden wurde, um doch noch Gemeinschaftsräume zu schaffen, obwohl schon alles geplant war und Gemeinschaftsräume vom Plan gestrichen worden waren. »Ja, aber wir wollen hier Gemeinschaftsräume. Lasst euch etwas einfallen, lieber Vorstand!«, so zitiert Frank Nitzsche die Reaktion der Hausbewohnerinnen und Hausbewohner darauf, dass kein Raum vorgesehen war, in dem alle zusammenkommen können. Die Lösung wurde gefunden, indem geplante Gewerbeflächen umgewidmet wurden.

Gemeinschaftsräume werden von allen genutzt und von allen gemeinsam finanziert. Die Frage ist, wie das praktisch umgesetzt werden soll: Zahlt jeder und jede denselben Betrag? Zahlen diejenigen, die mehr Geld haben, mehr? Wird der Betrag für die Gemeinschaftsräume nach den Wohnflächen berechnet? Oder gibt es einen anderen Schlüssel, um die Erstellungskosten, die Kosten für die Einrichtung und die laufenden Kosten zu tragen? Gibt es einen Nutzungsplan? Wer oder was hat Vorrang? Wer bestimmt darüber?

Leben in einem Gemeinschaftlichen Wohnprojekt heißt eben nicht nur, nachbarschaftlich vertraut nebeneinander wohnen, sondern auch, Gemeinschaftsleben gestalten, aktiv daran teilnehmen und die Bedingungen dafür herstellen. Gemeinschaftsräume spiegeln das Gemeinschaftskonzept jeder einzelnen Gruppe wider. Bei aller Verschiedenheit der Gestaltung und des Verständnisses von Gemeinschaft – allen Projekten ist eines besonders wichtig: zusammen zu essen und zu trinken. Ich habe kein Wohnprojekt gesehen, in dem es keine Gemeinschaftsküche gab.

Die vom anderen Stern

Die anderen. Sie haben dasselbe Anliegen. Sie sind Mitglieder, wie man selbst. Sie gehören dazu, wie man selbst. Aber sie scheinen manchmal von einem anderen Stern zu kommen. Manchmal benutzen sie Begriffe, die man selbst nie benutzen würde. Manchmal stellen sie Zusammenhänge her, die man selbst so nie herstellen würde. Manchmal lachen sie über Sachen, die man selbst nicht lustig findet. Und dennoch: Alle gehören zur selben Gruppe und wollen dasselbe und engagieren sich für dasselbe. Wie funktioniert das?

Es hat ein paar Jahre gedauert, bis mir das Phänomen derer »vom anderen Stern« bewusst geworden ist. Wer denkt schon an einen anderen Planeten, wenn er sich einer Gruppe anschließt, in der lauter Leute sind, die dasselbe wollen wie man selbst, nämlich ein gemeinschaftliches Wohnprojekt planen und realisieren? Dabei ist das Phänomen in der gesamten Wohnprojektszene zu beobachten. Es tritt in unterschiedlichen Zusammenhängen zutage. Ich will den Versuch unternehmen, es zu beschreiben.

Das Phänomen entsteht durch Verschiedenheiten, die nicht einfach auszumachen sind. Sie sind nicht auf den ersten und oft auch nicht auf den zweiten Blick zu erkennen. Da gibt es einerseits diejenigen in der Gruppe, die gut technisch denken können. Von Beruf sind sie oft Ingenieure, Architektinnen, Banker oder Juristinnen. Sie sind bestens ausgerüstet, um alles denken zu können, was mit Bauen zu tun hat, und sie lieben es, mit harten Fakten zu operieren. Höhen, Weiten, Tiefen, Quadratmeterpreise, Finanzierungssysteme, Rechtsformen, Gesetze, Statuten – alles Themen, die für die Realisierung eines Wohnprojekts enorm wichtig sind.

Dann gibt es die anderen. Das sind die, deren Denken um den Menschen an sich kreist. In Wohnprojektgruppen denken sie vor allem an Gemeinschaft und Wirkultur. Aber auch an die Einzelnen, an Männer, Frauen, Kinder, Junge, Alte, Rollstuhlfahrerinnen, Ausländer. Ihre Welt hat mit dem Seelischen zu tun und mit Themen wie Achtsamkeit und Wertschätzung, mit Alltagsleben, Fürsorge, Kümmern und Miteinander. Sie sind häufig Lehrerin, Psychologe, Sozialarbeiterin, Erzieher oder Altenpflegerin. Sie haben Berufe, die mit Menschen zu tun haben. Die Fakten, mit denen sie operieren, sind weich.

Ich will keine Menschen typisieren, sondern ein Phänomen beschreiben, das sich durch die Wohnprojekteszene zieht und zu Konflikten führt, solange es unerkannt bleibt. Ich habe erlebt, wie eher technisch denkende Gruppenmitglieder einen Konflikt umdefiniert und ihn zu einem Problem erklärt haben. Die Folge davon war fatal. Denn die Lösung eines Problems verlangt eine ganz andere Strategie als die Lösung eines Konflikts. Umgekehrt wäre es natürlich genauso fatal, wenn ein Problem umgedeutet würde zu einem Konflikt. Dazu tendieren diejenigen, die vom Stern der eher psychosozial Denkenden kommen. Aber: Ein Konflikt ist ein Konflikt, und ein Problem ist ein Problem.

Die Unterschiede, die ich hier beschreibe, habe ich erst durch das Mitmachen in Wohnprojektgruppen zu erkennen gelernt. Durch Erfahrung. Durch Frustration und Enttäuschung. Durch Nachdenken, Recherchieren, Lesen und indem ich Workshops besucht habe.

Es ist natürlich längst klar geworden: Ich bin vom Stern der weichen Fakten. Ich denke eher psychosozial als technisch. Meine Welt sind Kreisgespräche, gewaltfreie Kommunikation, Dialogprozesse und Feedback-Kultur. Ich könnte Seiten füllen mit Aspekten, die mir für das erfolgreiche Umsetzen gemeinschaftlicher Wohnprojekte wichtig scheinen – alle aus dem Bereich der »Software«.

Und jemand vom anderen Stern, aus dem Bereich der »Hardware«, könnte ebenfalls Seiten mit technischen Stichworten füllen, die für die Umsetzung eines gemeinschaftlichen Wohnprojekts wichtig sind. Die meisten Bücher, die ich zum Thema »Gemeinschaftliche Wohnprojekte« gefunden habe, wurden übrigens von eher technisch denkenden Menschen verfasst. Das spiegelt die reale Situation der Szene wider: Für weiche Themen ist selten Zeit. Sie kommen oft zu kurz und vieles, was auf der Ebene der Gemeinschaftskultur und der bewussten Kommunikation zum Gelingen des Projekts beitragen könnte, wird liegen gelassen oder auf später verschoben.

Durch die Interviews habe ich gelernt: Wenn technisch Denkende gemeinsam mit psychosozial Denkenden eine Gruppe bilden und es hinkriegen, sich gegenseitig zuzuhören, sich gegenseitig zu respektieren und wertzuschätzen, wenn sie verstehen, dass die vom jeweils anderen Stern wichtig sind, damit das gemeinsame Ziel erreicht werden kann – dann wird es mit dem Wohnprojekt klappen.

Aber wenn diejenigen, die in harten Fakten denken, schnell genervt sind von denen, die in weichen Fakten denken; wenn sie nicht wirklich zuhören; wenn umgekehrt diejenigen, die in weichen Fakten denken, die Argumentation mit harten Fakten ablehnen, wenn die einen die anderen abwerten, ihre Äußerungen für unwichtig halten, ihren Beitrag womöglich sogar als störend empfinden – dann … fast hätte ich geschrieben: dann wird das nichts mit dem Wohnprojekt. Aber das stimmt nicht. Denn die vom Stern der harten Fakten werden es schaffen, ein Projekt zu realisieren. Sie brauchen keine weichen Fakten, um erfolgreich zu sein. Wer technisch denken kann, ist sehr gut für die Kommunikation mit den Profis gerüstet, die zur Umsetzung eines Projekts nötig sind. Denn in der Bauindustrie, in der Finanzwelt, bei den Juristen: Überall treffen sie auf Leute vom selben Stern.

Allerdings ist zu befürchten, dass sie Konflikte zu Problemen umdeuten und sie wie Probleme lösen. Um Konflikte Konflikte sein lassen zu können und sich mit Konfliktlösungen zu beschäftigen, wären Fähigkeiten gefragt, die vom anderen Stern kommen.

Der Unterschied zwischen Problemlösung und Konfliktlösung ist folgender: Ein Problem wird gelöst, indem seine Ursache gefunden und beseitigt wird. Ein Konflikt wird gelöst, indem alle Beteiligten sich gegenseitig zuhören und mutig und ehrlich sagen, was sie denken und fühlen und was ihre Bedürfnisse sind. Denn die Erfahrung zeigt, dass Konflikte sich automatisch auflösen, wenn alle Bedürfnisse nachvollziehbar geworden sind, sowohl die eigenen als auch die von der anderen Seite, wenn sie ausgesprochen und gehört worden sind. Konflikte lösen sich auf der Gefühlsebene, dort, wo sie auch entstanden sind. Um Konflikte zu lösen, muss nichts – aber auch gar nichts – beseitigt werden.

Für Gruppen, in denen überwiegend oder ausschließlich Leute vom Stern der weichen Fakten versammelt sind, sieht es in Sachen Erfolgschancen schlecht aus. Sie machen sich oft erst viel zu spät klar, dass ihre Kompetenzen nicht ausreichen. Sie merken oft nicht, dass sie zu wenig Ahnung haben von dem, was gefordert ist, wenn man ein Wohnprojekt erfolgreich realisieren will. Intelligenz schützt nicht davor, Situationen falsch einzuschätzen. Würden sie frühzeitig erkennen, dass sie die fehlenden Kompetenzen einkaufen müssen, dann wäre die Gefahr des Scheiterns gebannt.

Ich war einmal Teil einer Gruppe von acht Frauen. Wir waren alle um die 60. Wir waren sicher, dass es unsere wichtigste Aufgabe sei, eine tolle Gruppe zu werden. Dass uns Kompetenz gefehlt hat, haben wir zwar irgendwie gespürt, aber wir haben es verdrängt beziehungsweise versucht zu kompensieren, beispielsweise indem wir viel gelesen, uns viele Informationen beschafft, Kenntnisse zu erlangen versucht haben. In der Rückschau erscheint mir das unheimlich naiv. Aber die regelmäßigen Treffen waren schön, interessant, lehrreich und erfüllend. Wir haben uns andere Wohnprojekte angeschaut, haben im Internet recherchiert, haben Konzeptentwürfe geschrieben und Workshops besucht. Es haben sich Freundschaften ergeben, die bis heute halten. Aber als Wohnprojektgruppe waren wir auf dem Holzweg.

Ich kann mich noch genau erinnern, in welcher Situation ich wachgerüttelt wurde und gesehen habe, dass das nichts werden kann: Wir waren alle zusammen bei einem Workshop, in dem es um Themen ging, die beim Realisieren eines Wohnprojekts zu berücksichtigen sind. Als es dann um das Thema Finanzierung ging, hatten alle aus meiner Gruppe etwas anderes vor und sind gegangen. Nur ich blieb. Und das, obwohl mir das Thema Finanzen überhaupt nicht liegt. Ich war geschockt und musste erst einmal mit den anderen Teilnehmern des Workshops aus anderen Gruppen darüber reden, was das für mich bedeutete, dass meine ganze Gruppe gegangen waren. Einer der Teilnehmenden sagte zu mir: »Ich an deiner Stelle würde aus dieser Gruppe rausgehen. Das kann nichts werden.« Mir war natürlich klar: Wer sich nicht mit dem Thema Geld befassen möchte, wird kein Wohnprojekt hinkriegen. Ich habe mich dann aus der Gruppe verabschiedet. Emotional ist mir das sehr schwergefallen.

Die Gruppe hat dann noch über ein Jahr weitergemacht. Andere kamen dazu, die Gruppe hat sich einen Namen gegeben, Statuten für einen Verein wurden entwickelt, ein Flyer wurde gedruckt und verteilt und es wurden ganze Straßenzüge nach leer stehenden Häusern abgesucht. Zudem fuhren alle zusammen hin und wieder nach Holland ans Meer, immer mit der Idee, sich besser kennenzulernen. Irgendwann hörte ich dann, dass sie sich aufgelöst hatten. Auf der letzten Hollandreise war es zum Zerwürfnis gekommen.

Erfolg durch Zuhören

Wir hören ununterbrochen. Denn anders als die Augen, die wir schließen können, sind die Ohren immer offen. Hören passiert einfach. Beim Zuhören aber kommt Zutun dazu. Gerald Hüther führte in einem Vortrag einmal aus, dass man beim richtigen Zuhören ganz auf die andere Person fokussiert ist – nicht auf die Bilder, die man von ihr hat, sondern auf das, was der andere sagt, wie sie sich bewegt, wie er schaut. Man schenkt der anderen Person seine ganze Aufmerksamkeit und das spürt sie und fühlt sich ernst genommen und wichtig. Sie wird gehört und gehört dazu.

Wenn wir die Gemengelage gemeinschaftlicher Wohnprojektgruppen anschauen, sehen wir überall Verschiedenheiten: beim Alter, beim Geschlecht, bei den Rollen, Denkweisen, Kompetenzen und Talenten. Alle Verschiedenheiten müssen zusammenkommen, damit eine Gruppe entstehen kann und im besten Fall eine Gemeinschaft. Das geht nach meiner Überzeugung nur auf der Basis von Zuhören.

Carl Rogers, humanistischer Psychologe, hat den Begriff »Aktives Zuhören« geschaffen. Damit ist gemeint, dass beim Zuhören auch die emotionale und die nonverbale Ebene eine Rolle spielen und eine wohlwollende Haltung dem anderen gegenüber eingenommen wird. Es wird also nicht nur so getan, als würde man zuhören, sondern man will wirklich wissen, was die andere denkt, wie der andere tickt, was die andere fühlt und ihr die ganze Aufmerksamkeit schenken.

Wenn das gelingt, stellt sich als nächstes die Frage, wie eine Gruppe und wie die Einzelnen mit dem Gehörten umgehen. Damit Gruppen überhaupt eine Möglichkeit haben, mit Gehörtem umzugehen, braucht es Moderation. Ohne sie bleibt alles Gesagte einfach so in der Luft hängen und es wird dem Zufall überlassen, was aufgegriffen wird und was nicht. Als Einzelne sind wir es gewohnt, alles, was wir hören, automatisch zu bewerten und zu beurteilen, um es für uns einzuordnen. Unser inneres System kategorisiert alles Gehörte nach seiner – vermeintlichen – Wichtigkeit.

Die Frage ist also: Wie entscheidet eine Gruppe, was wichtig ist und was nicht? Ich erlebe es in Gruppen immer wieder, dass einzelne Mitglieder persönliche Mitteilungen machen, die sich auf Zwischenmenschliches beziehen, obwohl gerade ein Sachthema besprochen wird. Oft verunsichert das die anderen Gruppenmitglieder, einige ärgern sich, andere verdrehen die Augen, manche werden sogar wütend, und alles nur, weil sie die Äußerung einer Person vernommen haben, die sie so nicht erwartet hatten und vielleicht auch nicht nachvollziehen können. Alles Gehörte befindet sich im Raum und kann nicht mehr rückgängig gemacht werden. Auch dadurch nicht, dass man so tut, als wäre nichts geschehen.

In Wohnprojektgruppen sollte der Gesprächsraum für persönliche Mitteilungen immer offen gehalten werden, damit Störungen, die ja mit Empfindungen zu tun haben, jederzeit benannt und mitgeteilt werden können. Das heißt jedoch nicht, dass sie auch in dem Moment, in dem sie mitgeteilt werden, besprochen und bearbeitet werden müssen. Die Gruppe muss von Fall zu Fall entscheiden, wann die Störung besprochen wird; aber dass sie besprochen wird, sollte außer Frage stehen.

Es ist hilfreich zu wissen, welche Möglichkeiten es gibt und mit welchen Kommunikationswerkzeugen Störungen und Konflikte lösungsorientiert besprochen werden können. Je früher eine Gruppe lernt, Konfliktgespräche zu führen, umso größer ist ihre Chance, eine Kommunikationskultur zu entwickeln, die hilfreich für die Gemeinschaftsbildung ist und erfolgreiches Zusammenarbeiten unterstützt.

Die meiste Zeit, die man als Mitglied in einer Wohnprojektgruppe verbringt, hört man zu. Wer mit der Haltung in Gruppenmeetings geht, die anderen von seiner Sicht der Dinge überzeugen zu wollen, der erwartet von den anderen Zuhören. Die Frage ist, ob er selbst auch dazu bereit ist.

Wenn Gruppen noch in der Initiativphase sind und sich in privaten Wohnzimmern und Küchen treffen, kann die Umgebung dazu beitragen, dass die Gespräche so laufen, wie es im Privaten üblich ist: Alle reden drauflos. Manche reden viel, andere wenig, andere sagen nichts. Es gilt das Gesetz der Lauten und Schnellen. In solchen Situationen kann Zuhören die falsche Strategie sein. Da wäre es möglicherweise zuträglicher, die Lauten und Schnellen zu unterbrechen und sie daran zu erinnern, dass auch andere im Raum sind, die vielleicht ebenfalls Interessantes zu sagen haben.

Wer eine gute Wirkultur entwickeln will, der braucht vor allem Bewusstheit über die eigene Art zu kommunizieren. Das setzt Selbstwahrnehmung voraus, und die kann man lernen. Ich finde, Gesprächskultur sollte eines der ersten Themen in einer Initiativgruppe sein. Dazu gehört auch, die Geisteshaltung in den Blick zu nehmen, die dem eigenen Zuhören zugrunde liegt: Will ich in kürzester Zeit so viel Information wie möglich bekommen? Höre ich nur zu, um sobald wie möglich mit meiner eigenen Argumentation loszulegen? Will ich die anderen überzeugen und empfinde das Zuhörenmüssen als Zumutung? Bewerte ich ganz allgemein Zuhören als Zeitverschwendung? Will ich wirklich wissen, wie die andere tickt? Interessiere ich mich für die Person, die redet, weil ich sie besser kennenlernen will?

Gruppenmitglieder, die sich selbst im wohlwollenden Kommunizieren trainieren wollen, haben alles, was sie dazu brauchen: sich selbst und die anderen. Sie müssen es nur wollen und Methoden finden, die sie dabei unterstützen, zum Beispiel den Dialogprozess nach David Bohm, ein Kreisgespräch, das nach Regeln abläuft, die den Austausch verlangsamen und Raum schaffen für gemeinsames Denken.

Zuhören wird üblicherweise auf andere bezogen gedacht, aber man kann auch sich selbst zuhören. Jeder hat eine innere Stimme; die Frage ist, ob man sie wahrnimmt und ob man ihr zuhört.

Miteinander, übereinander, durcheinander

In Projektgruppen sollte unbedingt über alles miteinander geredet werden, aber niemals übereinander und – wenn es geht – auch nicht durcheinander. Manchmal aber ist es besser, durcheinanderzureden als gar nicht oder übereinander. Wohlwollendes Miteinander ist der Weg und das Ziel eines gemeinschaftlichen Wohnprojekts. Ob Miteinander gelingt, hat viel damit zu tun, wie die Wirkultur der Gruppe ist und wie miteinander geredet wird.

Gruppenversammlungen bieten reichlich Möglichkeiten, durcheinanderzureden. Die einen finden das völlig okay, die anderen finden es ganz schrecklich. Ich gehöre zu denen, die sich beim Durcheinanderreden zurückziehen. Aber ich erlebe auch, dass es Leute gibt, die aufblühen, wenn Drauflosreden möglich ist. Wie sie es schaffen, gleichzeitig zu reden und zuzuhören, bleibt mir schleierhaft. Aber ich muss gestehen, dass ich erlebt habe, wie auch beim Durcheinanderreden Ergebnisse zustande kommen können.

Mein größtes Anliegen bei der Entwicklung einer Wirkultur hat mit der Angewohnheit zu tun, dass die einen über die anderen reden. Hinter deren Rücken. Ich finde, das sollte verboten sein. Und zwar egal, ob es gut gemeint ist oder nicht. Ich erinnere mich, in einem Wohnschulen-Workshop mal gesagt zu haben, dass ich es nicht gut finde, wenn hinter jemandes Rücken über ihn oder sie geredet wird. Daraufhin meinte eine Teilnehmerin, dass das unvermeidbar sei, denn es wäre menschlich, übereinander zu reden.

Natürlich machen Eltern ihre Kinder zum Thema, wenn sie über sie reden, Lehrerinnen die Schüler, Ärzte die Patienten, Richter die

Angeklagten; überall dort, wo es Verantwortungsrollen gibt, die sich auf andere Menschen beziehen, ist es wichtig, über diese Menschen zu reden, auch dann, wenn sie nicht anwesend sind. Aber in einem gemeinschaftlichen Wohnprojekt hat niemand für niemanden die Verantwortungsrolle und damit ist auch niemand legitimiert, über andere zu reden, die nicht anwesend sind.

Wir wissen, dass es im üblichen Miteinander ganz anders läuft. Kleine kurze Bemerkungen über eine nicht anwesende Person, ganz nebenbei. Kleine Spitzen, die gegen eine Person gerichtet sind, die nicht anwesend ist. Nur ein paar Sätze über jene Frau oder jenen Mann – vielleicht sogar gut gemeint. Dennoch. Es führt in die falsche Richtung, denn wir bewerten und beurteilen Personen, über die wir sprechen, wenn sie nicht dabei sind. Und damit stellen wir uns über sie. Niemand denkt sich etwas dabei. Alle finden das ganz normal. Manche sogar menschlich.

Ein Wohnprojekt, in dem Wert auf gelingende Wirkultur gelegt wird, tut gut daran, Übereinanderreden als eine Verhaltensweise zu definieren, die der Gemeinschaft schadet und dem Gelingen des Miteinanders abträglich ist. Wenn aber Übereinanderreden nicht mehr stattfinden soll, müssen andere Formen im Miteinander gefunden werden, die es ermöglichen, Meinungen, Empfindungen und Gefühle, die sich an andere richten, auszudrücken. Das ist eine Herausforderung, der sich alle gemeinschaftlichen Wohnprojekte stellen müssen.

Lernen, lernen, lernen

Nachdem ich 2013 die Wohnschulen-Workshops und einige Wohnprojekte in Köln und Bonn besucht hatte, war mir klar geworden, dass das Thema des gemeinschaftlichen Bauens und Wohnens komplexer ist, als ich gedacht hatte. Mein besonderes Interesse richtete sich auf die Kultur der Gemeinschaft, vor allem auf die Art, wie in Gruppen kommuniziert wird und wie Gruppen ihre Entscheidungen treffen. Ich wusste, wenn ich in einer Planungsgruppe mitmachen wollte, dann musste ich dazulernen. Überall in der Szene hörte ich den Begriff »Partizipation«. Aber wie geht Partizipation? Ich wollte verstehen, wie ein Gruppenprozess abläuft. Wie es hinzukriegen ist, dass alle gehört werden. Und wie die ganzen Verschiedenheiten zusammenkommen können.

Und so habe ich mich auf die Suche begeben nach Fortbildungsangeboten. Ich habe zahlreiche Seminare und Workshops besucht, etwa zur gewaltfreien Kommunikation, zum Dialogprozess oder zur Entscheidungsfindung mithilfe des Systemischen Konsensierens. Keins dieser Angebote richtete sich explizit an Wohnprojektgruppen. In den letzten Jahren hat sich aber ein Markt entwickelt, auf dem immer mehr Workshops und Seminare spezifisch für gemeinschaftliche Wohnprojekte angeboten werden. Die Bedürfnisse der Projektgruppen sind im Lauf der Jahre klar erkennbar geworden. Zunehmend werden nun maßgeschneiderte Beratungs- und Schulungsangebote entwickelt. Mit der größeren Zahl an Angeboten wird es für viele Interessierte und Projektbeteiligte einfacher, sich fortzubilden. Referentinnen und Referenten sind nicht mehr nur in Hamburg, München oder Berlin zu finden. Gleichzeitig wird die Unübersichtlichkeit größer und auch die Gefahr, in einem Workshop zu landen, der einen nicht recht weiterbringt. Ich habe allerdings festgestellt, dass ich selbst von Referenten lernen kann, in deren Seminar ich mich nicht wohlgefühlt habe, und dass sich ein Lerneffekt auch aus Frustration ergeben kann, nicht nur aus Freude.

Ich kann mir nicht vorstellen, mit dem Lernen aufzuhören. Immer wieder tun sich neue Fragen auf. Wohnprojektgruppen sind ein riesiges Feld für Neues und Verschiedenes. Wer meint, er oder sie könne bei einem gemeinschaftlichen Wohnprojekt mitmachen ohne dazuzulernen, der irrt. Es ist meine Überzeugung, dass es für Mitglieder in Wohnprojektgruppen von größter Wichtigkeit ist, sich Kompetenzen anzueignen – zu lernen, lernen, lernen. Denn das, was die Planung und Umsetzung in der Gesamtheit erfordert, haben wir alle vorher nirgendwo lernen können. Natürlich ist Lebenserfahrung hilfreich, genauso wie die eine oder andere berufliche Kompetenz. Aber die Komplexität eines gemeinschaftlichen Wohnprojekts ist einzigartig und fordert von allen, die sich beteiligen, sich ganz und gar einzusetzen.

IV

ANKOMMEN

Eine Zukunft in Gemeinschaft

Mein Traum

Ich gehöre zur deutschen Nachkriegsgeneration. Wir hatten das kollektive Erbe von Verbrechen, Gewalt und Brutalität zu tragen. Ob wir wollten oder nicht. Die Bilder von Menschenmassen, die im Gleichklang sangen, im Gleichmaß den rechten Arm streckten und im Gleichschritt marschierten, konnten wir zwar nicht ungeschehen machen, aber wir konnten und mussten und wollten andere, neue kollektive Bilder entwerfen.

Im Westen erlernten wir Freiheit und Demokratie, Mitbestimmung und Selbstverwirklichung. Im Osten gab es wenig Freiheit. Der sozialistische Gemeinschaftsgedanke wurde autoritär bestimmt und diktatorisch kontrolliert. Für Selbstentfaltung und Selbstverwirklichung gab es nur dann Spielraum, wenn sie linientreu war.

Selbstverwirklichung hin, Selbstverwirklichung her, ich suche Wirgefühle. Aber ich habe keine Ahnung davon, wie »Wir« geht, wie Gemeinschaft geht. Ich konnte es nicht üben. Ich habe nur Erfahrungen im Kleinen, im Privaten oder in Projekten gesammelt, die zeitlich begrenzt waren. Und jetzt ist da seit einigen Jahren diese Sehnsucht nach Miteinander. Wie kann das gehen?

Mein Traum ist, Teil von etwas zu sein, das größer ist als das, was ich alleine bin und alleine tun kann. Ich will mitmachen bei etwas, das über mein privates Leben hinausgeht. Ich träume von einem liebevollen und wohlwollenden Miteinander. Und vom Teilen. Vom Teilen von Geschichten, von Sachen, von Informationen, von Erfahrungen. Auch von Räumen zum Wohnen und zum Arbeiten und zum einfachen Zusammensein. Im Internet mache ich gerne mit bei Aktionen, bei denen es um eine gemeinsame Sache geht. Was mir fehlt ist die Erfahrung im Alltag, das alltägliche Miteinander.

Ich lebe alleine, kenne aber auch das Leben in einer Wohngemeinschaft, das Leben mit Mann und Kind, nur mit Kind, nur mit einem Freund oder mit einer Freundin. Was meine Zukunft angeht, so träume ich schon seit Jahren nicht mehr vom Leben mit einem einzigen Menschen. Mein neuer Traum ist es, Teil eines Beziehungsgeflechts zu sein.

Ich träume von Vielfalt und Wirkultur. Mich fasziniert die Frage, wie Gemeinschaft gelebt werden kann, ohne dass Individualität verleugnet und aufgegeben werden muss. Ich träume davon, dass jede und jeder Einzelne sich selbst verwirklichen und entfalten und gleichzeitig Teil einer Gemeinschaft sein kann. Diese Vorstellung bewegt mich. Ob ich tatsächlich selbst einmal in einem gemeinschaftlichen Wohnprojekt leben werde, weiß ich nicht. Es könnte knapp werden mit der Zeit. Altersbeschwerden könnten dazwischen kommen oder auch der Tod. Andererseits erfüllt mich der Traum von gelingendem Miteinander mit so viel Leben, dass ich mir gar nicht vorstellen kann, dass es nicht klappen könnte.

Und noch etwas: Ich träume von einer Gemeinschaft, in der die Art und Weise, wie miteinander kommuniziert wird, von allen als wesentlich angesehen wird. Ich träume von einem Miteinander, in dem nicht über andere gesprochen wird. Auch dann nicht, wenn es gut gemeint ist. Denn alles Reden über andere macht etwas mit den anderen. Wenn wir über andere reden, machen wir sie zum Objekt der eigenen Interpretation und unserer Deutung. Oft analysieren wir andere, und nicht selten diagnostizieren wir sie sogar. Über andere zu reden, schafft Nebenschauplätze und öffnet Räume für Gerüchte, Machtspiele und Intrigen. Ich träume davon, dass die Kommunikation im Miteinander offen ist, ehrlich, transparent und mutig. Ja, es braucht Mut, um offen und ehrlich zu sein und zu sagen, was man denkt, fühlt, befürchtet, hofft, worüber man sich ärgert, was man bedenklich findet, was einem Angst macht.

»Worte sind Taten.« Ich weiß nicht mehr, wer das gesagt hat, aber ich weiß, dass es stimmt. In Gemeinschaften sind Worte der

Stoff, aus dem sich die Atmosphäre bildet. Gemeinschaft lebt von und in der Atmosphäre, die sie ständig selbst erzeugt. Atmosphäre ist wie Luft, sie kann frisch sein oder schal, hell oder dunkel, stickig oder erfrischend, belebend oder ermüdend. Ich träume nicht von Harmonie.

Ich träume vom Interesse am anderen in seinem oder ihrem Anderssein. Ich träume übrigens auch von Konflikten. Denn ich weiß aus eigener Erfahrung, dass sie dazugehören und auf dem Weg liegen zu mehr Klarheit und Wahrheit. Ohne Konflikte geht es nicht. Manchmal lassen sie sich lösen und manchmal nicht. Manchmal müssen wir sie auch einfach aushalten.

Ich träume davon, dass jede und jeder sich selbst gut leiden kann und sich gern hat. Wenn es ein Wort gibt, dass alle meine Träume zusammenfasst, dann ist es das Wort: Liebe. Ich träume von gegenseitiger Liebe, von Nächstenliebe.

Und ich glaube, dass all diese Träume realisierbar sind. Ich bin sicher: Wenn viele von Nächstenliebe und Wohlwollen träumen, und nicht nur davon träumen, sondern es auch wollen, und es nicht nur wollen, sondern es auch lernen wollen, um es zu können – dann kann es gehen. Ich bin überzeugt, dass wir es schaffen können.

Aber wer ist »Wir«? Ich träume davon, dass die Frage »Wer ist ›Wir‹?« immer wieder gestellt wird. Sie ist der Gradmesser von Gemeinschaft und Miteinander. Und ich träume davon, dass alle das Bild von einem lebendigen Organismus haben, wenn sie an ihre Gemeinschaft denken. Einem Organismus, in dem alles mit allem verbunden ist und alles voneinander abhängt und jede noch so kleine Geste, jedes Wort und jede Handlung Wirkung hat, so oder so. Und dass die Wirkung zählt.

Ich habe mich entschieden, die Verwirklichung meiner Träume nicht auf später zu verschieben. Ich will nicht mehr warten. Ich habe einfach damit angefangen, meine Träume umzusetzen. Auch ohne die Erfüllung meiner Sehnsucht nach Zugehörigkeit zu einer Gruppe. Seit einigen Jahren lebe ich nach der Idee, dass alles mit allem verbunden ist. Immer und überall. Für manche, denen ich es erzähle, ist dies ein spiritueller Denkansatz. Meinetwegen. Für andere ist es ein naturwissenschaftlicher Gedanke, denn schließlich hat die Quantenphysik bewiesen, dass Teilchen aufeinander einwirken, auch wenn sie nicht am selben Ort sind. Mir ist egal, ob man meinen Ansatz wissenschaftlich oder spirituell verstehen will – ich lebe einfach nach ihm. Ich vergesse in keinem einzigen Moment mehr, dass alles mit allem verbunden ist. Immer und überall. Seitdem ist es mir nicht mehr möglich, mich einsam zu fühlen. Wie sollte ich mich einsam fühlen können, wenn ich sicher bin, dass alles mit allem immer und überall verbunden ist? Auch wenn ich es nicht erkennen kann. Außerdem bin ich achtsamer geworden im Umgang mit anderen, respektvoller, aufmerksamer und liebevoller. Eigentlich ist es ganz einfach: Ich gehe mit anderen so um, wie ich mir wünsche, dass sie mit mir umgehen. Ich stelle fest, wie ich mit diesen Gedanken ganz automatisch zu einem besseren Menschen werde. Und das finde ich gut.

Danksagung

Dieses Buch ist ein Gemeinschaftsprojekt. Ohne die Großzügigkeit derjenigen, die meine vielen Fragen beantwortet haben, würde es dieses Buch nicht geben.

Ich danke allen, die sich die Zeit genommen haben, sich mit mir für ein Interview zu treffen: Heide Wroblewski, Lisa Hugger, Wilhelm Schwedes, Joachim Kolboske, Tanja Corbach, Uli und Christel Binder, Trudy Braun, Brigitte Karhoff, Christine Müthrath, Marion Volkmar, Sascha Gajewski, Kathleen Battke, Thomas Bebiolka, Elisabeth Hollerbach, Ulrike Bez, Frank Nitzsche, Joachim Ziefle, Karin Nell, Myoshin Zeitler.

Ich danke ihnen für das Vertrauen, das sie mir entgegengebracht haben, und für die Offenheit, mit der sie von ihren Erfahrungen berichtet haben.

Ich danke auch dem oekom verlag und Konstantin Götschel für sein kompetentes Lektorat und die aufmerksame Begleitung bei allem, was für die Buchproduktion zu erledigen war.

Nicht zuletzt danke ich all denen, die sich am Crowdfunding beteiligt haben. Ohne Sie und Euch wäre dieses Buch nicht produziert worden.

Nachhaltigkeit bei oekom: Wir unternehmen was!

Die Publikationen des oekom verlags ermutigen zu nachhaltigerem Handeln – glaubwürdig und konsequent. Auch als Unternehmen sind wir Vorreiter: Ein umweltbewusster Büroalltag sowie umweltschonende Geschäftsreisen sind für uns ebenso selbstverständlich wie eine nachhaltige Ausstattung und Produktion unserer Publikationen.

Für den Druck unserer Bücher und Zeitschriften verwenden wir fast ausschließlich Recyclingpapiere, überwiegend mit dem Blauen Engel zertifiziert, und drucken wann immer möglich mineralölfrei und lösungsmittelreduziert. Unsere Druckereien und Dienstleister wählen wir im Hinblick auf ihr Umweltmanagement und möglichst kurze Transportwege aus. Dadurch liegen unsere CO_2-Emissionen um 25 Prozent unter denen vergleichbar großer Verlage. Unvermeidbare Emissionen kompensieren wir zudem durch Investitionen in ein Gold-Standard-Projekt zum Schutz des Klimas und zur Förderung der Artenvielfalt.

Als Ideengeber beteiligt sich oekom an zahlreichen Projekten, um in der Branche und darüber hinaus einen hohen ökologischen Standard zu verankern. Über unser Nachhaltigkeitsengagement berichten wir ausführlich im Deutschen Nachhaltigkeitskodex (www.deutscher-nachhaltigkeitskodex.de).

Schritt für Schritt folgen wir so den Ideen unserer Publikationen – für eine nachhaltigere Zukunft.

Jacob Radloff
Verleger

Dr. Christoph Hirsch
Leitung Buch